KB234119

권력 자본론

정치와 경제의 이분법을 넘어서

권력 자본론

2004년 5월 27일 초판 1쇄 발행
2014년 11월 14일 초판 3쇄 발행

펴낸곳 (주)도서출판 **삼인**

지은이 심숀 비클러 · 조나단 닛잔
옮긴이 홍기빈
펴낸이 신길순
부사장 홍승권
편집 김종진 김하얀
미술제작 강미혜
마케팅 한광영
총무 정상희

등록 1996.9.16. 제 10-1338호
주소 120-828 서울시 서대문구 연희동 220-55 북산빌딩 1층
        (서울시 서대문구 성산로 312)
전화 (02) 322-1845
팩스 (02) 322-1846
E-MAIL saminbooks@naver.com

표지디자인 (주)끄레어소시에이츠
제판 문형사
인쇄 대정인쇄
제본 은정제책

ISBN 89-91097-04-9 03300

값 15,000원

정치와 경제의 이분법을 넘어서

권력 자본론

심숀 비클러 · 조나단 닛잔 지음 | 홍기빈 옮김

삼인

1부 수수께끼의 존재, 자본

2부 자본은 권력이다

3부 권력의 축적

일러두기

1. 이 책은 Shimshon Bichler & Jonathan Nitzan의 영어 원고인 “Capital As Power”
   를 한국에서 처음 편집해 출간하는 것입니다. 이 책은 원래 저자들의 영어판 저서인
   Global Political Economy of Israel(London: Pluto, 2002)에 사정상 싣지 못한 이
   론 부분을 한국에서 출판하기 위해 우리 현실에 맞게 새로 작업해 확장하고, 편집한
   것으로 한국어판이 저자들의 첫 출간본이 됩니다.
2. 본문에서 일련 번호가 붙은 주는 모두 지은이의 주이며, 각주로 처리했습니다. 옮긴
   이가 붙인 주는 본문 안에 (―옮긴이)로 표시했습니다.
3. 모든 외래어 고유명사는 한국 외래어 표기법에 따라 표기했습니다.

한국어판 서문
정치경제학: 어제와 내일

　정치경제학은 산업 및 과학 혁명이 벌어지면서 자본주의가 빠르게 팽창하던 18세기에 처음으로 나타났다. 이 정치경제학이라는 학문은 사회를 이론화하는 새로운 방법으로 나타났지만, 그 방법에는 또한 당시의 새로운 우주론에서 받은 영향의 흔적이 뚜렷하게 찍혀 있었다. 그 우주론이란 바로 기계적 세계관(mechanical world view)이었다.

　이 새로운 우주론을 발명한 이들은 케플러, 갈릴레오, 홉스, 로크, 흄, 라이프니츠 그리고 가장 중요한 이로 뉴턴 등을 들 수 있다. 이들이 만들어낸 우주란 하나의 모형으로 건조된 기계로서, 만고불변의 원리들로 짜여진 청사진으로 건조된 완벽한 체계였다. 그 원리들이 이른바 '자연적 법칙'이라는 것들이다. 그 원리들은 비록 처음에는 신의 명령으로 만들어졌는지 모르지만, 일단 고정된 이상은 이제 누구도 멋대로 교란시킬 수 없는 것이라고 생각되었다. 자연의 청사진이란 철갑을 두른 듯 영구불변한 것이니까 말이다. 또 자연이 이렇게 체계적이면서도 영구적인 원리로 조직되어 있는 것인 한, 그것을 해독하고 이해하는 길은 오로지 과학밖에 없다고 여겨졌다.

　이러한 사상이 사회 정치적인 차원에서 담고 있는 함축적 의미는 실로 혁명적인 것이었다. 일단 과학이 주도권을 잡게 되면 정치나 종교 따위는 자연에 관한 문제에 대해서 발언권을 잃게 된다. 그런데 그 새로운 우주론은 이제 정치나 종교 따위는 자연뿐만 아니라 사회의 문제에 있어서도 웬만하면 입을 다물어야 한다고 은근히 압박하고 있었다. 완벽한 자연의 모델이 '기계'라면 완벽한 인간의 모델 또한 기계가 아니겠는가. 그렇다면 완벽한 기계처럼 작동하는 사회일수록 신의 뜻에 더 가까운 사회가 되는 셈이다. 그렇다면 완벽한 사회를 만드는 방법이 무엇이냐에 대한 해답은 이제 국왕의 궁정이나 교황의 바티칸이 아닌 과학의 전당에서 찾아야 한다는 결론이 나온다.

정치경제학의 아버지라 할 아담 스미스에게서 이러한 사고를 아주 쉽게 찾아볼 수 있다. 스미스도 18세기 사람이었던바, 인간을 서로 고립된 물체로 관념하는 방식을 보여주고 있다. 이 고립된 물체인 인간들은 서로 관계를 맺기는 하지만 그 방식은 유기적인 것이 아닌 당기기와 밀치기를 통한 기계적 관계일 뿐이다. 그리고 그 당기기 밀치기의 과정을 작동시키는 원동력은 '희소성'과 '욕망'으로서, 이것들이 '공급'과 '수요'라는 기계적인 힘으로 매개되는 것이다. 맨눈에는 마치 이러한 상호 작용이 그냥 우연적인 것으로서 확률에 따라 좋은 결과 나쁜 결과를 낳는 것처럼 보이게 된다. 하지만 사실은 거기에도 논리가 있으며, 실로 그 혼돈 속에서도 질서가 존재한다는 것이다.

이제 봉건적 사회 체제(ancient regime)의 위계적 구조 대신 '보이지 않는 손'이라는 평등한 메커니즘이 들어서게 된다. 그 전에는 사회적 질서란 신의 명령에 의해 성직자와 왕의 손을 거쳐 강제되는 것이었지만, 이제는 '경쟁'에 의해 창조되는 것으로 되어버린 것이다. 자연의 경우와 똑같다. 자연에 존재하는 물체들의 무정부적인 상호 작용은 혼돈으로 치닫는 것이 아니라 일정한 균형(equilibrium)을 낳는다는 자연 과학의 논리가 사회에도 적용된다. 인간들은 생산과 소비의 과정 속에서 끊임없이 타인과 충돌하며 또 서로를 이용하면서 행동한다. 이 개인이라는 알갱이들도 자연적 물체나 마찬가지로 그 수가 무한에 가깝고 또 상대적으로 작기 때문에 어느 하나도 나머지를 잡아먹거나 지배할 수는 없다. 가시적으로 드러나 있는 방향 설정이나 지휘 따위는 존재하지 않으며 또 존재할 필요도 없다. 이 체제는 그 자체가 마치 시계처럼 스스로 알아서 작동하는 체제이기 때문이다. 오히려 '외부에서부터의 개입'—특히 군주나 상업적 독점체가 이런 짓을 하려 드는 때가 많다—이 벌어지게 되면 그 자발적으로 생겨나는 사회 질서가 교란당하게 된다. 그런데 이 자발적인 사회 질서야말로 부의 가장 궁극적인 원천이므로, '정부의 개입'이나 여타의 '규제'는 필연적으로 해로운 결과를 낳게 마련이고, 따라서 최소한으로 줄여야 한다. 그 최상의 체제가 바로 자유 방임(laissez-faire)의 체제이다.

'작용과 반작용'이라는 뉴턴의 수평적 사고가 천상에서뿐만 아니라 지상에서도 수직적 위계 질서라는 사고 방식을 대체해 버리게 된 것이다. 프랑스에서는 볼테르나 몽테스키외 등이 억압적인 프랑스 왕정을 대체할 만한 강력한 대안의 원리를 뉴턴의 사유에서 발견하였다. 미국에서도 벤자민 프랭클린과 다른 추방자들이 '견제와 균형'(check and balance), '권력의 분산'(countervailing powers) 같은 이름 아래 이 뉴턴의 사고 방식을 수입하였다.

19세기가 되면 이 뉴턴 식의 '함수적' 사고 방식이 모든 자연 과학과 사회 과학에 침투한다. 사람들은 점점 더 많은 현상을 두 물체 사이의 '상호 의존'이라는 방식으로 설명하려 들었다. 경제학의 경우 핵심이 되는 함수 관계는 '가격'과 '수량'의 관계였다. 19세기 말에 새로운 주류 학파로 출현한 신고전파 경제학은 벤담의 '쾌락과 고통의 미적분학'을 아예 인간 사회의 운명을 이해하는 주된 도구로 만들어버리기에 이르렀다.

정치경제학을 태동시킨 이 본래의 사고 방식은 현대인이 사회를 사고하는 방식에 지대한 영향을 끼쳤으며, 여전히 중심적인 사고 방식의 자리를 지키고 있다. 그 수많은 영향 가운데서도 세 가지가 특히 결정적으로 중요하다. 첫 번째, 자기 중심주의(egocentrism)이다. 정치경제학이 가르치는 바 인간이란 원래 '자연 상태'에서 집단이 아닌 개인 단위로 살았던 존재이다. 일반적으로 이 개개인은 자신들에게 최선의 것이 무엇인지를 스스로 알고 있기에 무슨 지휘 감독 따위는 필요가 없다. 이들의 자유는 사적 영역에 있다. 공적 영역이란 그 본성상 강제와 지배의 영역일 수밖에 없다.

이 자기 중심주의는 정치경제학의 두 번째 핵심인 시장의 개념과 긴밀히 연결되어 있다. 시장이야말로 사적 경제가 공공의 정치 영역과 마침내 '분리되는' 확실한 방법이다. 그렇게 시장이 건설되어 그 '분리'가 이루어지는 과정은 실로 지난하고 길었던 과정이다. 인간들이 '본성상' 자기 중심주의적임에도 불구하고 그러한 그들의 본성이 사회를 조직하는 방식으로서 모습을 드러내기까지에는 긴 시간이 필요했던 것이다. 초기 사회는 집단적인 생활이 대부분이었고, 거기에서의 개인들은 심히 의존적이었으며, 사회의 작동은 주로 강제라는 방법에 호소할 수밖에 없었다. 그 결과 대부분의 사람은 가난할 수밖에 없었다. 오로지 개인주의, 노동 분업, 독립적 개인의 상호 작용 같은 것들이 나타날 때에만 비로소 풍요로운 삶이 보장되는 법이라는 것이다.

그러한 발전 과정에서 결정적으로 중요한 메커니즘이 바로 '시장'이다. 어디에서든 시장 원리가 경제를 지배하게 된 곳에서는 부와 자유가 증대된다. 그리고 명령이나 권위 따위가 계속 지배하는 사회는 여전히 빈곤의 지배에 남게 된다. 물론 시장 사회도 그런 제도를 만들어야 작동 가능하다는 점에서 집단의 존재를 필요로 한다. 하지만 그런 제도들은 오직 자발적으로 나타나는 것일 때에만 제대로 작동한다. 게다가 그것도 공공재의 공급과 시장 실패를 보완하는 데에 제한되어야 하며, 그 실패의 보완이 아주 쉬울 때에만 작동하게 마련이다. 이러한 예외적인 경우만 제외하면 사회적 관계를 가장 이상적으로 매개해 주는 것은 시장이다. 시장이야말로 우리가 원하는 바를 표현하고, 정보를 공급하고, 기술을 확산시키고, 효율성을 증진시키는 최상의 방법이다. 시장이야말로 권력과 권위주의로부터 개인들을 지켜주는 최상의 보호 장치이다. 이 시장이야말로 돈으로 살 수 있는 최상의 민주주의라고 할 수 있다.

정치경제학이 현대인의 사유에 끼친 세 번째의, 아마도 가장 혁명적인 변화는 바로 자본이라는 개념에 집적되어 있다. 자본주의 이전의 사회에서 노예와 주인, 또 지배자와 피지배자의 갈등은 항상 명시적으로 드러나 있었다. 이러한 갈등을 정당화하기 위한 장치로, 그래서 언제나 어떤 비인격적인 '제 3의 힘' —가장 일반적인 형태는 종교였다—이 필요했었다. 이러한 이유에서 동양 사회의 농민들은 그들 머리 위에 군림하는 전제자를 이 땅에 내려오신 하나님으로 받아들여야만 했다.—이슬람(Islam)이라는 말 자체가 신의 의지와 그에 대한 불복종의 처벌을 '감수' 한다는 의미이다. 서양 사회의 농민들 또한 왕, 군주, 영주를 비슷한 방식으로 받아들이도록 강제되었고, 아닐 경우엔 성직자들이 으름장을 놓는 그 지옥불에 떨어지는 위험을 감수해야만 했다.

'자본' 의 출현으로 이러한 지배 체제에 대한 아주 근본적으로 새로운 대안이 나오게 되었다. 자본의 사적 소유라는 형태는 노예나 토지의 소유와는 달리 신성한 것도 독점적인 것도 아니다. 원리상으로 따지면 자본가가 될 자유는 만민 모두에게 있기 때문이다. 그리고 그 자유는 프랑스 혁명과 산업 혁명의 결과와 맞물리면서 새로운 정치적 질서를 건설할 근본 원리의 자리를 차지하게 되었다. 이젠 왕이나 군주에게 굳이 몸을 숙이지 않고서도 사업의 번창을 얻을 수 있다. 또 커다란 부를 얻는 데에 굳이 교회의 축복을 필요로 하지도 않는다. 가장 중요한 변화는, 물질적 풍요의 근본은 평화롭게 모든 참가자에게 혜택을 가져다주는 시장의 작동에 있기 때문에 굳이 인간 집단끼리 싸우고 빼앗을 필요가 없다는 생각이 나타난 것이다. 이러한 희망적 전망은 '경제 성장'이라는 관념을 통하여 결정되고 또 확산되었다.

18세기에서 보자면 이러한 사고 방식과 관념을 가져온 정치경제학은 해방의 이념으로서의 성격을 갖는 것이었다. 그런데 문제는 그후에 세상은 계속 변해 왔는데 정치경제학의 이 기본 원리들은 그러한 변화를 반영하지 못하고 그대로 고정된 채 버티고 있다는 데에 있다. 그렇게 되면 결국 정치경제학도 보수적인 '학문적 교조'(discipline)로 변질되는 것을 피할 길이 없다. 물론 그 동안 정치경제학이 방법이나 이념의 측면에서는 다양하게 또 크게 변해 온 것이 사실이다. 마르크스주의, 신고전파 경제학, 네오 마르크스주의, 케인즈주의, 신 리카도주의, 통화주의 등등의 새 조류가 나타날 때마다 새로운 내용이 채워졌던 것은 분명하다. 이들이 가져온 혁신도 무수히 많아서 몇 개만 예를 들어보아도 변증법적 방법, 생산 함수, 수학적 기법, 경제 측량 기법, '거시' 경제학, 기업 경제와 금융 등등을 말할 수 있을 것이다. 하지만 그 동안 나타났던 어떠한 접근법과 기법도 뉴턴과 그의 세대에서 비롯된 기계적 우주론이라는 정치경제학 애초의 틀을 넘어선 것은 하나도 없다.

이 모든 정치경제학의 조류들은 공적·사적 영역의 이분법에 뿌리를 두고 있다. 이 조류들은 정치적 이념에 있어서는 물론 다양하다. 하지만 '정치적' 영역은 변덕, 욕망, 갈등이 지배하는 영역에 불과한 반면, '경제적' 영역은 자연과 역사의 운동을 지배하는 철칙을 거의 그대로 반영하는 방식으로 작동하는 영역이라는 이분법은 모두 공유하고 있다. 정치경제학의 모든 조류들은 균형(혹은 거기서의 이탈로 정의되는 비균형)의 개념에 기초하고 있는데, 이 균형(비균형)의 개념은 세계가 동질적인 단위로 구성되어 있다는 관념을 전제로 나온 것이다. 이는 곧 정치경제학이 세계의 근저를 이루는 불변의 '실체'라는 당시의 관념에 뿌리박고 있다는 것을 의미한다. 실제 밀턴 프리드만의 "공짜 점심이란 없다"는 유명한 말은, 18세기 프랑스의 세리(稅吏)로서 질량 불변의 법칙을 발명했던 앙트완느 라브와지에(Antoine Lavoisier)의 말을 되풀이한 것에 불과하다. 마르크스주의자, 신고전파 할 것 없이 정치경제학자들은 모두 '내재적 가치의 등가'(intrinsic equivalence)라는 것이 생산과 교환 과정에서 작동한다는 믿음을 갖고 있는데, 이는 바로 라브와지에의 법칙을 답습한 것에 불과하다. 마르크스 경제학의 가치 개념 그리고 신고전파 경제학의 효용이라는 개념은, 사라질 수도 또 무에서 생겨날 수도 없는 것이라는 점에서 라브와지에의 질량 개념과 동일하다. 이러한 원리에 따라 대차대조표 왼쪽의 '기계류'는 정의상 오른쪽의 '금융 자산'과 그 양이 항상 동일하도록 맞추어지는 것은 너무나 당연한 일이었다.

오늘날 이런 식의 관념은 더 이상 유지될 수가 없다. 상대성 이론, 양자역학, 카오스 이론과 홀로그램(hologram)의 발명 등만 예로 들어보아도, 기존의 객관성, 공간, 시간, 실체와 질료 등의 관념은 지금 근본적인 도전에 처해 있음을 알 수 있다. 마찬가지로 18세기와 19세기에 공유되었던 시장의 '효율성'에 대한 믿음, 자본이 '민주화'를 가져온다는 관념, 또 '정치학'과 '경제학'의 분리의 관행 등은 21세기에 들어선 지금 상당히 고루한 것으로 되었다 아니할 수 없다. '노동'과 '자본', '시장'과 '국가', '생산'과 '문화', '가치'와 '가격' 등의 전통적인 정치경제학의 기본 범주 자체가 이미 예전처럼 명확한 의미를 갖지를 못하게 되었다. 엄청난 규모의 반(反)지구화 운동의 출현이라든가 얼마 전 프랑스 등지의 경제학과 학생들이 신고전파 주류 경제학 교과서들을 '자폐증 말더듬이'(autism)라고 거부했던 사태 등은 21세기의 현실 앞에서 기존의 정치경제학이 근본적으로 붕괴하고 있음을 나타내는 현저한 예들이라 할 것이다. 물론 정부와 자본은 여전히 신고전파 주류 경제학에 재정적 지원을 퍼붓고 있고, 대학과 학계는 거기에 협조하고 있으며, 대중 매체는 지배 계급이 단단히 장악하고 있다. 그 덕에 정치경제학이라는 이 구조물은 계속 위용을 뽐내며 버티고 있기는 하다. 하지만 지적인 차원에서 검토해 보면 이미 내부로부터 붕괴하고 있는 썩은 구조물일 뿐이다.

변화의 때가 무르익었다. 하지만 언제나 그렇듯 변화는 기회와 위험을 함께 가져온다. 기존의 정치경제학의 무능력으로 인해 생겨난 진공 상태를 틈타서 저 포스트모더니즘의 '도구주의 해체', '문화', '정체성'(identity) 등등의 개념이 기승을 부리고 있다. 그래서 요즘의 '비판적 사회 과학' 진영에서는 꽃밭의 꿀벌들마냥 비행기 타고 이런저런 학술 회의를 옮겨다니면서, 최신형 노트북 컴퓨터 하나 달랑 무릎 위에 놓고 '근대', '진보', '계몽', '과학적 진리' 같은 엄청난 용어들을 멋대로 가지고 노는 글을 논문으로 쓰는 것이 유행이 되어버렸다. 이렇게 건방짐과 무지가 서로 상승 작용을 일으키는 현재의 경향은 결코 옳은 방향이 아니다.

그들의 주장대로 물리학이나 화학이 모두 인간의 '발명품'에 불과하다는 것은 물론 사실이다. 그런데 이는 별, 전자, 방사선 등등 우리가 우리 세계에 대해 '알고 있는' 모든 것에 대해서도 똑같이 적용되는 진실이다. 물리학이나 화학을 낳은 과학적 탐구가 인간의 호기심뿐 아니라 권력에 의해 촉발되었다는 것도 물론 사실이다. 하지만 그렇다고 해서 그러한 '발명'이 자의적으로 멋대로 날조된 것은 결코 아니다. 이 점은 포스트모더니스트들 스스로도 모두 잘 알고 있는 바이다. 그들도 한참 돌아가고 있는 전자 렌지에 머리통을 밀어넣는 따위의 짓은 결코 하지 않을 테니까.

정치경제학은 응당 무너져야 한다. 그 기반이 되는 18세기식 기계적 세계관은 이제 더 이상 버텨낼 수 없으며, 또 오늘날의 사회적 현실과도 모순 없이 양립시킬 길이 없다. 하지만 포스트모더니즘 같은 것으로 문제가 풀리지도 않는다. 해답은 보편주의의 희망을 버리는 것이 아니라 제대로 된 보편주의를 찾아내는 것이다. 질서, 진리, 조화 등의 것을 거부하는 것이 아니라 그것들을 더욱 개방적이고 민주적인 방식으로 찾아내는 것이다. 정치경제학의 핵심 개념들을 그것들이 진화해 왔던 맥락에 비추어 다시 재검토해 볼 필요가 있다. 그리고 세상이 그때와 어떻게 다르게 변해 왔는지도 볼 필요가 있다. 그렇게 해나가는 가운데 우리의 이론과 범주를 다시 발명해 내는 것이 필요하다. 낡은 정치경제학을 해체하는 것만이 아니라 새로운 정치경제학을 건설하는 것, 그것이 우리 앞에 놓인 과제이다.

2004년 2월
심숀 비클러와 조나단 닛잔

옮긴이 말

솔직히 고백하거니와, 이 책은 그다지 읽기 쉬운 책이 아니다. 또 "지구화와 국제 자본이 지구와 인간을 망치고 있다"는 '뻔한 상식'을 독자들의 마음속에 그저 한 번 더 확인해주는 책도 아니다. 대신 끊임없이 골치 아픈 수수께끼들을 던지면서 독자들에게 스스로 생각하고 따져볼 것을 강요하는 아주 불편한 책이다. 그렇다고 이 책이 '학술 서적'이 되어 관련 분야의 소수 연구자들에게만 읽히게 되는 것은 결코 이 책을 쓴 저자들이나 번역한 이가 원하는 것이 아니다. 이 책은 지구적 규모의 자본 축적으로 온 세계가 근본적 구조 변동을 겪고 있는 21세기의 벽두에서, '자본'의 성격을 진지하게 고민해보려는 모든 사람들에게 읽히고 또 이해될 것을 감히 요구하는, '대중 서적'으로 쓰여지고 또 옮겨졌다.

어째서 이런 골치 아픈 책과 씨름할 것을 요구하는가? 1990년대 말 이후 사회과학 출판계에서는 '지구화'를 다루는 '비판적인' 시각의 서적들이 큰 시장을 확보해 이제는 큰 서점에 가면 아예 코너를 이루고 있다. 그리고 그러한 책들은 선명하고 뚜렷한 메시지를 내걸고 독자들에게 곧바로 다가선다. 그런데 어째서 금융 이론, 경제학설사, 정치 철학 등 온갖 골치 아픈 분야들만 골라서 총집합해 놓은 데에 다가 그것도 모자라 그래프 차트까지 수십 개 쏟아지는 이런 책을 읽어야 하는가?

그렇게 해야할 이유를 납득(혹은 거부) 하는 것은, 물론 저자들이(적은 몫이나마 옮긴이도) 본문에서 해놓은 작업을 보고 난 뒤 독자 여러분들이 판단할 몫이므로, 책의 초두에서 장황하게 이야기하는 것은 격에 맞는 일이 아닐 것이다. 그리고 옮긴이가 가지고 있는 생각과 하고 싶은 말은 이미 필자들이 본문에서 훨씬 더 정연하고 충실하게 전개하고 있기 때문에 천학비재한 옮긴이가 무슨 말을 덧붙이는 것이 불필요한 일이기도 하다. 하지만 본문의 험준한 산행을 떠나기에 앞서 함께 숨을 고르면서 잠시 생각해보고 싶은 것들이 있다.

'상식' 에 대하여: 홉스봄이 20세기를 일컬어 불렀던 '극단의 시대' 는 1990년대 초 공산 진영의 몰락으로 일단락이 된 듯 하다. 그 이후 현재까지의 시대는 아마 '상식의 시대' 라고 불러도 좋을 듯 하다. 사람들은 20세기 내내 자유주의, 공산주의, 전체주의적 민족주의와 같은 '정치 신학' 에 이리 몰리고 저리 끌려다니면서 피해자로서 또 동시에 가해자로서 숱한 고통을 몸소 겪고 또 남에게 가한 바 있다. 이제 그런 비장한 선동조의 목소리로 개인, 계급, 민족의 영광을 장황하게 늘어놓고서 일정한 방향으로 몰고 가는 식의 담론에 사람들은 선뜻 움직이려 들지 않는다. '상식' 적인 잣대를 넘어서는 이야기는 담론 시장에서 퇴출되고 있다. 그리하여 바야흐로 '상식의 시대' 가 왔다.

이러한 세계적인 조류에 발 맞추어 우리 사회에서도 1990년대 이후 '상식이 통하는 사회' 라는 모토를 앞세운 일군의 지식인들이 담론의 장을 상당히 메워가고 있는 듯 하다. 이제 민중, 자주, 해방 등의 거창한 개념을 꼭 꿰어차지 않고서도 이런 저런 사회의 비상식과 몰이성에 대해 이야기할 수 있게 된 점은 분명히 긍정적이다. 하지만 이러한 질문을 던져보지 않을 수 없다. '상식으로 충분한가'?.

첫째, '드러나지 않는 고통'을 어떻게 할 것인가? 세계 평화를 운운하면서 이라크의 석유와 지정학적 이익을 위해 전쟁을 벌이는 세계 최강대국, 영남 지역을 볼모로 잡고 기득권을 연장하려는 수구 세력, 도처에서 여성들을 주눅들게 하는 남성 우월주의 등을 모두 '상식'의 이름으로 단죄하는 것은 분명히 의미가 있는 일이다. 하지만 상식이 현실 비판의 도구로 발동될 수 있는 경우는 위의 경우처럼 그 대상이 사람들 눈에 현저하게 드러난 경우만으로 제한된다. 또 그 비상식에 대해 분개하는 사람들이 상당한 숫자여야만 하고, 발언을 할 수 있을 만큼 담론 권력에 접근해 있어야 한다. 그래서 서울대 학벌의 폐해는 지적하지만, 고졸이나 중졸로 인해 겪는 고통은 이야기되지 않는다. 인텔리 전문직 여성 문제는 성적 취향과 감성까지 시시콜콜 이야기되지만 빌딩 청소부 아줌마들의 기막힌 현실은 장애인 이야기와 비슷한 정도로 논의된다. 분신을 선택할 지경으로 몰린 노동자들의 고통도 그 '상식'은 "노사 관계란 복잡한 문제이다"라고 하면서 피해간다.

둘째, 그 '상식'이라는 것에서 단지 이런 저런 작태에 대한 비판을 넘어서 사회를 건설해 나갈 수 있는 일관된 적극적 내용이 도출될 수 있는가? 그러한 예들이 없는 것이 아니다. 미국 혁명 전야에 토마스 페인이 저술했던 팜플렛 「상식」(Common Sense)은 미국 문제는 단순한 조세 평등의 문제가 아니라 독립이라는 것의 궁극적 의미와 닿아있음을 갈파하였고 미국 독립선언서의 기초를 이루기도 하였다. 씨이에스가 저술한 『제 3신분이란 무엇인가』 또한 다수 대중들을 향해 새로운 사회질서의 필요성을 상식의 형태로 설파한다. 이후 수백 년간 사회적 삶의 원형을 제시한 시민혁명의 내용이 '상식'으로 나타났었던 것이다. 그런데 과연 오늘날의 '상식'이라는 것이 그렇게 적극적인 내용까지 획득하고 있을까? 그렇지 못한 상태에서의 '상식'이라는 말은, 결국 입심 좋은 지식인들이 자기들 마음에 들지 않는 사회현상을 도마에 올려 이리 저리 칼질을 하는 데에 동원되는 수사 이상의 의미가 있는 것일까?

'지구화'에 휘말려든 오늘의 세상은 숨가쁜 속도로 바뀌어가고 있다. 우리들의 하루하루의 일상도 그 변화의 물결에 쉴 새 없이 휩쓸리고 있다. 하지만 그 변화의 방향이 어디인지에 대해 잘 말해주고 있는 사람은 별로 없는 것 같다. '상식'은 과연 이렇게 방향도 모르는 채 전력으로 질주하고 있는 오늘날의 세상을 구원해 줄 수 있을 것인가.

'자본'에 대하여: 아마 이 '자본'이라는 말만큼 쓰는 사람의 가치관에 따라 정반대의 가치 평가를 받는 말은 없을 것 같다. 어떤 이들은 이것이야말로 인간 사회의 번영, 성장, 발전의 원동력이라고 주장하며, 또 다른 이들은 이것이야말로 근대사회의 만악의 근원이라고 소리 높여 외친다. 그래서 한 쪽에서는 무슨 대가를 치르더라도 이 자본을 축적하는 데에 최대한 좋은 조건을 창출해야 한다고, 그리고 그를 통해서 좀더 더 많은 양의 자본이 국내외에 걸쳐 넘쳐나게 해야 한다고 주장한다. 다른 쪽에서는 그것이야말로 인간과 자연을 황폐하게 만드는 첩경이며 그 공동체의 삶의 파괴는 물론 주권조차 넘기는 노예로의 길이라고 외친다.

이렇게 대립되는 두 입장 모두 동의하는 분명한 진실이 하나 있다면, 그것은 이 자본이라는 것이 단순한 '경제적' 영역에 국한되는 존재가 아니라 인간과 사회의 삶 전면에 구석구석 스며들어 있는 존재라는 점이다. 따라서 자본에 반대하는 자들은 전사회적으로 반자본 투쟁을 조직하자고 외치고 있으며, 자본을 찬양하는 자들은 그렇기 때문에 교육, 문화, 정치, 예술 할 것 없이 전 사회를 자본 축적의 관점에서 '합리화' 하자고 주장하고 있다. '지구화' 시대에 들어 우리는 자본의 축적이 그 규모에서나 공간적 차원에서나 현기증이 날 정도로 가속화되는 것을 보았다. 그리고 앞에서 이야기한 우리의 삶의 변화가 이 자본 축적의 가속화와 긴밀하게 연결되어 있는 것 같다는 느낌은 어렴풋하게나마 이미 전세계의 사람들에게 퍼져 있다.

그런데 우리는 이 '자본'에 대해서 얼마나 알고 있는가? 어째서 언제부터 비판적 사회 담론의 장에서 이 용어에 대한 토론과 문제 제기는 슬며시 빠지게 되었는가? 프랑스 1968년 혁명의 기수 카스토리아디스(Cornelius Castoriadis)는 1970년대 이후 서구의 소위 비판적 사회 담론이라는 것에서 "자유주의적인 정치 경제 사회 구조 자체에 대한 비판"은 완전히 사라져버렸다는 것을 지적한 적이 있다. 사회의 다양한 문제점들과 모순들을 자본의 축적과 연결해 설명하려는 노력에 대해 그 비판적 지식인을 자칭하는 이들은 '경제주의 환원주의'라는 알쏭달쏭한 딱지를 붙이기 시작했다는 것이다.

우리 사회도 1980년대 한때 '정치경제학의 과잉'을 겪었던 기억이 있다. 한국의 '사회 성격'이 종속적 축적의 주변부 자본주의냐, 제국주의적 착취로 축적이 제약당한 식민지 반봉건 사회냐, 낮은 생산력의 신식민지 국가독점자본주의냐, 초과이윤 알파를 동반하는 신식민지 국가독점자본주의냐 하는 기가 질리도록 복잡한 정치경제학 논의가 꽃을 피웠다. 운동가나 사회과학자는 물론, 문인이건 예술가이건 각종 문화 잡지와 문학 계간지에 넘쳐나는 '국독자' '식반자' 같은 생경한 말들을 한두 마디 담지 않으면 비판적 지식인 행세하기 어려운 시절이었다.

그런데 막상 우리의 삶 구석구석이 전지구적 규모의 자본 축적에 본격적으로 휘말려들기 시작한 1990년대, 그 많던 '자본 축적'의 논자들은 다 어디로 간 것일까. 그 '자본'이니 '축적'이니 하는 용어들이 특정 이념과 연결이 되어 있다고 지레 느끼고 거리 유지하기로 한 것인가. 이 '상식의 시대'에 '합리적인 논자'로 여겨지려면 그게 현명하다고 생각하는 것일까.

물론 이 '상식의 기수'들이 자본과 축적의 현실에 대해 항상 침묵하는 것은 아니다. 이들은 자본과 축적의 문제가 대중들의 '상식적 감수성'을 건드리는 방식으로 불거지는 경우 바로 그 '상식의 수준'에서 머무르는 한에서는 가차없는 비판을 가한다. 서구 제도 언론들이 '반지구화 운동의 성전'으로 치켜세운 나오미 클라인(Naomi Klein)의 『상표는 이제 그만』(*No Logo*)은 사람들의 생활 세계를 광고와 소비주의로 포위해버린 대기업들의 행태를 1950년대 미국 소시민의 푸념 수준의 소박한 관점에서 '비판'하고 있다. 반다나 시바(Vandana Shiva) 등의 저서 『에코페미니즘』(*Ecofeminism*) 같은 곳에서는 곡물 유전자 변형 등과 같이 다국적 자본이 벌이는 온갖 엽기적 행태를 고발하면서 '자본 = 남근(男根) = 제국주의'라는 기상천외한 '이론적 분석'을 제시하고 있다.

그래서 자본과 축적에 대한 분석과 토론은 이제 대기업 초국적 기업의 갖가지 작태에 대한 고발과 폭로의 수준으로 떨어지고 말았다. 하지만 이 지구화의 현실에서 자본 그리고 축적의 문제는 그것보다 훨씬 깊은 수준에서 해명되어야 한다. "돌 위에 돌 하나 남지 않으리라"는 성경 구절을 떠올릴 만큼 우리의 삶은 지금 뿌리깊은 전환을 겪고 있다. 영어 실력을 위해 아이 혓바닥에 칼을 대는 주변부 천민들이 등장하고 있다. 생명 공학은 세계의 농업에서 시작하여 인간의 유전자까지 송두리째 손을 댈 모양이다. 어떤 곳은 국가 기구 전체가 인민들과 토지를 볼모로 잡은 마피아 소굴로 변해버렸다. 그리고 이 모든 북새통 속에서 변하지 않는 단 하나의 장기적 경향이 있다면 그것은 쉴 새 없는 자본의 축적이다.

그래서 지금 자본과 축적에 대한 우리의 토론은 '상식적 비판'의 수준에 머물러서는 안 된다. 눈에 잘 드러나지도 않고 또 매체에서 공론화되는 법도 없지만 이 지구적 규모의 자본 축적이 벌어지는 와중에 도처에서 벌어지고 있는 고통과 불안을 파악하고 대책을 준비하는 것은 '상식'으로 할 수 있는 일이 아니다. 그 '상식'으로 인간적이고 민주적인 대안적 사회 질서를 만들어나가는 일은 더더욱 불가능하다. 그러한 과제를 위해 우리에게 절실히 필요한 것은, 사회의 구조적 변화와 자본 축적이 어떻게 연결되어 있는가를 현실적으로 해명하고 분석할 수 있는 체계적인 이론이다.

이것이 저자인 닛잔과 비클러가 이 책에서 시도하고 있는 것이다. 이들은 자본의 본질을 "사회적 관계를 재구조화하는 권력"(The power of social restructuring)으로 정의함으로써 그러한 작업에 도전하고 있다. 물론 자본, 권력, 사회의 구조 변화가 긴밀하게 연결되어 있다는 것은 기존의 급진적 정치 경제학자들이 많이 지적했던 것이다. 그런데 필자들은 권력 관계의 작동으로 사회의 구조 변화가 일어나고, 자본의 축적은 그 '결과'로 이루어진다는 기존의 이론들—예를 들어 데이비드 고든(David Gordon) 등의 「축적의 사회적 구조」(Social Structure of Accumulation)—에서 한걸음 더 나아가, 자본이 바로 그 구조 변화를 일으키는 권력이며 자본의 축적 과정은 사회 구조 변화의 원인이자 결과라는 관점을 제시해 현재 지구적으로 벌어지고 있는 사회 변화를 설명할 이론적 토대를 구축하려고 시도하고 있다. 이것이 이 책의 원 제목으로 쓰인 '권력 자본론'(Capital As Power)에 담긴 의도와 목적이다. 이러한 저자들의 시도는 사실상 경제학 혹은 정치경제학의 근본적인 패러다임의 전환을 수반하는 획기적인 시도라 할 수 있다.

저자들은 국제 정치에서 일상의 자잘한 구석까지 현대 세계의 삶의 전부를 포섭해 오는 '자본'이라는 개념의 정체를 밝혀내고 또 자본이 축적되는 메카니즘의 논리를 정확하게 규명하고자 한다. 그를 통해 무서운 속도로 이루어지는 지구적 규모의 자본 축적이 우리가 살고 있는 현실과 어떠한 연관관계를 맺고 있는지를 구체적으로 짚어낼 수 있는 이론적 틀을 제시하려고 한다. 자본이 현대 세계의 신으로 등극한 지 벌써 몇 세기가 되었건만 어째서 그러한 이론적 작업이 아직도 제대로 이루어지지 않았는가? 저자들은 그것을 막아왔던 가장 근본적인 장애로 현대 사회과학에 뿌리깊게 자리잡은 '정치와 경제의 이분법'을 지목하고, 그것을 넘어선 새로운 시각에서 자본과 그 축적의 메카니즘을 해명하고 있다. 자본을 '생산성'이나 '효율성' 등에 기반한 '경제적 존재'로서 정의하는 기존의 '경제학적' 자본 이론을 해체하고, "사회의 생산적 과정에 대한 지배 권력"으로서 자본을 정의하며 출발하는 새로운 정치경제학의 구축을 시도하고 있다.

자본은 항상 '생산성'과 같은 관념과 연결되어 연상되는데, 이러한 경향은 신고전파 경제학뿐만 아니라 마르크스주의 경제학에도 만연해 있다. 물론 '자본=생산성'이라는 관념은 대단히 오래된 유서 깊은 것이기도 하지만, 따지고 보면 그렇게 오래된 것이라고 할 수는 없다. 역사가 브로델도 지적하듯이 이 '자본'이라는 말은 본래 "이윤을 낳으면서 스스로 증식하는 화폐"라는 의미의 말이었다. 아리스토텔레스 이래 근대 초기까지 유럽 사상사를 지배했던 사고 방식은, "원래 불임일 수밖에 없는 무생물인 화폐가 새끼를 친다는 것은 어불성설이다"라는 것이었고, 그 귀결은 "따라서 이윤이나 이자는 도둑질과 다름없는 부당한 것이다"라는 것이었다.

그런데 푸코가 지적한대로 18세기에 들어 정치경제학은 '생산'이라는 화두를 중심으로 에피스테메의 일대 전환이 벌어진다. 18세기 중반 프랑스의 중농주의자들(Physiocrats)은 진정한 '부' 란 중상주의자들이 생각하는 것처럼 상품의 부등가 교환을 통해 그저 더 많은 금화 은화를 축적하는 데에 있지 않다고 주장하였다. 진정한 '잉여' 가 창출되는 곳은 '생산과정' 이라는 생각을 처음으로 정치경제학에 도입한 것이다. 이후 그 생산 과정과 잉여의 구체적 성격이 무엇이냐를 놓고 아담 스미스, 마르크스를 거쳐 오늘날에 이르도록 숱한 논쟁을 거쳐왔지만, "경제란 이 잉여를 낳는 사회의 생산 과정을 중심으로 구성된다"고 하는 중농주의자들의 기본적 패러다임은 전혀 변하지 않은 채로 남아 있다. 한 가지 더 있다. 중농주의자들에 의하면 이렇게 생산 과정을 중심으로 구성되는 경제 영역은 감히 그 누구도 어길 수 없는 '자연' (physis)의 법칙에 지배된다. 따라서 이 경제 영역은 사회와 정치로부터 분리되어 독자적으로 작동하는 신성불가침의 영역이며 또 그렇게 다루어져야만 한다는 것이다.

몇 천년간 '부정한 도둑질' 로 낙인 찍혀온 자본, 이윤, 이자 등은 이제 이렇게 신성불가침의 영역으로 독립된 '경제' 와 '생산' 의 영역에 또아리를 틀면서 튼튼한 정당화의 논리를 얻게 된다. 이자와 이윤의 근원은 바로 그 생산 과정에서의 '잉여' 에 있다는 것이다. 그리고 자본은 무슨 샤일록 같은 자들의 고리대금업이 아니라 그렇게 잉여를 낳도록 생산 과정에 '투자' (paid in advance)되는 돈인 만큼 여기에는 정당치 못하거나 떳떳치 못할 게 하나도 없다는 것이다. 그 반대이다. 부의 진정한 근원이 사회적 생산과 거기에서 나오는 '잉여' 에 있다면, 그것을 조직하는 원동력인 자본이야말로 사회를 먹여살리는 구세주나 다름이 없다. 따라서 이렇게 '생산적인 존재' 인 자본을 어떻게 하면 더 많이 축적하고 더 많이 투자되도록 할 것인가에 모든 고민과 노력이 맞추어져야 할 것이라는 결론이 나온다. 사실 이 '자본 축적의 극대화와 그를 통한 경제 성장의 확장' 이야말로 고전파 경제학 전체의 핵심적인 과제였다고 해도 과언이 아니다. 요컨대 첫째, 사회의 생산 과정과 그에 기반한 경제 영역은 사회와 정치에서 독립된 독자적 운동법칙으로 조직된다. 둘째, 자본과 이윤이란 그 생산 과정의 핵심적 존재로서 사회 전체의 풍요와 부는 그 축적이 달려 있다는 것이다.

이러한 산업혁명기 전후의 경제 사상은 자본과 경제에 대한 현대인들의 사고 방식을 여전히 확고하게 지배하고 있다. 해외 자본의 유입이야말로 생산성 향상과 부를 가져오는 첩경이라는 사고방식은 현실적인 검증도 제대로 이루어지지 않은 가운데에 지구화 시대의 세계를 지배하고 있고, 매체의 정치가들뿐만 아니라 강단의 경제학자들의 입에도 끊임없이 오르내리고 있다. 물론 이러한 '정치와 경제의 이분법' 그리고 '자본은 사회의 구세주이다' 라는 사고 방식에 정면으로 반기를 든 시도가 없었던 것은 아니며 그 대표적인 예가 바로 마르크스주의였다고 할 수 있다. 하지만 마르크스주의 정치경제학 또한 19세기 고전파의 패러다임에서 자유롭지 못했기에 그 두 가지 사고방식을 파괴하려는 마르크스주의의 시도는 눈부신 성과만큼 또 그 사고방식에 발목이 잡힌 한계를 보이기도 했다. 자본주의 경제는 물론 정치나 사회 영역과 긴밀히 '연결' 되어 있지만, 기본적으로 그 고유의 '운동 법칙' 을 갖는다는 점에서 '정치와 경제의 이분법' 은 더욱 강화되는 결과가 나오고 말았다. 또 자본의 본질이 "노동자들에게서 소외되고 생산 설비로서 재투자되어 노동자들을 억압하는 죽은 노동의 축적" 라는 것을 폭로한 성과를 거두었지만, 결국 '자본＝생산성' 이라는 관념을 더욱 강화하고 말았다. 그리하여 마르크스주의 정치경제학은 '사회적 현상을 생산 과정에서의 경제 논리로 환원해버리고 만다' 는 비판 그리고 현실 사회주의의 경우 '생산력 물신주의' 의 비판에 휩싸이고 만다. 이렇게 19세기 정치경제학의 패러다임에서 찍혀나온 신고전파 경제학과 마르크스주의 경제학에 공히 깔려있는 '정치와 경제의 이분법' 그리고 거기에서 출발한 '자본'의 이론을 검토하여 그 모순을 밝혀내는 것이 이 책 1부의 내용이다.

그렇다면 이 '생산'이라는 영역을 안전한 '소도'(蘇塗)로 삼아 튼튼한 정당화의 논리 속에 숨어버린 '자본'을 끌어내어 다시 이론적 메스 아래에 놓기 위해서는 자본에 대해 근본적으로 다른 접근법이 필요하다. 저자들은 2부에서 토스타인 베블렌(Thorstein Veblen)의 저작을 영감의 원천으로 삼아, '자본은 생산이 아닌 생산에 대한 지배 권력'이라는 새로운 정의를 제시한다. 베블렌은 자본주의 사회에 대한 독자적인 관찰과 분석을 통하여 칼 마르크스와는 전혀 다른 각도에서 그 이상으로 급진적인 자본주의 비판 이론을 전개했다.* 그는 자본이란 사실 생산 그 자체와는 아무런 관련이 없고, 생산에 투입되는 물적 자재와 장비에 대한 '소유권'에 불과하다는 것을 강조한다. 그리고 특히 19세기 후반에 들어오면 자본가들이란 생산 과정 자체에 대해서 어떤 지식도 없이 그저 주식이나 채권 등의 유동화된 소유권을 손에 쥔 '부재 소유자'(absentee owners)가 되어버린다.

그렇다면 이렇게 생산에 참여하지도 않고 그저 소유권만 쥐고 있는 자본가들은 어떻게 해서 '이윤'을 얻게 되는가? 베블렌의 표현을 빌자면, 소유권이라는 말의 실질적인 의미는, 자신이 소유한 생산 수단과 장비를 생산 과정에서 자기 마음대로 빼내어 사회적 생산 과정에 '깽판'(sabotage)을 놓을 수 있는 권리를 의미한다. 그래서 자본가들은 자신들에게 만족할 만한

---

* 베블렌의 이러한 급진적인 자본주의 비판은 그가 죽은 후 대부분 묻혀져 버리고 말았고 오늘날 그는 경제학자라기보다는 '유한 계급론' 같은 책을 쓴 사회학이나 인류학의 이색적인 학자로만 알려지고 있다. 하지만 그가 10권이 넘는 저작 속에서 일관되게 해명하려했던 이론적 주제가 "자본은 사회적 생산을 파괴하여(sabotage) 이윤을 취득하는가 그리고 그 과정에서 사회는 어떻게 전쟁, 공황 등의 고통을 겪게 되는가"였다는 점은 거의 무시되고 있다. 베블렌의 자본 이론의 구체적인 내용은 졸역, 『자본의 본성과 축적에 관하여』(책세상, 근간)를 참조.

이윤이 보장이 되지 않을 때마다 자신들의 소유권을 무기로 '효율성의 주의 깊은 철회'(conscientious withdrawl of efficiency)의 권리를 유감없이 행사한다. 그렇게 되면 사회 전체는 심한 고통을 겪게 되고, 다시 그들이 만족할 수 있는 이윤율이 회복될 가능성이 높아진다.

요컨대, 사회적 생산 전체에서 볼 때 가장 중요성이 높은 병목에 해당하는 유형 무형의 장비들을 소유권이라는 형태로 '인질'(베블렌은 이것이 '자산〔asset〕의 진정한 의미라고 말한다)로 잡은 것이 바로 자본이다. 자본가들은 그를 통해 사회 전체의 생산을 '깽판 놓는' 인질극을 벌이게 되며, 이윤이란 바로 그를 통해 뜯어내는 몸값이 되는 셈이다.

결국 베블렌의 자본 이론에 따르면, 자본은 생산 그 자체와는 아무런 관련이 없고, 사회적 생산 과정 및 거기에 직 · 간접으로 관련된 갖가지의 사회적 과정들에 대한 '지배 권력'으로 정의되는 것이다. 저자들은 이러한 베블렌의 이론을 현실적 데이터와 역사적 경험을 통하여 자세히 검토한 뒤, 대기업과 금융자본주의라는 20세기의 현실을 설명할 수 있는 '권력 자본론'의 뼈대를 제시한다. 나아가 루이스 멈포드(Lewis Mumford)—베블렌의 가까운 제자였다—의 근대국가 분석을 또 하나의 영감으로 삼아 자본, 사회적 권력, 근대국가 등등의 문제들을 해명해 나간다.

3부에서는 이러한 대안적인 '권력 자본론'의 틀에 기반해 지배적 대자본들의 축적 전략을 구체적으로 분석할 수 있는 이론을 제시하고 그것을 실증적 역사적으로 검토하고 있다. 저자들의 독창적인 공헌으로 점차 알려지고 있는 '차등화 축적 이론'(theory of differential accumulation)이 그것이다. 자본 축적의 본질이 생산성이나 효율성 그 자체가 아니라 그것에 대한 지배 권력에 있다고 한다면, 대자본은 미시경제학 교과서에 나오는 식의 '이윤 극대화' 따위와는 전혀 다른 원칙으로 행동한다고 말할 수밖에 없다. 그렇다면 대자본들의 스스로의 실적(performance)을 평가하고 목표로 삼는 행동 원칙은 무엇인가? 저자들은 다른 자본들의 평균적인 실적을 벤치마킹해 그것을 상회하는 것, 즉 '평균을 능가하는 것'(beating the average), 즉 '차등화 축적'이 그 행동 원칙이라고 주장하고 있다. 역사적 경험과 데이터를 돌아볼 때에, 그러한 '차등화 축적'을 달성하기 위해 지배적 자본이 취했던 주요한 방법은 대규모의 인수 합병과 큰 폭의 가격 상승이라는 두 가지로 압축된다고 한다. 여기서부터의 논의에서 자본 축적은 지구화, 전쟁, 유가 상승과 같은 최근의 지배적인 현실적 쟁점들과 구체적으로 연결되기 시작한다. 이러한 논의의 연장에서 저자들이 조심스럽게 21세기의 지구를 예측하고 있다. 어쩌면 지구적 규모의 스태그플레이션과 전쟁, 혼란이 주된 경향으로 나타날 것 같다는 전망으로 책은 끝나고 있다.

저자들의 저서 *The Global Political Economy of Israel*(London: Pluto Press, 2002)은 자본의 본질을 다룬 이론 부분과 이스라엘 정치 경제에 대한 분석으로 구성되어 있다. 원래 초고의 이론 부분은 상당히 자세하고 방대한 내용을 담고 있었는데 지면 편집의 사정 때문에 대폭 축소되고 말았다. 이를 안타깝게 여긴 옮긴이는 닛잔 교수에게 그 이론 부분의 원고를 편집 이전 원래 규모 그대로 원본으로 삼아 한국에서 출판하자고 제안하였다. 저자들은 흔쾌히 응하고 그 초고를 다시 몇 번에 걸쳐 수정하여 이 책의 원본을 새로 구성하여 넘겨주었다. 그래서 이 책은 영문이 존재하지 않으며, 이 한국어 본이 '원판'이 되는 셈이다.

그러한 사정을 통해 나온 책이기 때문에, 본서는 이론적 논의에 주된 방향이 맞추어져 있고, 그 「권력자본론」에 입각한 구체적 현실 분석의 사례가 빠져있는 상태이다. 따라서 관심이 있는 분들은 이스라엘의 사례를 들어 자본 축적, 국가 형성, 전쟁과 지구화 등의 상호관계를 체계적으로 분석하고 있는 위의 「The Global Political Economy of Israel」을 참조하시기를 권하고 싶다. 또 저자들의 홈페이지 http://www.arts.yorku.ca/politics/ nitzan/bnarchives/index.html 를 방문하면 여러 구체 사례 분석의 논문들을 접할 수 있다.

이렇게 열성적으로 한국어 판을 준비해 준 저자들에게 깊이 감사드린다. 이들은 지난 20년간 신고전파 경제학계는 물론 마르크스주의 진영을 포함한 기성의 어느 학파와도 거리를 유지하면서 자본과 권력에 대한 독자적인 비판 이론을 구축하기 위해 매진해왔다. 저자들의 만류로 인해 이 자리에서 자세히 밝히지는 못하지만, 그 과정에서 권위주의와 배타주의에 찌든 서구 경제학계와 이스라엘의 반동적인 사회 체제에 의해 겪어야 했던 저자들의 고초가 적지 않았다고 한다. 죠나단 닛잔은 캐나다의 대학에 최근 겨우 자리를 잡을 수 있었으나, 이스라엘에 살고 있는 심숀 비클러는 예순이 가까운 나이에도 아직 여섯 개의 시간 강사직을 뛰어 가까스로 생계를 유지하고 있다. 이 책으로 한국의 독자들에게 그들의 피땀어린 작업 성과를 조금이라도 더 널리 소개할 수 있게 되었으니 그 두 사람에 대한 빚을 조금은 덜 수 있을 것 같다.

공부도 능력도 부족하고 또 감히 번역 따위의 시간적 '사치'를 꿈꿀 수 없는 조건이었지만, 옮긴이도 어줍잖은 책임의식 같은 것 때문에 이 책을 소개하기로 마음먹었다. 그 기획이 토론토의 차갑고 뿌연 겨울 하늘 아래에서도 스러지지 않고 결국 출판으로 꽃망울을 틔우게 된 것을 보니 다시 힘이 솟는다. 그 동안 항상 곁에서 서로 지켜주었던 요크 대학 정치학과 박사 과정에 있는 박형준, 김낙중 두 동학의 도움을 기억하고 싶다. 또 한없는 참을성으로 원고의 지체를 기다려준 삼인 출판사에도 사죄와 감사의 말씀을 전한다.

　마지막으로 부디 이 책이 학술 서적으로서가 아니라 지구화 시대에 어떻게 실천 방향을 잡을 것인가를 고민하는 이들 모두가 함께 읽는 '대중 서적'이 되기를 빈다. "돌 위에 돌 하나 남지 않으리라"는 구절이 점점 가까이 와닿는 지금, 함께 사는 세상을 준비하는 일은 응당 모두 함께해야 이루어질 수 있기 때문이다.

2004년 5월, 오사카에서
홍기빈

1부 수수께끼의 존재, 자본

…… 우리의 과학이란 요리책과 똑같다. 이 책이 제시하는 것은 첫째 요리의 '정통적' 이론으로서, 그 권위가 공인된 바 있으니 감히 건방지게 질문 따위를 해서는 안 된다. 둘째, 들어가는 재료와 그 양의 목록인데 이 또한 우두머리 요리사의 허락 없이는 아무도 감히 더하거나 빼서는 안 된다.

—올더스 헉슬리(Aldous Huxley), 『멋진 신세계』(*Brave New World*)

1장 출발점: 정치와 경제의 이분법

정치경제학이 "시민 사회의 해부"(Marx 1859: 20)라는 마르크스의 말은 곧 정치경제학이란 풍요의 획득과 권력 추구라는 두 가지를 연결시키려는 시도임을 의미한다. 그런데 어떤 두 가지를 연결시킨다는 말은 결국 그 두 가지가 애초에 별개의 것이라고 가정하는 셈으로, 권력과 물질적 행복을 별개의 두 가지로 구별하는 것은 사실 근대 사회 사상의 기본적 전제의 하나이기도 하다. 이 양분법의 기원은 18세기 후반 산업 자본주의가 출현하던 당시로 거슬러 올라간다. 고전파 정치경제학자들은 구체제(ancien régime)에 반대하면서 힘을 키우던 부르주아 계급의 편에 서서 '자유로운 시장'이라는 새로운 생각을 널리 퍼뜨렸다. 그들이 노리던 바는 원래 가족, 공동체, 국가 등의 제도에 묻어 들어 있었던(embedded Polanyi 1944) 시민 사회를 분리시켜 내는 것이었다. 최초의 중요한 자본주의 예언자였던 아담 스미스는 자유 시장이란 '보이지 않는 손'이 움직이는 것이며, 그러한 메커니즘이야말로 자원의 가장 효율적인 배분을 가져온다고 주장하였다. 그런데 그 보이지 않는 손이 효과적으로 작동하려면 그냥 내버려두어야만 한다. 그러므로 자유 방임을 요구하는 함성은 곧 생산과 물질적 행복을 탈정치화시키라는 함성이 되는 셈이다.

이리하여 스미스 이후로 인간의 다양한 활동을 '수직적' 영역과 '수평적' 영역이라는 두 가지로 분리하는 것이 점점 관습으로 정착되었다. 수직적 차원은 권력, 권위, 명령, 조종, 불화 등의 개념을 중심으로 전개되며, 학문상으로는 정치학의 영역에 속한다. 다른 한 축인 수평적 차원은 개인의 물질적 행복, 자유로운 선택, 교환과 균형 등의 개념을 중심으로 하며 경제학자들의 관심 영역이 된다. 현대의 자유주의자들은 이 두 개의 영역이 본질적인 모순 관계에 있으며, 특히 정치적 과정이 경제적 과정에 '개입' 하려 들고 그로 인해 자원 배분의 왜곡, 비효율과 물질적 행복 감소 등의 결과가 나타날 때에 그 모순이 두드러진다고 본다.[1] 이들과는 반대로 급진적 정치경제학자들은 정치학과 경제학을 따로따로가 아니라 동일한 사회적 과정의 상호 연관된 부분들로 이해하고자 한다. 하지만 이들 또한 권력과 물질적 행복을 근원적으로 구별되는 별개의 활동 영역으로 보는 경향이 있기 때문에, 그들이 맺어주려 애쓰는 두 영역의 결혼도 본래부터 위태위태한 것이다.

정치학과 경제학을 갈라놓는 바람에 맨 먼저 희생된 것은 자본에 대한 이론이다. 학문 세계에서의 분과 학문의 분리로 인해 자본 이론은 경제학자들의 손아귀에 완전히 장악되고, 정치학자·사회학자·인류학자 들은 사실상 발언권을 빼앗기고 말았다. 그 결과 자본의 물질적 측면의 고찰만 너무 강조되고 권력의 측면은 거의 전적으로 무시되는 사태가 벌어지고 말았다. 게다가 그렇다고 자본이 명쾌하게 설명된 것도 아니다. 경제학자들

---

1) 자유주의적 개입주의자들은 케인즈의 저서(Keynes 1936)를 따라 좀더 현대적인 접근을 취하여, 경제가 바보스럽게 작동하지 말라는 법이 없으며 일정한 개입 정책이 반드시 있어야 할 것이라는 주장을 제기한다. 하지만 그런 개입은 정치 경제를 구성하는 한 요소로서가 아니라 시장이 효율적인 결과를 낳게 하기 위해 바깥에서 안으로 작동하는 수단이라고 간주된다.

은 자본 개념의 논의를 독점해 놓기만 했지 그것이 무슨 뜻인지는 여전히 규명할 수가 없었기 때문이다. 자본이 화폐의 모습을 띤 부(富)라는 점에는 이견이 없었지만 그것을 증식시키는 것은 무엇인가라는 질문은 훨씬 대답하기 어렵다는 게 드러났다. "경제학자들이 자본이라는 말을 현명하게 그저 화폐적·회계학적 의미로만 쓰는 데에 멈췄으면 좋았을 것을, 공연히 그 의미를 '근원적으로 해명' 하려고 나서는 바람에 우리는 혼동에 가득찬, 소용도 없는 아주 어리석은 논쟁에 휘말려들고 말았다!"라고 슘페터는 말한다.(Schumpeter 1954: 323) 물론 "근원적으로 해명"시키려는 바람은 잘못이 아니다. 그러기 위해 경제학자들이 파고들어 간 방향이 문제였던 것이다. 이들의 주된 목적은 축적을 생산성에다가 연결시키는 것이었지만, 사회적 생산은 갈수록 복합적인 것으로 변해갔기에 그런 연관을 포착해 내는 일은 점점 어려워졌다. 게다가 경제학자들이 이 문제를 완전히 자기들만의 영역이라고 우기는 바람에 해결의 실마리를 찾는 일은 더 어려워졌다. 블리스(Bliss 1975: vii)에 의하면, 경제학자들이 자본 이론에서만 일치를 본다면 "다른 문제들에 대해서는 금세 일치하게 될 것이다." 그런데 자본이 혹시 본질적으로 권력의 문제를 내포하고 있는 것이라면, 권력의 문제는 자신들 연구 영역 밖의 일로 치부해 버리는 대부분의 경제학자들이 과연 그렇게 만장일치의 자본 이론에 도달할 수 있을까?

물론 예외도 있었고, 그 가장 주목할 만한 이는 칼 마르크스였다. 비판적인 정치경제학자였던 동시에 정치경제학의 비판자였던 마르크스는 권력과 생산이라는 두 가지를 출발점부터 나누지 않고 통합하려 하였다. 개인들간의 자유 교환이라고 하는 수평적인 겉모습은 단지 자본주의의 착취적·억압적 권력을 은폐하는 데에 봉사할 뿐이라고 그는 주장한다. 마르크스에 의하면 자본주의를 움직이는 원동력은 자본 축적으로 사회적 재생산 과정을 통제하고자 하는 충동이다. 실로 마르크스에게 있어 자본이란 자본주의의 중심적인 정치 제도였던 것이다. "자본은 부르주아 사회의 모든 것을 지배하는 경제적 권력이다. 자본이야말로 출발점이자 결론이 되어야 한다……"(Marx 1859: 213) 이러한 의미에서 부르주아가 만들어낸 공식적 정치 결사들, 조직들, 제도들—의회, 정당, 보통 선거, 민주적 행정 등—이 본질적으로 노리는 바는 자본의 지배를 공고화하는 것이다. 마르크스에 따르면 자본주의 사회의 정치적 갈등은 바로 자본의 재생산 자체에서 태어나며 계급 투쟁을 거치면서 성장한다. 이러한 투쟁은 계급적 의식을 갖춘 형태로 나타나기도 하지만, 다른 여러 가지 외양을 띨 수도 있다. 예를 들어 미국에서 흑인과 백인 사이의 인종 갈등이라든지 성지(聖地)에서 시온주의자(Zionists)들과 팔레스타인인들이 벌이는 민족간 충돌 등과 같이 말이다. 이 투쟁이 벌어지는 주된 싸움터는 근대 민족 국가인데, 이는 자본으로부터의 '자율성'이라는 외피를 입고 있는 덕분에 자본주의가 정치적으로 보편적 이익을 표방하는 양 보이게 된다는 것이다. 근대 국가의 역사는 따라서 자본주의 발전 자체의 일부이자 영역이 되는 셈이다.

하지만 이러한 놀라운 마르크스의 혜안에도 불구하고, 자본주의 질서의 중심적 제도인 자본의 개념이 생산 영역에서 풀려나오지 못하는 바람에, 이러한 방식의 정치학과 경제학의 종합은 그리 튼튼하지 못하다는 것이 밝혀지고 말았다. 마르크스는 자본의 개념을 엄격히 노동 과정에 기반하여 구성해야 한다고 고집하였는데, 이로 인해 결국 전체 사회의 여러 권력 제도들은 마르크스의 분석적 추상화 작업에 여전히 통합되지 못한 채 남게 되었다.—비록 그의 역사 서술에서는 아주 중요한 위치를 점유하고 있지만. 결국 마르크스주의의 역사에서 정치학과 경제학을 화해시키려는 수많은 시도—헤겔적인 방법으로 혹은 다른 방법으로—가 있었지만, '토대'

와 '상부 구조'의 분리에서 시작하여 '국가 자율성'을 둘러싼 논쟁을 거쳐 '축적'과 '정당화' 사이의 갈등에 대한 논쟁에 이르기까지, 권력과 생산이라는 이분법의 유령은 계속해서 마르크스주의 이론을 떠돈다. 이 이분법을 극복하기가 얼마나 어려운가는 남아프리카공화국 자본주의를 마르크스주의적으로 분석하는 던컨 이니스(Duncan Innes)의 저서에 아주 간명하게 요약되어 있다.

> 자본주의 사회를 움직이는 주요 원동력이 무엇인지를 밝혀냈으니 그 다음 문제는 계급 갈등의 개념과 '경제학' 및 '정치학'의 개념들이 어떻게 연관되어 있는가를 설명하는 것이다. 물론 그 관계를 어떻게 개념화할 것인가에 대해서는 격렬한 논쟁들이 있으며, 정치적 관계는 단순히 경제에 의해 결정된다는 만델(Mandel)의 상당히 기계적인 관점에서부터 알뛰세의 좀더 세련된 '최종 심급에서의' 결정 또는 알뛰세와 다원주의 사이에서 왔다갔다하는 풀란차스의 경제 영역과 정치 영역의 '상대적 자율성' 개념까지 넓게 펼쳐져 있다.…… 내 견해로는, 이러한 해석들 어떤 것도 그 개념들이 어떻게 연관되어 있는가 하는 문제를 정확하게 개념화하지 못하였고 결국 충분한 해답을 주지 못하고 있다.(Innes 1984: 19)

이러한 난관에 처하게 된 가장 중요한 이유는 자본의 물질적 측면에 대한 연구에만 강조를 두기 때문이며, 이는 역설적이지만 자본 이론—주류 이론과 마르크스주의 이론 모두—을 전(前) 자본주의 사회에 고착되도록 일조하고 있다. 생산과 축적이 연관되어 있다는 것은 의심의 여지가 없지만, 그 연관 관계의 성격은 간단한 것도 아니며, 그것에만 기초해서 완전한 자본 이론을 구성할 수 있는 것도 아니다. 대부분 동의하듯이 축적은 이윤과 긴밀하게 연결되어 있지만, 통속적인 견해와는 달리 이윤이 본질적으로 기계, 원자재, 노동의 물질적 결합에 전적으로 뿌리박고 있는 것은 아니다. 1920년대 이후 다양한 조류의 마르크스주의—프랑크푸르트 학파에서 국가 이론가들을 거쳐 오늘날의 사회적 축적 구조론이나 프랑스 조절 학파에 이르기까지—가 물질적 개념으로서의 자본에다가 이데올로기, 테크놀로지, 커뮤니케이션, 경영 등과 같은 문화적·정치적 '변수'들을 덧붙여 보려고 시도해 왔다.[2] 하지만 일반적으로 그들은 모두 문제의 근원에 이르지 못하였다. 권력이라는 개념을 추가로 덧붙이는 식으로는 해결책이 될 수 없고, 아예 자본의 정의 자체에 통합시켜야만 한다. 우리가 필요로 하는 것은 이질적인 요소들을 꿰매 붙인 누더기가 아니라, 내적 일관성을 갖춘 대안적 이론틀이다. 논의의 출발부터 자본을 정치 권력과 사회적 재생산 양자 모두를 체현하는 것으로 이해하는 그러한 이론틀 말이다.

그렇게 폭넓은 자본의 정의를 얻게 되면 정치경제학에 중대한 변화가 오게 될 것이다. 가장 중요한 변화는, 그러한 자본의 정의를 갖게 되면 국가와 자본을 애초부터 서로 마주 서 있는 별개의 실체들이 아니라 역사 속에서 긴밀하게 뒤엉켜 상당 부분 서로 중첩되는 두 제도라고 재해석할 수 있다는 점이다. 이러한 관점에서 본다면 자본주의가 서서히 우세해지면서 지구적으로 확산되는 과정은 주권을 중심으로 한 국가의 권력과 소유권에 뿌리박은 자본의 권력간의 관계—이는 모순적이면서도 또 서로를 강화해 주는 관계이다—가 변화하고 있음을 반영한다고 볼 수 있다.

그래도 이렇게 정치와 경제가 통합된 자본의 정의를 제시하기에 앞서 먼

---

2) 프랑크푸르트 학파에 대한 더 자세한 논의는 Jay (1973)를 보라. 국가 논쟁에 대한 비판적인 개설은 Jessop (1990)과 Clarke (1991)에 나와 있다. 프랑스 조절 학파와 사회적 축적 구조론에 대해서는 Aglietta (1979)와 Kotz, McDonough and Reich (1994)를 보라.

저 이 문제에 관한 기존의 여러 접근들을 검토해야만 할 것이다. 오르테가이 가세트(Ortega y Gasset)는 "과학적 진리를 발견하려는 자는 먼저 자기가 배웠던 것들 대부분을 산산이 박살내 버려야 한다. 새로운 진리란 상식적 명제들을 무수히 난도질하고 난 뒤 피가 뚝뚝 떨어지는 손으로만 거머쥘 수 있는 것이다"라고 말한 바 있다.(1932: 157) 물론 우리의 주제는 과학적인 것이 아니라 역사적인 것이기는 하지만, 그래도 새로운 것을 제시하려면 기존의 학설들을 해체하는 것은 필수적이다. 게다가 자본이란 결국 사회 제도인 까닭에, 자본이 어떻게 작동하는가라는 질문은 그것이 어떻게 작동해야 하는가(혹은 작동하지 말아야 하는가)라는 윤리적 문제와 뗄 수가 없다. 자본주의의 정치경제학을 이해한다는 것은 따라서 자본이라는 현상만을 연구하는 것이 아니라 그 현상을 이해하고 또 비판해 왔던 수많은 방식들도 또한 연구해야 한다는 것을 의미한다. 루카치(Lukacs 1971)의 표현을 빌자면, "자본이란 무엇인가"에 답하기 위해서는 이런 질문을 던지는 것 자체를 가로막는 계급 의식의 장벽을 먼저 걷어내야 한다.

간략하게 보자면, 현존하는 자본 이론들은 생산 영역과의 연관이라는 관점에서 세 개의 묶음으로 분류할 수 있다. 현실적으로 가장 영향력이 큰 이데올로기인 신고전파 경제학은 산출을 투입 요소들의 함수(산출을 생산하는데에 쓰인 노동, 원자재, 자본재 등 여러 생산 요소들의 양)로 본다. 자본은 이러한 투입 요소들 중 하나로 치부되어 그 자체의 기술적 단위로서 측량된다. 마르크스주의자들은 생산 영역을 자본이 화폐에서 시작하여 상품을 거쳐 더 많은 화폐로 탈바꿈하는 하는 사회적·물질적 변형으로 본다. 이러한 변형의 원동력은 노동 과정으로서, 여기서 '산 노동'이 상품에 묻어 들어가 있는 '죽은 노동'으로 전환되는 것이다. 자본은 이 노동 과정에서 직접적으로 생겨나는 것이니 그 적절한 측량 단위는 노동 시간이다. 반면 '권력 자본 이론'의 입장에서 보면, 생산이란 복합적인 사회적 과정인 까닭에 그 복합적 성격으로 말미암아 수량화는 고사하고 해독해 내기조차 쉽지 않다고 본다. 여기에서 자본은 생산 투입 요소도 아니고 물질적인 산출도 아니라, 생산 과정을 지배하는 권력을 화폐라는 상징으로 체현해 놓은 것이다. 개념상으로 보자면 신고전파 이론과 마르크스주의 이론은 생산 과정이 축적을 떠받치는 것으로 보아 전자에서 후자를 도출해 내는 상향식(bottom-up) 방법으로 구축된다. 한편 우리의 권력 이론적인 관점은 생산이 축적에 복속되는 것이라고 보는 하향식(top-down)으로 구축된다. 자본 이론이 걸어온 파란만장한 역사를 보건대 상향식 방법에 입각한 설명은 가능하다 하더라도 논리적으로 대단히 취약하다는 점을 알 수 있다. 반면 하향식 방법에 입각한 권력 이론적 관점은 비록 거의 연구되지는 않았지만 상향식 방법에서 나왔던 문제들에 부닥치지는 않는 것 같다. 사실상 이 이론은 권력과 또 권력이 사회의 재생산을 형성하는 방식에 직접 초점을 맞춤으로써 산업의 '투입-산출 구조' 등과 같은 골치 아픈 문제를 피해갈 수 있을 뿐만 아니라 자본의 개념화에 정치학을 중심적인 것으로 통합시킬 방법을 제시해 주는 것이라고 생각된다.

2장 신고전파 자본 이론의 '우화'

자본의 물질적 기초

자본의 정의는 무엇이며 축적이란 무엇을 의미하는가? 이 질문은 그 핵심적 중요성에도 불구하고 해결되지 않은 채로 남아 있다.(Schumpeter 1954: 322~327, 625~645; Braudel 1985, Vol. 2: 232~249) 역사적으로 보아 그 질문을 둘러싼 분쟁의 씨앗이 뿌려진 것은, 자본에 대한 양적인 관념과 질적인 관념이라는 상이한 두 개를 억지로 결혼시켰던 당시로 거슬러 올라간다. 자본은 소득을 발생시키는 기금, 즉 '금융상의 부'이며, 따라서 당연히 일정한 수량을 갖게 된다. 동시에 자본은 물질적 도구들, 즉 '자본재'의 집적으로서 여러 성질들의 특정한 집합으로서의 특징을 갖는다. 이 '금융상의 부'와 '자본재'라는 자본의 두 현상 형태 사이의 관계를 풀어낼 열쇠는 다음의 질문이라 할 수 있다. '자본재'는 생산성을 갖는가? 만약 그렇다면 그 생산성은 그 자본재의 '자본'으로서의 전체 크기에 어떻게 영향을 주는가?(Hennings 1987)

주류 경제학이 일반적으로 시도하는 바는, 자본재가 실제로 생산적이며,

그러한 적극적인 속성 덕분에 자본이 '기금'이 되고 또 가치를 계산하는 것도 가능하게 된다고 증명하는 것이다. 하지만 이 혼인은 그다지 원만한 것이 못 되었으니 양쪽의 나이 차가 너무 심했던 것이 한 원인이었다. '자본'이라는 개념은 '자본재'라는 개념보다 이미 몇천 년 더 앞서 생겨난 것이어서, 아무래도 그 두 가지를 완전히 같은 것으로 겹쳐놓는 짓은 석연치 않은 데가 있었다. 늙은 쪽 배우자인 자본이라는 개념은 라틴어의 카푸트 (caput)에서 생겨났는데, 그 말은 다시 메소포타미아의 비옥한 초생달 지대로 거슬러 올라간다. 로마나 메소포타미아에서나 그 말의 경제적 의미는 아주 단순명쾌한 것으로, 일정한 양의 돈을 지칭하는 말이었지 생산된 '생산 수단'이라는 말과는 아무 관련도 없었다. 사실상 그 카푸트라는 말은 '머리'를 뜻하는 것이었고, 이는 또 다른 바빌로니아 인들의 발명품인 인간의 '노동 일'(work day)과 잘 들어맞는 것이었다.(Bickerman, 1972: 58, 63; Schumpeter, 1954: 322~323)

한편 젊은 쪽 배우자인 '자본재'라는 말은 수천 년이 지난 뒤 대략 자본주의가 생겨난 무렵이 되어서야 태어났다. 기계적 도구들이 생산에서 점점 중요한 위치를 차지하게 됨에 따라 고전파 이전부터 경제학자들의 주목을 끌게 되었지만, 그 도구들은 처음에는 자본이 아니라 그저 '자재'(stocks)라고만 불렸을 뿐이다.(Barbon 1690; Hume 1752) '자본'이 생산 과정에서 차지하는 위치를 처음으로 인정한 것은 중농주의자들이었으니, 18세기 후반의 케네(Quesnay)나 뛰르고(Turgot)에 와서야 '자본'(투자된 화폐로서의)과 기계적 생산간에 연관을 짓는 이론 작업이 처음으로 모습을 갖추기 시작한다.(Hennings 1987) 그 이후로는 자본의 이해에 있어서 이와 같은 생산성적인 편향이 점점 지배적으로 되어간다. 이리하여 아담 스미스 (1776: 260~261)는 "자본(capital)으로 축적되어 있는 자재(stock)"는 "노동 생산력의 거대한 진보에 필수적"이라고 말한다. 리카도(1821: 95) 또한 마찬가지로 자본을 "국부 가운데에 생산에 사용되고 있는 부분으로서, 효과적 노동에 필요한 식품, 의복, 도구, 원자재, 기계 등등으로 구성된다"고 정의한다. 마르크스(1909, Vol. 1: 232)는 "생산 수단, 원자재, 보조 자재, 노동 도구" 등으로 대표되는 '불변 자본'을 논한다. 클라크(Clark, 1899: 116, 119)는 "자본은 생산 도구들로 구성되어" 있으며, 이 생산 도구들이란 "항상 구체적이고 물질적"이어서 그것들이 가치라는 모습을 띨 경우엔 그것이 바로 "생산적 부의 추상적 양(quantum)"이라고 주장한다. 피셔(Fisher 1906: 52)는 자본을 현재의 부의 집적과 동일한 것으로 본다. 나이트(Knight 1921: 328)는 자본을 "인간 이외의 생산적 행위자로 구성된다"고 본다. 피구(Pigou 1935: 239)는 자본이란 여러 다른 물질적 존재들로서, "형상을 바꾸는 외중에서도 그 양을 유지할 수 있는" 것으로 관념한다. 이 모든 주장들을 요약하면 슘페터(Schumpeter 1954: 632~633)의 결론에 자연스럽게 이르게 된다. 본질에 있어서 "자본은 재화들로 구성"되며, 특히 "생산된 생산 수단들"로 구성된다.

하지만 고전파 경제학자들은 자본 이론을 완성하는 데에 실패하였다. 이들은 '기금' 혹은 '투자된 선금'(advance)을 '자본재'들의 묶음과 동일한 것으로 취급하며, 근본적 생산 요소라 할 노동과 토지에서 생산성이 잘 우러나오도록 '돕는' 것이 자본의 일차적 역할이라고 보는 경향이 있다. 자본재들의 가치는 그것들의 생산성에서 생겨난다는 막연한 관념만이 있을 뿐, 그 자본재들이 "어느만큼의 가치를 갖는가"를 측량해 보려는 시도는 이루어진 적이 없다. 따라서 자본과 자본재 사이의 구체적인 관계는 전혀 해명되지 않은 채로 남아 있었던 것이다. 자본재가 '이차적' 투입 요소이며, 그런 의미에서 원래의 '일차적' 투입 요소들과는 질적으로 구별된다고 보았던 고전파 정치경제학의 사고 방식이 아직도 남아 있었던 것이 이론 발전의 큰 장애 중의 하나였다. 하지만 이러한 장애물은 금세 사라질 것이라는 게 드러났다.

신고전파 경제학자들이 출현하였고, 이들은 고전파의 방향을 그대로 따랐지만, 선배들의 조심성을 벗어던지고 훨씬 더 대담하게 밀어붙였다. 이들은 로더데일(Lauderdale 1804)의 뒤를 따라, 자본재를 노동 및 토지와 동등한 완전히 '독립적인' 생산 요소로서 자리 매김하였던 것이다. 이들의 자본 이론은 19세기 후반 이후로 필립 윅스테드(Phillip Wicksteed), 알프렛 마샬(Alfred Marshall), 칼 멩거(Carl Menger), 그리고 누구보다도 존 베이츠 클라크(John Bates Clark) 등에 의해 제시되었는데, 이는 자본재의 생산성이 다른 생산 요소의 생산성과 뚜렷이 구별되는 것임을 강조하여 자본재는 단순한 생산 과정의 보조물이 아니라 필수적인 구성 조건이라고 그 위치를 격상시켰던 것이다. 클라크는 그의 저서 『부의 분배』(*The Distribution of Wealth*, 1899)에서, 자신이 여러 생산 요소들 사이에 공통으로 발견되는 어떤 사실을 발견하였음을 설명하고, 이를 활용하여 새로운 분배 이론을 제시하고 있다. 즉 다음과 같은 두 가지의 주장에 근거하여 소득과 생산 사이에 직접적인 수학적 관련이 있음을 증명하는 것이다.

그 첫 번째는, '생산 요소들'이 수량화가 가능하며 산출은 그 생산 요소들의 함수로서 주어지는데, 최종 산출물의 생산에 각각의 생산 요소들이 기여한 바를 갈라낼 수 있다는 주장이다. 즉 노동, 토지, 자본이라는 생산 요소들을 경험적으로 관찰할 수도 또 측량할 수도 있다는 가정이다.(예를 들어 어떤 생산 과정에 20단위의 노동, 10단위의 토지, 15단위의 자본이 투하되어 그 각각이 어떻게 사용되는지를 우리가 확연히 관찰할 수 있다는 것이다.) 이는 또한 그 생산 요소들이 생산 과정에서 서로 상호 작용하는 방식도 마찬가지로 단순명쾌하다고 가정하는 셈이다.(그래서 우리는 어떤 요소들이 생산 과정에 들어가는가, 또 그 요소들이 다른 요소들에 어떻게 영향을 미치는가를 아주 정확히 알 수 있다는 것이다.) 그리고 이는 산출의 일정한 비율을 투입된 하나하나의 생산 요소들과 각각 연결 지을 수 있다는 말이 된다.(예를 들어 노동은 40퍼센트를 기여하였고, 토지는 15퍼센트, 자본재는 25퍼센트 하는 식으로 말이다.)

그 두 번째 주장은, 이 생산 요소들에서 나오는 소득은 그 요소가 생산에 기여한 바에 비례하며, 좀더 정확히 말하자면 그 요소의 한계적인(marginal) 생산성 기여에 비례한다는 것이다.(따라서 임금률은 마지막으로 투입된 노동자가 생산에 기여한 만큼과 동일하게 되며, 지대는 마지막 1헥터의 토지의 생산성 기여와 동일하고, 이윤율은 마지막으로 투입된 자본 1단위의 생산성 기여와 동일하다는 것이다.)

이 신고전파의 새로운 이론은 자본주의의 역사에 있어 중대한 시대적 국면에서 형성된 만큼, 자본주의적 생산에 대한 단순한 설명에 그치지 않고 강력한 정당화의 논리 또한 제공하고 있다. 19세기 후반 미국에서는 '대사업 자본'(big business)이 나타나 자본의 집중을 재촉하고 이윤 마진에서 폭리를 취하고 소득의 불평등을 심화시키는 등 칼 마르크스가 예견한 바와 대단히 흡사한 양상을 낳았고, 이에 자본주의를 정당화할 새로운 이론이 필요하다는 것도 명백해졌다. 이러한 정황에 비추었을 때 기존의 이윤 이론들―예를 들어 '절욕'(Senior 1872)이나 '기다림'(Marshall 1920, 초판은 1890)이 이윤의 원천이라고 보는 이론들―은 한심할 정도로 무력해 보였다.

이 이론들에 따르자면, 자본가들은 지금 소비해 버릴 수도 있는 돈을 꾹 참고 미래에 투자하는 사람들이니만큼 욕망을 절제하는 이들로 보아야 한다. 따라서 그 투자가 결실을 맺었을 때에는 그들이 참고 기다렸던 시간에 대한 보상이 주어져야 한다는 것이다. 그런데 19세기 말엽에 나타난 락커펠러, 모간, 카네기 등과 같은 재벌들은, 투자한 액수와 전혀 무관한 엄청난 양의 소득을 벌어들인데다가 절욕은커녕 그 소득을 실로 물 쓰듯 하면서 사람들 입이 딱 벌어질 만큼의 과시적인 소비에 탐닉했다. 이들이 소비를 자제하는 경우가 있다고 해도 그것은 그들의 권력을 증가시킬 목적에서 그런 것이지 꾹 참았다가 나중에 소비해야지 하는 소박한 동기와는 전혀 상관이 없었던 것이다. 스펜서(Spencer 1904), 섬너(Sumner 1920; 1963) 그리고 훗날의 란드(Rand 1966)는 좀더 '진화론적인' 방법을 선택하여, 세상에는 우월한 종자의 인간들이 있어서 이들만이 갖는 여러 특징들이 있게 마련인데, 이윤은 바로 그러한 특징들에서 생겨나는 것이라고 주장하였다. 자기들 피를 "더 푸르게"(서양 사회에서 귀족 계급들은 자신들의 피는 평민들과 달리 푸른색이라는 신화를 가끔 퍼뜨렸다—옮긴이) 하지 못해 안달이던 미국의 대자본가들은 물론 이 '금융적 다원주의' 를 반갑게 지지하고 나섰지만, 이 이론에도 여전히 해결되지 않는 근본적 문제점이 있었다.

　이러한 이른바 '보상의 과학' 이 모조리 옳다고 해주자. 그리고 자본가들이 정말로 초인적 인간들이며 그들의 절욕이 보상받아야 마땅하다고도 해주자. 그래도 그들이 받아야 할 보상의 크기는 여전히 설명되지 않는다. 왜 하필이면 그들이 보상으로 받는 이윤의 비율이 5퍼센트도 아닌 50퍼센트도 아닌 하필이면 20퍼센트가 되어야 하느냐는 말이다. 게다가 그 '수익' 의 양이 금융 시장에서 시시각각으로 늘어났다가 줄어들었다가 하는 까닭은 또 무엇인가? 어떤 자본가들은 못난이인데도 대박이 터지는 한편, 어떤 자본가들은 우월한 종자로서의 미덕도 넘치고 참을성도 좋은데 계속 잃기만 하는데, 이는 또 어찌된 영문인가? 자본주의를 정당화해 줄 좀더 튼실한 이데올로기가 간절히 필요하다는 것이 분명했다. 바로 여기에서 클라크 (J.B. Clark)의 한계 생산성 자본 이론이 등장하는 것이다.

클라크는 마르크스의 주장과 달리 자본이란 전혀 기생적인 것이 아니라고 주장한다. 자본도 노동이나 마찬가지로 그 한계 생산성으로 기여한 만큼의 응분의 보상을 받는 것뿐이며, 따라서 그 소득은 경제 성장 과정에 본질적으로 뿌리박고 있는 것이다. 그뿐이 아니다. 생산성에 기여한 만큼이 소득으로 주어지는 것인 이상, 자본가들이 자본을 소유함을 통해 노동자들보다 더 생산적인 존재가 된다는 점도 틀림없다. 자본가들이 노동자들보다 그토록 더 많은 돈을 벌고 있다는 사실 자체가 바로 그 증거가 아니겠는가? 한계 생산성 이론 덕분에 신고전파 경제학자들은 마침내 고전파의 굴레를 벗어던지고 경제를 정치에서 완전히 탈각시킨다는 자유주의의 프로젝트를 완성해 내고야 말았다.

고전파 경제학자들은 급진파이건 자유주의자이건 부와 분배의 문제에 우선적인 관심을 두었다. 생산은 그러한 상위의 목표를 이루기 위한 단지 수단일 뿐이었다. 클라크는 그러한 우선 순위를 뒤집어 우선 생산이 있고 그 다음에 그 귀결로서 분배가 결정된다는 식의 논리를 만들어버린 것이다. 그리하여 20세기에 들어오자 경제학은 서서히 소득 불평등의 원인은 무엇인가라는 질문에서 그로 인해 파생되는 다른 문제들로 초점을 움직이게 되었고, 이제 경제학자들은 소득 불평등이라는 주제를 사회학자들이나 정치학자들에게 안심하고 떠넘길 수 있게 된 것이다.

사실 클라크와 그의 동시대 경제학자들을 통하여 경제는 탈정치화되었을 뿐만 아니라 완전히 '탈계급화' 되었다. 고전파 경제학의 경전들에서는 노동자, 자본가, 지주, 국가 이런 것들의 투쟁이 상당히 중요하게 다루어졌던 데 반하여 신고전파 경제학이 펼쳐보이는 그림에는 이제 추상적 개인들인 '행위자들' 만 살고 있으며, 이들은 어떤 날은 노동자도 되었다가 다음 날엔 자본가도 되었다가 그러다 또 다음날은 자발적으로 실업자가 되기도 하는 그런 존재이다. 이 개인들은 그야말로 사회에 살고 있는 것이 아니라 '경제' 라는 영역에 살고 있으며, 그 영역에서 그들이 관심을 두는 것은 어떻게 소비에서 오는 쾌락을 합리적으로 극대화시키고 노동에서 오는 고통을 최소화시킬 것인가이다. 실로 이들에게 사회란 외부적이며 비합리성이 지배하는 영역이며, 바로 그 사회라는 놈 때문에 '경제' 영역이 파레토 최적[1]이라는 집단적인 오르가즘에 도달하는 것이 항상 방해받고 있다고 보는 것이다.

이 정도만 가지고도 한계 생산성 이론은 대학의 경제학자들에게서 잽싸게 인증을 받기에 충분하였으며, '금융의 거물들' (captains of finance)도 물론 여기에 동참하였다. 이들이야말로 이 이론이 명시적으로 주장하는 바와 암묵적으로 은폐하는 바 모두를 십분 활용하여 이득을 볼 이들이었던 것이다. 재미있는 사실은 이 이론이 각광을 받게 된 당시에는 그 이론이 현실적인 의미를 갖기 위해 필요한 조건들이 이미 현실에서 사라져버리고 없어졌던 때라는 점이다. 신고전파 경제학에 민주주의적 호소력이 조금이나마 있다고 한다면 그것은 어떤 한 사람도 시장의 결과에 영향을 끼칠 수 없다는 그 특유의 전제라고 할 수 있다. 시장에서 개별 소비자는 공급 곡선에

---

1) 이탈리아 사상가였던 빌프레도 파레토(Vilfredo Pareto)의 이름에서 따온 신고전파 경제학의 마법 주문으로서, 어떤 개인도 다른 이의 이익을 해치지 않고서는 자신의 이익을 확대시킬 수 없는 상황을 말한다. 이러한 상황은 오로지 파이를 더 이상 크게 만들 수가 없을 때, 즉 전체 경제가 완전 고용을 이루어 최대의 효율성을 발휘하여 돌아가는 상태에서만 달성된다. 이러한 최적 상태가 현실에서 발견되었다는 소리는 단 한 번도 들린 적이 없으니, 이 파레토 최적이라는 주문은 현실적으로는 별 의미가 없다고 볼 수 있다. 하지만 그 이데올로기적인 중요성은 심대하다. 극대 산출이 이루어지는 상황이라면 정의상 바로 이 파레토 최적이 달성된 상황일 수밖에 없으니, 그 상태에서의 분배라는 것도 완벽한 이상적 상태일 수밖에 없고, 따라서 분배에 대해 이러쿵저러쿵 할 이유도 사라지는 것이니까.

직면하는데, 이는 그 개별 소비자가 마음대로 어떻게 해볼 수 있는 것이 아니다. 개별 생산자들 또한 수요 곡선에 직면하게 되는데, 이에 대해서도 그들은 아무런 통제를 가할 수가 없다. 그 두 곡선은 독립적으로 성립하는 것인 만큼, 그 둘의 교차점, 즉 균형 상태에서는 '1달러 1표' 라는 민주주의가 마침내 구현되고야 만다는 것이다. 경쟁이라는 어머니와 시장이라는 아버지 앞에서 만인은 평등하다. 그런데 어처구니없는 역설이 있다. 이러한 그림이 경제학의 정통 교리로 자리잡았던 19세기 말엽이야말로 수요와 공급의 근본적 분리라는 이 전제가 현실과 완전히 동떨어진 이야기가 되고 말았던 시대였다는 점이다. 시장의 여러 조건을 바꾸기에는 너무나 힘이 부족하여 결국 그것들을 따를 수밖에 없다는 개별 '행위자' 는 이제 찾아보기가 힘들게 멸종해 버렸고, 거대 기업이라는 공룡들이 그 전보다 더 신나게 활개치기 시작하였던 것이다. 대기업들에게 있어서 '수요 곡선' 이란 더 이상 소비자 주권에 의해 외적으로 주어지는 조건이 아니다. 이는 그 기업이 의식적으로 노력하여 사회 전체에 영향을 줌으로써 얼마든지 창출해 낼 수 있는 환경이므로, 기업들은 이제 그 총체적인 투자 전략과 가격 전략의 일환으로서 그에 대한 계획을 반드시 포함하는 지경에 이르렀다. 영리 기업은 물론 오늘날에도 여전히 '시장 기율' 의 작동이 어쩌고 떠들어대고 있지만 이는 공공연한 거짓말이고, 자신들이 현실에서 행사하는 권력을 그것이 마치 시장의 작동인 양 은폐하기 위해 시장 권력이라는 신화를 이용하는 것일 뿐이다.

이와 거꾸로 뒤집힌 공공연한 거짓말 또 하나가 있어서 전후 복지 국가 시대를 풍미했었다. 복지 국가의 핵심적인 제도와 장치의 많은 것들은 애초부터 신고전파 교리로 훈련된 사람들이 세우고 운영하였다. 비록 이들 모두가 '정부 개입' 이라는 말을 입에 담기는 하지만 대부분에게 있어 이는 필요악 이상은 아니었다. 이들이 진정으로 인간적 가치를 위한 경제 계획을 추구했던 적은 단 한 번도 없었다. 그들의 진정한 목표는 대개 '시장 실패'를 완화하고 공산주의 이데올로기 공세를 막아내는 것이었다. 그러다 드디어 1980년대 후반 공산주의가 무너지게 되었다. 그러자 전 세계의 수많은 정부 관료들과 정치가들이 때를 놓칠세라 일제히 일어서서 그들 스스로가 만들었던 복지 국가를 해체해 버리자고 악을 쓰고 있다. 신고전파 경제학자들의 트로이 목마가 드디어 목적을 이루었다. 이제 경제의 사령탑은 다시 자유 시장주의자들이 통제하게 되었다. 마치 1930년대 경제 대공황 같은 사건과 그 사건이 생생히 가르쳐준 교훈 따위는 있은 적도 없다는 듯이 잊혀지고 말았다.

이리하여 신고전파 이데올로기는 오늘날 과학적 개인주의, 완전 경쟁, 자동화의 유토피아 같은 현란한 어휘를 휘둘러대면서 대중 소비와 정치 일반을 조종하는 대단히 효과적인 수단으로 쓰이고 있다. 따라서 이 이데올로기를 전파하는 데 가장 큰 돈을 내는 후원자가 바로 락커펠러 집안(Rockefellers)이라는 사실도 너무나 자연스럽게 이해가 된다. 이 집안 사람들이야말로 온갖 수법을 다 짜내어 경쟁과 생산을 제한하고, 영리적 목표 달성에 종교적 주문(呪文)을 활용하고, 주가를 조작하고, 노동조합을 박살내고, 안면을 튼 독재자들을 돕고, 그 대가로 '자유 무역'을 강요하고, 석유가 풍부한 영토를 강탈하고, 아메리카 인디언들의 씨를 말려버린 이들이니, 자신들의 행위를 은폐해 주는 신고전파 이데올로기가 얼마나 절실히 필요했겠는가.(Colby and Dennett 1995) 이 집안의 창설자인 존 락커펠러(John D. Rockefeller)는 바로 이 신고전파 자본 이론의 창시자인 존 베이츠 클라크(John Bates Clark)가 교수직을 맡고 있던 시카고 대학에다 4,500만 달러를 기부하여, 그 대학을 세계적인 신고전파 경제학의 요새로

만드는 데에 이바지하였다. 그 스스로의 감정 평가에 따르자면 "이거야말로 내가 했던 것 중 최상의 투자였다."(Collier and Horowitz 1976: 50)[2]

아주 찜찜한 의문들

하지만 클라크의 주장은 그 논리적 기초가 전혀 튼튼하지 못하였다. 벌써 윅셀 같은 이들은 그 중심적인 문제점 하나로 자본의 '양'이라는 점을 지적했다.(Wicksel 1935, Vol. 1: 149) 클라크의 이론에서 자본은 자본재에서 도출되는데, 실제 세계에서 그 자본재들의 숫자는 굉장히 많다. 그런데 노동이나 토지와는 달리 이 자본재들은 서로 이질적인 것들이며, 따라서 그것들을 그 '자연적' 단위로 합산하는 것은 불가능하다.[3] 비행기 부품을 생산하는 기계와 구두를 만드는 기계와 과자를 만드는 기계는 분명코 서로

---

2) 다른 대부분의 대학들도 그렇지만 시카고 대학도 이러한 요구에 아주 기쁜 마음으로 호응한다. 매튜 조셉슨(Matthew Josephson)의 이야기를 들어보자. "교육계와 학계에는 석유 및 라드 산업의 거물들이 거느리는 충성된 종들이 자리잡고 있다. 이 종들은 '사회를 혼란에 빠뜨리거나' 또는 '자연적 질서를 교란'할지 모를 모든 종류의 불온 사상과 투쟁하면서 온갖 재주를 다 피워 현존 사회 구조의 변혁에 저항하는 과업에 몸바쳐 왔다. 이들은 자신들의 후원자들과 동일한 계급에 속한다고 생각하여, 따라서 기성 사회 제도가 급격히 바뀌면 자신들도 덩달아 잃을 것이 더 많다고 믿게 되어, '충분히 잘사는 자들에게는 극대의 자유를 허용하라'라는 주장도 공유하였다. 침례 교회의 목사들은 트러스트 독점체들을 '모든 공산주의적 공세'에 맞서는 '건전한 기독교적 제도'라고 옹호하였고, 락커펠러 손아귀에 들어간 시카고 대학의 경영자들은 락커펠러의 컴비네이션 독점체들을 해마다 전투적으로 옹호하였다.…… [어떤] 문학 교수는 락커펠러 씨와 펄먼(Pullman) 씨가 '셰익스피어, 호머, 단테를 능가하는 창조적 천재'라고 선언하였으며…… [한편] 비미스(Bemis) 교수는 1894년의 펄먼 파업 기간에 철도 산업의 행태를 비판하였다가 몇 번의 경고를 받은 후 마침내 '자격 미달'이라는 이유로 대학에서 쫓겨나게 되었다. 스탠다드 오일의 존 아치볼드(John Archbold) 씨의 기부를 받았던 시라큐스 대학(Syracuse University)도 마찬가지로 존 커먼스(John Commons)라는 젊은 경제학자를 해고하였는데, 당시 일어나고 있었던 노동 운동에 지나치게 강한 관심을 표명했던 것이 원인이었다."(Josephson 1934, 324~325)
3) 물론 노동과 토지 각각도 동질적인 것들은 아니지만, 이들 각각이 갖는 이질성은 자본재가 갖는 이질성과는 근본적으로 다른 것이다. 노동의 질은 교육을 통해 만들어나갈 수 있으며, 토지는 땅을 갈아 토질을 향상시킬 수가 있다. 하지만 자본재의 경우엔 그렇게 마음대로 성질을 바꿀 수 있는 것이 아니어서, 일단 만들어지고 나면 다른 목적으로 전환하는 것이 거의 불가능하다.

다른 것들이다. 이것들을 하나로 '합산'하는 유일한 방법은, 화폐로 측정된 그 기계들의 가치를 합산하는 것이다. 자본재의 화폐 가치—즉 투자가들이 그것을 사기 위해 지불할 용의가 있는 액수—는 기대되는 미래 이윤의 현재 가치(그 미래 이윤을 현행 이자율로 할인하여 계산한다. 즉 자본재 가치 =기대 이윤/이자율)이다.[4] 단순히 자본의 화폐 가치를 재는 것을 목적으로 삼는 한에서라면 이런 식의 방법에 문제될 것이 없으며, 사실상 전 세계의 투자가들이 이 방법을 써오고 있다. 그런데 그렇게 계산된 자본재의 화폐 가치가 자본의 '물질적' 수량과 동일한 것이라고 해석하게 되면 골치 아픈 문제가 나오기 시작한다. 그 이유를 알아보자. 이자율이 5퍼센트이고 어떤 기계가 매년 100만 달러의 이윤을 낼 것으로 기대된다고 해보자. 현재 가치의 원리에 따르면 이 기계는 2천만 달러(=100만 달러/0.05)의 가치를 띠게 될 것이다. 그런데 만약 예상되는 이윤이 120만 달러로 올라간다면 어떻게 될까? 현재 가치는 2,400만 달러(=120만 달러/0.05)로 오를 것이다. 그런데 이렇게 되면 똑같은 기계가 한 가지 이상의 수량을 갖게 된다는 말이 되는 셈이다! 클라크의 생산성 분배 이론이 기반하고 있는 자본의 개념은 순환 논리에 근거하고 있다는 게 밝혀진다. 이윤의 양은 일정량의 자본이 갖는 한계 생산성에 의해 설명된다. 그런데 그 자본의 양이라는 항 자체가 다시 이윤의 함수로 주어지게 되는 것이다. 그런데 애초에 이 이론으로 설명하려 했던 것이 바로 이 이윤이 아니었던가! 베블런(Thorstein Veblen) 또한 이렇게 자본을 물질적인 것으로 파악하는 관념에 대해 비판을 시도하였고, 그의 비판은 보다 사회적 접근에 충실한 것이었는데, 이에 대해서는

---

4) 실제로는 공식이 좀더 복잡해진다. 이윤 플로우의 변동, 최종 가치, '위험' 등의 요소들을 고려해야 하기 때문이다. 하지만 이 요소들은 여기에 제시된 단순한 공식화에 묻어 들어가 있다고 볼 수 있다.

나중에 자세히 보도록 하겠다. 그런데도 거의 반세기 동안 클라크의 자본 이론은 완전무결한 이론인 양 군림하였으며, 1950년대가 되어서야 비로소 그 초기에 있었던 비판이 동조자를 얻기 시작하였던 것이다.

최초로 포문을 열었던 것은 로빈슨(Robinson 1953~1954)과 챔퍼노운 (Champernowne 1953~1954)으로서, 이는 스라파(Pierro Sraffa)의 영향력 있는 저작『상품에 의한 상품 생산』(*The Production of Commodities by Means of Commodities*, 1960)의 출판에 이어 나온 것이었다. 스라파의 저서는 40년에 걸쳐 씌어진 것이지만 겨우 99페이지밖에 되지 않았다. 하지만 이 99페이지는 세상을 뒤흔들어놓을 만한 것이었다. 비록 주류 경제학자들의 침묵과 외면으로 인해 그러한 결과를 낳지 못한 것이 현실이라 하더라도, 최소한 세상이 거기에 뒤흔들렸어야 마땅했다고 말해야 할 것이다. '자본의 수량'이라는 것이 순환 논리에 입각한 개념이라고 보아 기각해 버렸던 초기의 회의론자들과 달리 스라파는 그런 자본의 수량이라는 것이 실제로 존재한다고 가정하는 데서 출발하여 그 가정이 자기 모순임을 증명해 나아간다. 거기에서 도출되는 결론은, '자본의 수량'이란 허구이며, 이른바 자본이 생산성에 기여한 몫이라는 것을 측량하려면 가격 체계와 분배에 대한 사전적 지식이 있어야 한다는 것이다. 그런데 이 가격 체계와 분배라는 두 가지야말로 신고전파의 자본 이론이 애초에 설명하려고 했던 것이니, 결국 신고전파 자본 이론 체계 자체가 순환 논리임이 밝혀져 완전히 무너지고 만다.

스라파는 자본의 수량과 이자율이 연관되어 있다는 주장에 공격을 집중하고 있다. 자본재란 이질적인 물건들이기 때문에 신고전파 경제학자들은 결코 이것들을 직접적으로 합산하여 자본으로 총계해 내지 못한다는 점을 기억하라. 그런데도 신고전파 경제학자들은 이자율을 관찰함을 통해 그 자본의 총계라는 것을 간접적으로나마 수량화할 수 있다고 주장한다. 논리는 간단하다. 이자율이 높아질수록 자본이 노동에 비해 더 비싸지게 되니까 사용되는 자본의 양이 노동에 비해 상대적으로 줄어들 것이라는 것이다. 이 관점에 따르자면 어떤 생산 과정의 '자본 집약도'—이는 자본의 양과 노동의 양의 비율이라고 정의되는데, 여기서 노동의 양은 쉽게 관찰할 수 있지만 자본의 양은 그렇지 않다는 것을 기억하라—는 결국 이자율과 역의 관계를 맺게 된다. 즉 이자율이 높을수록 자본 집약도는 낮아지고 이자율이 낮아지면 자본 집약도도 낮아질 것이라는 게 이들의 주장이다. 물론 여기서 그 이자율과 자본 집약도의 관계는 1 대 1 대응이어야 한다. 즉 일정한 '자본 집약도'에는 오로지 하나의 고유한 이자율만 대응되어야 하는 것이다. 그렇지 않을 경우엔 동일한 자본이 하나 이상의 '집약도'를 갖게 되는 모순에 봉착하게 될 것이다. 그런데 스라파는 바로 그러한 사태가 벌어진다는 것을 증명한 것이다.

스라파의 저 유명한 '재전환'(reswitching)의 사례들이 명백히 밝혀주는 바는, 신고전파 이론의 주장과는 달리 '자본 집약도'가 이자율과 1 대 1의 관계를 가질 이유가 전혀 없다는 점이다. 예를 들어 어떤 경제에 동일한 물품을 생산하는 다른 두 가지의 기술이 공존하는 경우를 생각해 보자. 두 가지 중 X라는 생산 공정은 자본 집약적이며 Y라는 공정은 노동 집약적이다.(즉 자본 집약도가 떨어진다.) 여기서 이자율이 올라가면 자본이 노동에 비해 비싸지니까 신고전파 이론에 따르면 자본가들이 X 기술 공정에서 Y 기술 공정으로 반드시 전환할 것으로 예상된다. 그런데 스라파가 보여준 것은, 이자율이 계속해서 오르게 되면 Y 기술 공정의 비용이 X 기술 공정의 비용을 다시 한 번 앞지르게 되어 자본가들이 X 기술 공정으로 '재전환'하는 일이 얼마든지 벌어질 수 있다는 사실이다. 사실 동일한 물건을 생산하는 데에는 보통 두 가지 이상의 기술이 있게 마련이며, 대부분의 경우 그 기술들은 투입 요소의 상대적 비율 그리고 생산 기간 전체에 걸쳐 투입 요소들을 결합시키는 방법 등에 있어 질적으로 다르게 마련이다. 따라서 스라파가 제시하는 이 재전환이라는 현상은 단순한 이론적 가능성이 아닌 대단히 현실적인 상황이라고 보아야 한다. 그 결과 논리적 모순이 나타난다. 신고전파는 총계된 자본의 양을 측정할 수 없다는 문제를 해결하기 위해 그 대리 지표로 이자율을 제시하려 한다. 이런 생각은 이자율이 자본 집약도와 1 대 1 대응 관계에 있다는 전제에 근거하고 있다. 그런데 스라파가 보여준 바 X라는 기술 공정은 자본 집약적인 것으로도 나타나고(이자율이 낮을 때) 또 노동 집약적으로도 나타나게 된다.(높은 이자율에서) 즉 X라는 동일한 기술 공정이 자본재들의 구성이나 결합 방식에 아무 변화가 없었는데도 그 공정에 들어간 자본의 '수량'이 여러 가지로 측정되는 셈이다. 스라파 저작의 파괴력은 단지 이윤의 개념에 대한 기존 이론을 논파한 것에서 멈추지 않는다. 자본 개념에 도전했던 그 무수한 학자들이 이론화 작업에서 항상 주춧돌로 삼아왔던 자본재라는 개념, 그 개념이 수량화하여 고정적인 양을 측량하는 것조차 불가능한 애매한 개념임을 폭로해 버린 것이다.

　이 저작으로 인하여 저 유명한 '캠브릿지 논쟁'(Cambridge Controversy)이 시작되었다. 스라파와 로빈슨이 가르치고 있는 영국 캠브릿지와 수많은 신고전파 경제학자들의 고향인 미국 메사추세츠의 캠브릿지(이곳에 하바드 대학, MIT 등이 있다—옮긴이) 사이의 뜨거운 논쟁이 바로 그것이다.(이 논쟁의 요약은 Harcourt 1969; 1972) 신고전파 경제학자들 쪽의 대표 선수는 노벨 경제학상 수상자 폴 사뮤엘슨(Paul Samuelson) 등과 같은 거물들이었지만, 막판에는 궁지에 몰리게 되고 결국 자신들의 이론에 문제가 있음을 인정하여, 클라크의 신고전파적 자본 정의를 글자 그대로가 아니라 '우화'로서만 받아들이자고 제안하였다.(Samuelson 1962) 몇 년 후 퍼거슨(Ferguson) 같은 지도적인 신고전파 경제학자 또한 캠브릿지 논쟁에서 신고전파 자본 이론의 기초가 되는 '자본이라는 사물'의 개념이 허구임이 밝혀졌기 때문에(1969: 251), 그 이론을 받아들이고 말고는 결국 '신앙의 문제'가 되어버렸음을 인정하고 말았다.(pp. xvii~xviii)

하지만 이는 얼렁뚱땅 신앙의 문제로 돌릴 수 있는 성질의 일이 아니다. 자본이 고정된 '물질적' 양을 갖지 못한다는 사실은 일련의 연쇄 폭발을 거쳐 결국 신고전파의 전 이론 체계 자체를 붕괴시키게 된다. 우선 생산 함수라는 개념이 날아간다. 이미 우리가 보았듯이 자본과 그 밖의 모든 투입 요소들의 수량을 측정할 수 있어야만 성립하는 것이 이 생산 함수의 개념이기 때문이다. 생산 함수가 날아가고 나면 거기에 기반을 두었던 신고전파의 공급 곡선도 날아가게 된다. 공급 곡선이 사라지면 균형(equilibrium)―수요와 공급의 교차―이라는 개념도 마찬가지로 현실성이 사라진다. 종국에 가서 이러한 연쇄 반응이 낳는 결과는 실로 엄청난 것이 아닐 수 없다. 균형 개념이 없으면 신고전파 경제학은 자신이 자임한 두 개의 과제, 즉 가격과 수량을 설명해 내는 일에 실패하고 마는 것이다.

분명히 이는 웃어넘길 일이 아니다. 그러니 신고전파 이론이 유지되려면 자본이 물질적인 사물이며, 정확히 규정된 물리적 수량을 가지는 것이며, 스스로의 생산성을 내포하고 있다는 신념을 무슨 수를 써서라도 지켜내야만 했다. 최초로 나타난 수법이면서 또 가장 널리 행해지는 수법은 대충 얼버무리든가 아니면 아예 완전히 무시해 버리는 것으로, 이 수법은 오늘날까지도 아주 효과적으로 쓰이고 있다. 물론 캠브릿지 논쟁의 주역이었던 로빈슨 여사(Robinson 1971)는 당시에 이미 이런 수법이 사용될 것이라고 짐작했고, 홋지슨(Hodgson 1997)이 그간의 경제학계의 정황을 살펴보니 그녀의 짐작이 적중되었다고 최근 확인한 바 있다. 사실 대부분의 경제학 교과서들, 심지어 자본 이론이 '우화'임을 인정했던 폴 사뮤엘슨의 '사뮤엘슨 주식회사'에서 줄줄이 새 판을 찍어내는 경제학 교과서에서조차 캠브릿지 논쟁 따위는 마치 있지도 않았던 것처럼 여전히 자본은 '측량'되고 있다. 약간 더 고상한 방어 노선은, 이 문제점이 이론적 원리의 차원에서는 아주 심각한 것이라 하더라도 실제 경제 현실을 다루는 차원에서는 별 중요성이 없다고 주장하는 것이다.(Ferguson 1969) 하지만 신고전파 이론 자체가 원래 별로 현실적 설명력이 없었던데다, 그런 비판이 들려올 때마다 자신들 이론의 생명과 가치는 추상적 이론 체계로서의 완벽성에 있다고 강변해 왔다. 그런 신고전파 이론이 불현듯 실제 세계에 대한 적실성을 운운하며 자신을 옹호하는 것은 그다지 설득력이 없다. 세 번째의 아마도 가장 의미 있는 대응은 비(非)총계(disaggregate) 일반 균형 모델을 받아들이는 것이었다. 이 모델은 경제 체제의 구석구석을 그 가장 작은 세부 사항들까지 하나하나 모두 기술하려고 한다.—물론 실제로는 아니고 이론상으로만. 이 모델에서의 생산 함수는 낱낱의 투입 요소들을 모두 따로따로 다루기 때문에, 자본재들을 자본으로 총계하는 문제를 원천적으로 피해 갈 수가 있는 것이다. 이러한 일반 균형 모델은 이론적으로나 경험적으로나 심각한 약점을 안고 있다.[5] 그런데 이 모델의 가장 심각한 문제점은 그것이

---

5) 첫째, 생산이라는 무대에서는 모든 것이 무한정 얽혀 있기 때문에 어떤 개별 생산 요소 하나를 뽑아내어 확인하고 수량화하는 것이 가능할 수 없다. 둘째, 총계를 않는다고 해도 투입물들 사이에 어느 정도의 보완성은 반드시 있게 마련이므로 각각의 투입 요소에 대응하는 한계 생산물들을 뽑아내는 일은 이론상에서조차 가능하지 않다. 셋째, 합리성이나 효용 극대화만으로는 아래로 볼록한 초과 수요 함수 곡선이 도출될 수가 없기 때문에, 일반 균형 모델이 '안정적'이라는 필연성이 없다.(Risvi 1994) 넷째, 이 이론은 본질적으로 정태적 이론이며, 따라서 본질적으로 동태적인 축적이라는 현상은 거의 설명할 길이 없다.

설명하려고 하는 바에 있는 것이 아니라 그것이 묻어버리려 하고 있는 것, 즉 자본이라는 개념에 있다. 자본이라는 '외피'가 낱낱의 물질적 투입 요소들로 환원할 수 있는가 없는가라는 질문에서 잠깐 머리를 들어 세상을 보자. 자본이라는 것은 사회의 현실에 존재하는 실재이며 심대한 사회적 의미를 갖는다는 점은 의문의 여지가 없다. 이러한 비중을 가진 핵심 개념인 자본을 어째서 그토록 한사코 외면하고 무시하려 드는 것일까? 그렇게 사회의 실제 현실을 무시하는 바람에 일반 균형 모델은 공허한 형식성에 빠져들고 마는 것이다.[6]

게다가 그렇게 눈을 돌려버린다고 문제가 없어지는 게 아니다. 이 점은 신고전파 경제학자들이 경험적 연구를 통해 산출의 변화를 생산 함수로 설명하려는 시도에서 가장 적나라하게 드러난다. 이들의 연구는 대부분의 경우 아주 실망스러운 결과를 낳는다. 보통 투입물의 '관찰'로 설명할 수 있는 산출의 변화는 그저 일부분—그것도 아주 적은 부분일 경우가 많다—

---

6) 이러한 '실물적'(tangible)인 한계주의에 내재한 순환 논리의 문제점을 의식하기에 '오스트리아 학파'의 경제학자들은 자본재의 자리에 시간을 놓음으로써 문제를 완전히 피해 가려 했었다. 제본스(Jevons 1871)가 그의 생산 함수 모델에서 시간을 투입 요소로서 정식화했던 예를 따라 뵘–바베르크(Boehm-Bawerk 1891), 윅셀(Wicksell 1935), 그리고 나중의 힉스(Hicks 1973) 등은 자본재를 생산의 시간적 과정에서의 '단계들'로서 재해석하였던 것이다. 자본은 '평균 생산 기간'을 단위로 하여 측량되는데, 이는 원초적인 투입 요소들(인간과 토지를 말한다—옮긴이)과 그것들을 사용하는 시간적 패턴의 조합이다. 일반적으로 보아 '우회' 생산 과정들(좀더 오래 걸리고 더 기계화되어 있으며 좀더 간접적인)은 더 생산적이며 생산의 평균 기간을 늘리는 것은 따라서 그 과정의 '자본 집약도'를 올리는 것과 동일한 것이라고 믿어졌다. 이러한 오스트리아 학파의 이론은 두 가지 주된 결함이 있다. 첫째, 이 이론은 원초적인 투입 요소들을 강조하다 보니 유형 자본재들의 중요성을 배제하는 지경에 이르는데, 이는 고전파 경제학이나 마르크스 경제학에 위험할 만큼 근접해 있는 것으로서, 이것이야말로 신고전파 경제학자들이 기를 쓰고 피하려 했던 것이다. 둘째, 이 이론의 시각은 완전히 물질주의적인 편향에 빠져 있는데 이는 이 이론과 소비자 시간 선호와의 관계에 대한 논의에서도 마찬가지로 나타난다. 이 이론은 총계된 자본의 양을 한 축으로 하고 생산성/효용을 다른 한 축으로 하여 그 사이에 정(+)의 관계가 있음을 확립하려고 하는 것이다. 따라서 이 접근법이 취하는 경로도 클라크의 것과 크게 다르지 않게 되며, 실제로 '재전환' 문제의 함정에 마찬가지로 빠지게 된다.(Hunt 1992, ch. 16)

에 불과하며, 설명되지 않는 '잔여'(residual)가 상당한 양을 차지하기 때문이다. 다음 장에서 상술하겠거니와, 이러한 낭패가 벌어지게 되는 원인의 하나는 이들이 생산이란 전체적(holistic) 과정이기 때문에 애초부터 개별 투입물 하나하나의 '함수'로 분해할 수 있는 게 아니라는 진실을 무시하고 있기 때문이다. 하지만 신고전파 경제학자들에게는 이러한 생각이 결코 떠오르는 법도 없고 또 떠오르더라도 스스로 거부해 버린다. 이들은 대신 투입물들을 두 가지 종류로 나누는 것을 대책으로 삼아 문제를 피해 가려고만 든다. 즉 노동, 토지, 자본과 같은 것들은 관찰 가능한 투입물의 종류로 넣고, 관찰되지 않는 것들은 모조리 기술(technology)이라는 범주에다 때려 넣어버리는 것이다. 이러한 방식으로 문제를 피해 가는 것은 마샬(Marshall 1920)이 처음 제안하고 갈브레이스(Galbraith 1958; 1967)가 대중화시킨 것으로서, 이를 통해 주류 경제학자들은, 생산 함수를 실증적으로 연구할 때에 이론적으로 설명되지 않는 잔여(residual)가 나오는 것이 생산 함수 이론이 파탄났다는 뜻은 아니라고 빠져나가 버린다. 즉, 그 '잔여'란 단지 우리의 '무지의 척도'에 불과하다는 것이다. 즉 문제는 생산 함수의 이론 자체에 있는 것이 아니고 기술을 '측량'할 방법이 묘연한 것뿐이라는 것이다. 우리가 기술의 '수량'을 알아내어 그것을 생산 함수에 포함시키기만 한다면 그 '잔여'는 사라질 것임에 틀림없다는 것이다. 문제를 얼버무리는 데에 있어서 이런 주장이 갖는 또 하나의 커다란 매력은, 이 주장이 옳은지 그른지를 판명할 방도가 전혀 없다는 점이다![7] 현실을 설명한

---

7) 이 부분의 저자들의 논지가 너무 압축되어 약간의 부연을 덧붙이고자 한다. 과학 철학의 기초적인 원칙 하나는, 어떤 명제가 과학적 이론으로 제출된다는 것은 그것이 실험과 관찰을 통해 논박 가능한 형태로 제출되어야 한다는 것이다. 어떤 이가 국민 총생산을 "여자들의 치마 길이, 태양의 흑점 출현, 경마장의 흥행"이라는 세 가지 변수로 설명하는 함수를 제출하고 이를 과학적 법칙이라고 우기고 있다고 해보자. 이를 논파하기 위해 그 세 가지 수치를 실증적으로 연구하여 그러한 함수 관

다고 나선 이론들은 얼마나 현실을 잘 설명하는가 하는 기준으로 평가되어야 한다. 즉 그 이론의 '실수'가 적을수록 그 이론은 더 강한 설득력을 갖게 되는 것이다. 그런데 지금 이들은 문제가 자신들의 이론에 있는 것이 아니라 사실에 있으며, 고로 그 이론의 문제점은 대수로운 게 아니라고 우기고 있는 격이다.[8]

신고전파 이론의 거대한 체계를 떠받치는 기본적 공리의 많은 것들이 심히 의문스러운 것들이라 그 체계는 오늘날도 사상누각인 채로 아슬아슬하게 남아 있다. 그런데 그 중에서도 가장 위태위태한 주춧돌은, 자본이 그 양을 측정할 수 있는 '물리적' 단위이며 특유한 생산성이 우러나오는 물질적 실체라는 관념이다. 현실의 자본은 이런 요건 중 어떤 것도 충족시키지 못하는 것이다. 결국 그렇게 허구적인 자본 개념에 기초한 신고전파 이론은 가격과 생산의 구조도 제대로 설명하지 못하게 된다. 그 결과 소득의 분

계가 잘 성립하지 않는다고 밝혔다고 해보자. 그랬더니 그는 '신의 의지'라는 변수 하나를 함수에 추가하여 자신의 이론을 보강한다. 그렇게 되면 처음의 세 가지 변수로 설명되지 않아 보이는 현상은 모조리 '신의 의지'에다 원인을 돌려버리면 된다. 이 경우 이러한 주장은 옳고 그름을 판단할 길이 없어진다. 왜냐하면 그 '신의 의지'라는 것은 경험적으로 관찰할 수 있는 것이 아니기 때문이다. 오히려 "올해는 그 세 가지 변수가 별 볼일 없었는데도 국민 총생산이 늘어난 것을 보니 신께서 우리를 사랑하셨나 보다"라는 식으로 거꾸로 추산될 것으로 변한다. '신의 의지'가 추가된 함수가 과학적으로 의미 있는 명제가 되려면, 그 '신의 의지'라는 것이 다른 변수들과 독립적으로 관찰 가능해야 한다. 그래야만 그 등식 자체의 진위 여부를 판단할 수 있는 것이다. 갤브레이스 식의 '기술' 변수가 가미된 생산 함수도 마찬가지이다. 그 '기술'이라는 것이 구체적으로 무엇인지가 규명되어 독립적으로 관찰 가능할 때에만 그 주장이 진위를 가려볼 수 있는 과학적 탐구의 대상이 된다. 그렇지 않다면 "올해는 자본, 노동, 토지 투하가 모두 시원치 않았는데 산출이 늘어난 것을 보니 기술이 대단했나 보다"라는 식의 비둘기 울음 같은 소리가 나오는 것이다. 이런 식의 논리적 오류가 대단한 학설로 둔갑하는 현대 사회는 혹세무민에 주눅들던 구석기 시대와 지적으로 별 차이가 없는 것 같다고 필자들이 암시하고 있는 셈이다. — 옮긴이.
8) 예를 들어 이들의 주장처럼 물질적 투입 요소에 기술을 덧붙인 다음과 같은 두 개의 생산 함수를 생각해 보자. (1) $Q=2N+3L+5K+T$ 그리고 (2) $Q=4N+2L+10K+T$, 여기서 Q는 산출량, N은 노동자, L은 토지, K는 자본이며 T는 기술이다. Q가 100이고 N이 10이며 L이 5이고 K가 4라고 해보자. 그렇다면 기술인 T는 생산 함수 (1)이 옳다면 45가 되어야 하고, 생산함수 (2)가 옳다면 10이 되어야만 한다. 하지만 기술을 '측량할' 수가 없기 때문에, 우리는 둘 중 어느 생산 함수가 옳은지를 결코 알 수가 없고 두 함수 모두 자기가 옳다고 얼마든지 우길 수 있는 것이다.

배도 설명하지 못하게 된다. 이들은 그 가격과 생산의 구조에서 소득의 분배가 파생되는 것으로 설명하고자 했기 때문이다. 하지만 신고전파 경제학이라는 종교의 경전이 이토록 엉터리 사기극임이 밝혀졌는데도, 신고전파 교회 조직은 "자기들이 정의하지도 못하는 용어들을 써서 그저 외양만 번듯하게 갖춘 논리"로 교리 체계를 만들고, "질문이 되지도 않는 질문에 대한 해답"을 구하는 신학적 토론판만 자주 벌이는 방법을 통해 별 타격도 없이 계속 교세를 확장해 나아가고 있다.(Robinson 1970: 317)

3장 마르크스주의, 문제를 더 꼬이게 만들다

『자본론』 전체를 아무리 뒤져보아도 자본에 대한 '분석적인' 정의는 찾을 수가 없는데, 여기에는 그럴 만한 이유가 있다. 마르크스는 고전파 경제학자들과는 달리 자본을 '사물'로 보지 않고 포괄적인 사회적 관계로 보았기 때문이다. 사회적 관계라는 것을 설명하기 위해서는 전체를 묘사하는 수밖에 없으니까 자본에 대한 설명도 그 속에서 찾는 수밖에는 도리가 없는 것이다. 자본을 설명하는 데에 배경으로 깔리는 사회적 맥락들이 있으니, 생산 과정, 노동 분업, 기술적 과정, 또 사회적 의식을 형성하는 제도적인 권력 장치 같은 것들이 거기에 들어간다. 라이트(Wright 1977: 198)에 의하면, 자본 축적이란 그저 기계, 건물, 원자재 등과 같은 물질의 증가만을 뜻한다는 사고 방식은 마르크스주의적 사고 방식과는 거리가 먼 것이다. 오히려 "자본 축적이란 잉여 가치를 새로운 불변 및 가변 자본으로 전환시켜 자본주의적 사회적 관계를 계속 확대 재생산하는 것이라고 이해해야 한다"라고 그는 주장한다. 마르크스 저작의 이러한 측면을 강조하면서 샤이크(Shaikh 1990: 73)도 "자본이란 어떤 사물이 아니라 일정한 사회적 관계의 집합"이며 그것을 이해하려면 "따라서 사회적 관계로서의 자본의 성격을 해독해 내야 한다"라고 같은 주장을 되풀이한다.

　마르크스는 세 개의 기본적 원리를 논의의 출발점으로 삼는다. 첫째, 무릇 인간 역사의 원동력은 경제적 잉여를 둘러싼 투쟁이다. 둘째, 생산과 재분배는 분리할 수 없다. 즉 잉여가 존재한다는 것은 그 사회가 계급 사회라는 것을 의미하며, 또 계급 차별이 존재한다는 말은 곧 그 잉여가 어떻게 창출되고 누가 그 잉여를 가져가는가를 놓고 싸움이 벌어진다는 것을 뜻한다. 셋째, 경제의 잉여는 그 특정의 사회적 형식은 다양할 수 있지만 노동 과정에서 만들어진다는 것은 변함이 없다. 따라서 어떤 종류의 계급 사회이건 그 분석은 그 사회를 떠받치고 있는 생산 과정에서 시작되어야 한다. "따라서 특정의 생산 양식은 다른 생산 양식과는 구별되는 특유의 소비·분배·교환 양식을 결정하게 되며, 이 여러 부분들이 서로 맺어지는 관계의 특정한 형태 또한 결정한다."(Marx 1859: 205) 마르크스의 사유에는 여러 가지의 경향들이 공존하고 있지만, 그 중에는 방금 본 자본을 사회적 관계로 보는 경향과는 달리 이렇게 생산 과정의 중요성을 확신하는 쪽으로의 경향 또한 존재한다. 그런데 이 두 번째의 경향으로 인해 마르크스의 축적 이론은 그 근본으로부터 저 악명 높은 '물질주의적' 편향을 띠게 되고 마는 것이다.

　그 결과 나타나게 되는 문제는 자본주의라는 사회적 형식은 무시되고 그 내용만이 강조된다는 것이다. 자본주의의 내용이란 본질적으로 계속 확대 재생산되는 생산 및 소비 과정에서의 노동과 기계 도구의 기술적 결합을 뜻한다. 그리고 자본주의의 형식이란 자본주의적인 통제, 즉 추상적 소유권의 축적을 통해 인간을 조종한다는 것이다. 마르크스는 이 두 측면이 서로 의존하고 있다는 사실을 그의 역사 저술에서는 누누이 강조하고 있음에도, 자본 축적의 분석의 이론적 틀을 제시하는 작업에서는 그것을 충분히 반영하지 못하고 있다. 마르크스가 추상적 용어로 자본 축적을 기술할 적에는 거의 전적으로 좁은 의미에서의 생산을 이해하는 것에만 관심을 두고 있어서, 사회적 권력을 둘러싼 역동성은 상당히 무시되었다. 그리하여 마르크스는 축적을 적대적인 사회적 과정으로 보았지만 그의 분석도 결국에는 신고전파 경제학자들을 집어삼켰던 똑같은 '물질주의적' 함정에 빠져들고 마는 것이다.

자본가들에게 있어서 축적이란 단순히 '화폐가 화폐를 낳는' 과정이다. M달러를 투자하면 M+m달러를 얻는다. 그들의 관심사는 이 m을 어떻게 하면 더 크게 할 것인가이다. 하지만 마르크스의 질문은 그것을 키우는 방법이 아니라 그것이 더 크게 되는 이유이다. 이 m은 어디서 생겨나는 것인가? 그 대답을 얻으려면 자본가들의 어깨를 넘어 현상 배후에 숨겨진 본질을 꿰뚫어볼 수 있어야 한다고 그는 주장한다. 표면적으로 보면 화폐가 화폐를 낳는 것 같지만 사실 그러한 외양은 모종의 사회적 과정을 반영하는 외피에 불과하며, 화폐가 화폐를 '낳게' 되는 이유는 생산적 노동을 착취하는 것 말고는 없다는 것이다. 개념적으로 보면 그 과정은 다음의 표식으로 나타낼 수 있다.

$$M \rightarrow c+v \rightarrow 생산 \rightarrow c+v+s \rightarrow M+m$$

자본가는 화폐(M)를 써서 불변 자본(c)과 가변 자본(v)을 사들인다. 첫 번째 종류의 자본은 원자재, 반(半) 완성 제품, 기계, 구조물 등을 말하며, 이들은 생산 과정 속에서 가치의 감소를 겪게 된다. 두 번째 종류의 자본은 노동력으로 구성된다. 여기서 c와 v를 포함한 모든 상품은 그 가치와 동일한 가격으로 교환된다고 가정된다. 다시 말하면 그것들을 생산하는 사회적 필요 노동 시간의 비율과 동일한 비율로 교환되는 것이다. 그렇지만 불변 자본과 가변 자본은 다음과 같은 점에서 다르다. 생산 과정을 겪으면서 불변 자본은 단지 자신의 가치를 새로운 생산물에 이전할 뿐이며, 그런 의미에서 '불변'이지만, 가변 자본은 스스로의 가치를 이전할 뿐만 아니라 새로운 가치를 발생시키기도 하며, 그렇기 때문에 '가변'인 것이다. 일단 생산물이 시장에서 판매되면 자본가들은 그 새로운 가치 —이는 s로 표현되는 '잉여' 가치이다— 를 추가적 화폐(m)로 실현한다.

잉여 가치는 어떻게 해서 생산되는가? 그 대답은 노동력과 노동의 구별에서 주어진다. 노동력은 노동할 수 있는 능력을 말하며, 노동자가 판매하는 것은 바로 그것이다. 한편 노동은 노동자가 자본가를 위해 일하는 실제의 시간을 뜻한다. 노동력은 보통의 상품이나 똑같이 취급되는 것인 까닭에 그 가치 또한 다른 일반 상품과 마찬가지로 그 재생산에 들어가는 사회적 필요 비용에 비례한다. 그리고 그 재생산의 사회적 필요 비용이란 다시 말하면 노동자가 다음날 일할 수 있도록 재충전시켜 주는 데에 필요한 평균 비용을 뜻한다.[1] 그런데 그렇게 해서 나오는 노동력의 가격을 노동 시간으로 재어보면 그 노동자가 자본가를 위해 실제로 일하는 노동 시간보다 반드시 적게끔 되어 있다. 여기가 바로 실마리가 되는 결정적 지점이다. 자본 축적의 본질은 잉여 가치의 창출이라는 노동력 상품의 독특한 능력과 더불어 사적 소유라는 제도에 힘입어 자본가들이 그 잉여 가치를 전유해 가는 것이라는 주장이다.

생산의 사회적 성격과 자본 축적의 착취라는 기초 두 가지 모두를 이렇게 깔끔하게 설명해 낸 덕에 마르크스는 여러 세대에 걸쳐 추종자들을 얻

---

1) 폴라니 같은 이들은(Polanyi 1944) 인간이란 시장에서 판매하기 위해 '생산' 되는 것이 아니기 때문에 노동력이란 사실은 '허구적' 상품일 뿐이라고 주장한다.

을 수 있었고, 아예 역사의 방향까지 바꾸어놓고 말았다. 하지만 자본에 대한 마르크스의 개념—특히 아담 스미스를 따라서 생산이 자본 축적의 원동력이라고 강조하는 점이나 데이비드 리카도를 따라서 상품 가치의 메커니즘이 생산 과정 내의 질서를 반영하고 있다는 믿음—은 너무나 한계가 많고, 종국적으로는 그릇된 것이다. 그 문제점은 두 가지 방향으로 정리할 수 있다. 첫째, 그의 '생산'이라는 개념은 그 의미를 명확히 규정하는 것도 그 경계를 정확히 그어내는 것도 불가능하다. 둘째, 그 의미와 경계가 명쾌히 밝혀진다고 해도 생산, 가치, 가격 사이에 명징한 관계를 찾아낼 수가 없다. 하나씩 살펴보도록 하자.

도대체 '생산'이란 무엇을 뜻하나

생산의 유형을 분류하는 마르크스주의의 방식은 고용된 임노동이 어떤 유형을 띠는가와 밀접하게 연결되어 있다. 사용 가치를 생산하는 노동도 많은 유형이 있고 또 교환 가치를 생산하는 많은 유형의 노동들도 있다. 하지만 자본주의적인 의미에서 '생산적'이라고 간주되는 노동은 오로지 사용 가치, 교환 가치, 또한 잉여 가치 모두를 생산하는 노동뿐이다. "자본가에게 잉여 가치를 생산해 줌으로써 자본의 자기 증식을 위해 일하는 노동자, 오직 이런 노동자만이 생산적인 노동자이다"라고 마르크스는 말한다.(Marx 1909, Vol. 1: 558) 오로지 "자본의 가치 증식을 위한 생산 과정에서 직접적으로 소모된 노동"만이 잉여 가치를 발생시키고 자본을 생산할 수 있다.(Marx 1990: Vol. 1: 1038) 다른 종류의 노동—가사 노동, 유통 과정의 노동(한 가지 가치 형태를 다른 형태로 전환시키는 노동), 국가 기관에 고용된 노동 같은 것들—은 축적의 관점에서 보자면 모두 '비생산적'인 노동인 것이다. 이런 노동은 자본주의 전체의 재생산이나 잉여 가치의 실현에 있어서 중요한 것이기는 하지만, 그 자체로 보자면 단지 잉여 가치를 창출하지 못할 뿐만 아니라 오히려 창출되어 있는 잉여 가치로 값을 치러야 하는 노동들인 것이다. 이러한 생산적 노동과 비생산적 노동의 구별이 결정적으로 중요하다는 것은 명백하다. 생산적 노동이 축적을 촉진하는 데 반해 비생산적 노동은 축적을 방해하기 때문에, 어떤 노동이 어느 범주에 들어가는가를 따지는 것은 자본주의의 마르크스주의적 분석의 필수적인 첫 단추이다. 문제는 그 첫 단추부터 도대체 제 구멍을 찾을 수가 없다는 데에 있다.

먼저, 신(新)리카도주의적인 마르크스주의자들은 이 생산적-비생산적 노동이라는 구별 자체를 거부한다.(Gough 1972) 정통주의 마르크스주의자들은 신리카도주의자들을 가치 분석 자체를 거부하기 때문에 ‘진정한’ 마르크스주의자들일 수 없다면서 그들의 주장을 이단이라고 매도하기를 즐긴다. 그런데 그렇게까지 기초적인 문제들마저 의견이 불일치한다는 사실 자체가 이미 무언가 찜찜한 느낌을 준다. 신리카도주의자들의 반대를 잠시 무시하고 정말로 두 가지의 다른 노동이 존재한다고 해보자. 그런데 그래도 그 두 가지를 어떻게 구별해 낼 것인가 하는 문제가 여전히 남게 된다. 파인과 해리스(Fine and Harris 1979: 56)는 아주 간단한 대답을 제시한다. “어떤 노동이 잉여 가치를 직접 생산하고 있으면 생산적이요, 그렇지 않으면 비생산적이다.” 그런데 이는 본말이 전도된 이야기로서, 마치 마차 뒤에 말 머리를 묶어놓는 격이 아닌가? 지금 생산적 노동과 비생산적 노동을 구별하는 것은 궁극적으로는 잉여 가치의 정체를 밝혀내는 것을 목적으로 하는 것이 아닌가? 그런데 잉여 가치에서 논의를 출발하자고 말하면 어떻게 하는가? 더욱이 잉여 가치라는 것은 직접 관찰되는 것이 아니라는 점에서 효용 함수나 생산 함수나 마찬가지로 이론적 구성물이다. 그런데 그 잉여 가치가 어떤 경우에 생산되고 어떤 경우에 생산되지 않고 있는지를 알아낼 방법이 무엇인가? 파인과 해리스도 이런 문제점을 인식하고 있는 듯 다음과 같은 간접적 판별 기준을 제시한다. "오로지 자본의 통제하에서 행해진 노동(노동자에게서 자본가에게로 노동력이 판매되는 것에 기초), 그것도 생산 영역에서 행해진 노동만이 생산적이다."(ibid.) 달리 말하자면 생산적 노동이라는 것을 정확히 이해하려면 먼저 '생산'을 구성하는 것은 무엇인가, 그리고 그 생산의 가운데에 자본의 '직접적 통제'로 들어오는 것은 어떤 측면인가를 곰곰이 생각해 보고 정의해야 할 터이다. 그런데 안됐지만 이 두 가지 문제에 답하는 것은 가치를 관찰해 내는 일보다 별로 쉽지가 않다.

표준적인 마르크스주의적 입장에서 보면, 생산이란 '사회와 자연의 관계'를 매개하는 것이며, 그 점에서 유통이라든가 또 역사적으로 특정한 '인간들 사이의 관계'를 형성하는 사회적 질서의 재생산 같은 것들과 대비되는 것이다.(Savran and Tonak 1999: 122) 이러한 자연-사회라는 구분에 입각해서 보자면 도이체 방크(Deutche Bank, 다각적 금융업), 인터리퍼블릭 그룹(InterRepublic Group, 광고), ING(보험업), 파니 매(Fannie Mae, 담보 대부), CIGNA(부동산) 같은 회사의 피고용자들은 대부분 비생산적이다. 이들의 노동은 유통에 바쳐지는 한 사회와 자연의 관계를 매개하고 있다고 할 수 없으며, 따라서 정의상 잉여 가치를 생산하는 노동이 아니다.

하지만 그렇게 간단히 말할 수 있는가? '기술'과 '사회적 관계'를 구별하는 것 자체부터가 논란의 여지가 대단히 많지만, 이 점에 관해서는 이 장 말미에 다시 논하기로 하고 일단 받아들이자. 하지만 기술과 사회라는 두 가지가 구분된다고 가정하더라도, 방금 이야기한 종류의 노동자들을 '비생산적'으로 분류하는 것은 여전히 납득하기 어렵다. 예로 소위 금융 부문이라는 것에 대해 생각해 보자. 지난 한 세기 동안 자원을 배분하고 사회적 재생산의 방향을 제시하는 데 가장 중요한 메커니즘이 된 것이 바로 이 신용 체계이다. 이 같은 사실을 고려할 때 위의 분류법에 기초한다면 이 금융 부문의 노동자들이야말로 생산적이 되는 것이 아닐까? 그래도 이들의 노동이 비생산적이라고 고집한다면, 기업 내에서의 연구 및 개발, 원가 회계, 전략 수립 등등의 활동 또한 마찬가지로 자본주의 재생산의 방향을 인도하는 역할을 수행하는 것이니 마찬가지로 비생산적인 것으로 보아야 하는 것 아닐까? 신용 체계가 소유권의 재분배와 밀접히 연관되어 있고, 따라서 권력의 문제에 가깝기도 하지만, 그것이 생산의 조직을 지휘한다는 것 또한 사실이다. 그런데 전자의 측면을 개념적으로나마 후자의 측면과 분리시켜서 신용 체계는 소유권이나 권력의 현상이니 비생산적이라고 낙인찍는 일이 대체 이치에 닿는 일일까? 또 광고의 예를 들어보자. 이것이 판매를 촉진하려는 목적에서 이루어진다는 것은 물론이다. 하지만 자동차, 의류, 세제, 화장품, 건축, 언론 매체 등등 모두 끊임없이 새로운 모델을 개발하고 있지 않은가? 그리고 한 연구에 의하면 그 모델 개발의 비용은 생산 비용의 25퍼센트를 웃도는 것으로 평가되고 있지 않은가?(예를 들어 Fisher, Griliches, and Kaysen 1962) 여기에서의 주요 목적도 광고나 마찬가지로 유통을 촉진시키는 것이니 이러한 새 모델 개발에 들어간 노동 또한 비생산적인 것이 아닌가? 그래서 새 모델 개발의 노동을 비생산적인 것으로 인정하더라도 의문은 계속된다. 따지고 보면 신제품에 새로이 추가되는 특징들이라는 것은 예외 없이 사람들로 하여금 사고 싶은 마음을 갖도록 만드는 것이니, 단지 '판매를 촉진' 하기 위한 새 모델 개발과 '부를 창출' 하는 새 모델 개발을 구별하는 것이 가능할 리가 없는 것이다. 마지막으로 보험업을 보자. 마르크스주의자들은 이를 순전히 부의 재분배 역할만을 하는 것이며, 따라서 비생산적인 것으로 분류하는 오류를 범한다. 모든 생산 체제는 어떤 종류이건 불확실성을 줄이기 위한 수단을 필요로 한다. 역사적으로 보자면 친족간의 유대, 공동체의 부조(扶助) 조직, 사업이나 영농 보조금, 복지 수당, 실업 보험, 연금 등이 그 역할을 해왔으며, 여기에는 물론 자본가를 위한 보험도 들어간다. 이 모든 것들은 부의 재분배에 기초를 두고 있기는 하지만 생산에 일정한 안정성을 가져다주는 것을 그 주요 기능으로 하는 것이기도 하다. 그런데 어찌 이것들을 비생산적이라고 낙인찍을 수 있겠는가? 이러한 애매모호함을 우회하는 한 방법으로, 금융, 광고, 보험 따위의 활동은 사회 질서 전체의 재생산에 영향을 준다는 점은 인정하면서 단지 잉여 가치의 (재)생산에 대한 영향만을 부정하는 방법이 있다. 하지만 잉여 가치의 생산이라는 것이 도대체 직접적으로 관찰 불가능한 것이라 한다면, 이러한 주장도 객관적으로 검증할 방법이 없으니 잘해야 신앙 이상의 무엇이 될 수 있는 것일까?

궁극적으로 따져보면, 이 문제점의 근원은 '객관적'인 교환 가치를 '주관적'인 사용 가치에서 바로 도출하려 드는 데에 있다. 그리하여 사브란과 토나크 같은 이들(Savran and Tonak 1999: 142)은 발전된 사회 경제 구조 어디서나 나타나는 사용 가치의 유통과, 상품·화폐·자본이라는 사회적 형식에 묻어 들어가 있는 자본주의적 교환 가치의 유통을 명확히 구별할 필요가 있음을 강조한다. 하지만 교환 가치의 창출과 유통을 구별할 때가 되면 이들의 기준이라는 것도 전적으로 사용 가치에 기반하고 있음이 드러나게 된다.

[어떤] 사회가 그 부를 증대시키는 것은 오로지 자연을 합목적적으로 변형시키는 것을 통해서만 가능하며, 오로지 그렇게 해서 생산된 만큼만이 사회

개별 성원들 또는 사회 계급들에게 분배된다. 기존에 이미 생산되어 있는 사회적 생산물의 일부를 서로 교환해 봐야 그 생산물 자체의 양이 증대되지는 않는다.…… 이것이 의미하는 바는, 인간이 스스로의 필요 욕구에 맞게 변형시키려는 목적에서 자연과 교호 작용하는 데에 직접적으로 필요한 활동만을 생산적 노동 일반으로 보아야 하며, 따라서 자본주의에서도 그러한 활동만을 생산적 노동으로 보아야 한다는 점이다.(Savran and Tonak 1999: 143~144)

이러한 명제에 입각해서 보자면, 객관적 교환 가치를 이해하려면 다음과 같은 질문들에 대한 사전적 합의가 있어야만 한다. 그 '생산물 자체'는 어떻게 구성되는가? 그 생산물이 표현하고 있는 '부의 양'은 무엇인가? 또 그 생산물을 생산하는 데에 '자연의 합목적적 변형'이 들어가 있는가? 마지막 중요한 것으로 그 생산물을 통해 충족되는 '인간적 필요 욕구'란 어떤 것인가? 그런데 이러한 문제들에 대한 대답이라는 것은 상당히 주관적일 수밖에 없다. 그렇다면 교환 가치를 생산으로부터 객관적으로 연역해 내는 일이 과연 가능한 것일까?

이렇게 가뜩이나 험난하고 가파른 길은 '비(非)자본주의적' 생산 영역을 규명하겠다고 나서게 되면 더욱더 미끄러워지고 만다. 그러한 비자본주의적 생산 영역 중 가장 중요한 부분은 국가 부문으로, 여기에서의 임노동은 비록 잉여 가치를 생산하지는 않지만 사용 가치는 생산하는 것으로 여겨지고 있다. 마르크스주의자들은 국가에 고용된 이들을 보통 세 가지 범주로 나눈다. 첫째는 사회 질서 전체를 재생산하는 사법·경찰·군대·징세 등등의 활동으로서, 이는 비생산적인 것으로 여겨진다. 둘째는 교육이나 의료 등의 활동인데, 이는 유용한 사회적 서비스를 제공하기는 하지만 자본가들이 통제하는 것이 아니기 때문에 잉여 가치를 생산하지는 못하는 것으로 분류된다. 세 번째 범주에는 국영 기업들이 들어가는데, 이 경우에는 자본 주의적인 성격이 강하므로 잉여 가치를 생산하는 것으로 여겨진다.

사회 질서 자체의 재생산을 책임지는 첫 번째 범주부터 고찰해 보자. 이 영역에 들어가는 활동은 사용 가치조차 생산하지 못하기 때문에 정의상 어떤 교환 가치도 생산할 수 없다는 것이다. 하지만 이러한 주장은 상당히 이상한 사고 방식에 기반하고 있다. 역사를 통틀어 보았을 때 징세 체제와 법 등의 행위 규범을 갖추지 않은 상태에서 또 그런 것들을 강제할 수 있는 외부적 · 내부적 폭력의 사용을 제도화하지 않고서 생산이 가능했던 예가 하나라도 있는가? 신석기 농경 시대에서 고대 제국, 봉건제, 자본주의, 파시즘, 공산주의 등등의 어떤 사회이건 이러한 기본적 사회 제도들이 구비되지 않은 상태에서 소위 사용 가치라 할 만한 것이 생산된 적이 있다는 증거가 어디에 있는가? 오히려 정부의 보조금은 과학 발전에 영향을 끼치며, 조세 체계는 특정 생산 기술이 일반적으로 선호되는 것과 밀접한 관련이 있고, 법률은 사회 생산의 조직을 좌우하며, 군대와 경찰은 착취에 절대적인 영향을 끼치지 않는가? 정상적인 상식을 갖춘 이라면 아무도 이를 부인하지는 않을 것이다. 게다가 특히 자본주의하에서 잉여 가치의 생산에 이러한 제도들이 끼치는 영향이 결정적인 것임을 생각해 본다면, 이러한 제도들의 관리와 운영에 들어가는 노동이 어찌 '비생산적'이라고 할 수가 있단 말인가?

국가 활동의 두 번째 범주, 즉 사회적 서비스 노동은 비생산적인 것이지만 그래도 유용한 것으로 여겨지는데, 이는 다음과 같은 가능성을 암시한다. 즉 국가가 이러한 사회적 서비스를 생산하여 이윤을 얻으려 든다면—이를테면 세 번째 범주인 국영 기업 같은 형태를 통하여—여기에 들어간 노동은 자본주의적인 노동이 될 것이며, 따라서 잉여 가치를 생산하게 되는 것이다.(Savran and Tonak 1999: 139~140) 하지만 정말로 그러한가? 정부가 자본가들의 잉여 가치에서 세금을 거두어 이러한 사회적 서비스의 비용을 대는 대신 "사유화의 물결을 타고" 그 사회적 서비스를 유료화하여 이윤을 남기려 든다고 가정해 보자. 여기서 정부가 실제로 이윤을 벌어들이려면 피고용자들에게 지불하는 임금을 깎든가 아니면 그 임금에 일정한 이윤율을 덧붙여 가격을 산정하든가 해야 할 것이다. 전자의 방법은 논리적으로 모순이다. 마르크스주의 경제학의 전제에서 보면 정부에 고용된 이들도 다른 노동자들이나 마찬가지로 이미 그들 노동력의 가치를 지불받고 있는 셈이며, 여기에서 조금이라도 임금이 줄어들 경우엔 생계 수준 이하로 떨어지게 될 것이기 때문이다. 결국 유일한 방법은 가격을 임금보다 높게 책정하는 것뿐이다. 여기에서 또 논리의 모순이 생겨난다. 사회적 서비스를 유료화한다고 해서 그 서비스의 사용 가치에 변화가 생기는 것도 아니며, 또 그것을 생산하는 노동에 변화가 생기는 것도 아니다. 다시 말해서 이러한 서비스들의 포장을 바꾼다고 해도 자동적으로 잉여 가치가 생겨나는 것은 아니라는 것을 뜻한다. 그렇다면 정부의 이윤은 어디에서 나오는 것일까? 한가지 가능성은 사회적 서비스가 새로이 유료화되면서 다른 영역에서의 실질 임금을 떨어뜨리는 경우이다. 하지만 이 경우에도 임금이 생계 수준 이하로 떨어지는 것을 상정하고 있으므로, 노동자들은 항상 노동력의 가치만큼을 지불받는다는 마르크스의 전제와 다시 어긋나게 된다. 결국 유일하게 남은 가능성은, 사회적 서비스의 비용을 충당하기 위해 자본가들이 예전에 세금으로 내던 만큼과 새로 유료화된 가격의 차이만큼 임금이 오르도록 허락하고 그만큼 그들 스스로의 이윤이 떨어지는 것을 받아들이는 경우이다. 하지만 이 경우에도 문제가 해결되는 게 아니다. 비록 이제 정부는 적극적으로 이윤을 추구하는 '생산적인' 자본가로서 행동하지만, 그래도 잉여 가치를 생산하는 것이 그 노동자들이 아니라는 사실에는 변함이 없다! 그 노동은 결과적으로 고용주인 정부가 다른 자본가들이 생산한 잉여 가치 전체에서 일부를 뜯어가도록 여건을 제공하는 것에 불과하다.

이런 예들은 무수히 많지만, 이미 문제는 분명해졌다. '생산' 일반, 특히 '자본주의적 생산'이라는 영역을 다른 형태의 사회적 재생산에서 분리해낼 객관적인 방법이 없다. 그렇다면 잉여 가치와 축적의 모든 원인과 근거를 오로지 생산 영역 내부에서만 찾는 식의 관념은 그 구체적 의미를 가질 수가 없게 된다. 어떤 종류의 자본 이론이건 그러한 생산 영역이라는 전제에서 출발한다면 자체 내의 논리적 모순에 빠지게 된다. 안됐지만 다른 문제가 또 남아 있다. 자본주의적 생산이라는 영역의 외적 경계를 명쾌하게 밝힐 수 있다고 하더라도, 생산 영역 내부의 과정과 소득 분배 과정이 어떤 관계를 맺고 있는가라는 질문이 그것이다. 그리고 이 경우에도 결코 명쾌한 해답을 들을 수가 없는 것이다.

생산에서 가격으로: '전형 문제'

마르크스가 말한 대로 축적의 비밀이 가치의 생산에 있을지는 모르지만, 현실 세계에서 축적이 현상화되는 것은 화폐라는 금전적 형태이다. 따라서 마르크스주의 경제 이론이 밝혀야 할 바는 그 하나가 다른 하나에서 어떻게 도출되는가, 즉 노동 시간으로 표시되는 생산 가치가 어떻게 하여 몇 달러 몇 센트로 측량되는 시장 가격으로 나타나는가의 문제이다. 이러한 전형(轉形)은 몇 개의 단계를 거치는 것으로 되어 있다. 노동 가치에서 생산 가격(완전 경쟁이라는 조건을 가정하면 바로 현실의 시장 가격이 된다)으로 전형하는 단계, 그리고 생산 가격에서 시장 가격(우리가 살고 있는 '불완전한' 현실에서 관찰되는 것은 이것이다)으로 전형하는 단계가 그것들이다. 그런데 두 종류의 전형 모두가 논쟁의 수렁 속에 깊이 잠겨 있으니, 여기에서 저 유명한 '전형 문제'라는 것이 생겨난다.

첫 번째 단계의 전형부터 검토해 보자. 마르크스가 사용했던 가치 방정식들은 전체 경제에 걸쳐 있는 세 가지의 비율간에 명백한 관계를 설정해 놓았다. 이윤율(잉여 가치와 불변 및 가변 자본의 총합 사이의 비율), 착취율(잉여 가치와 가변 자본의 비율), 자본의 유기적 구성(가변 자본과 불변 자본의 비율)이 그것들이다.[2] 마르크스에 따르면 자본가들의 경쟁으로 인하여 자본은 이윤율이 낮은 산업에서 높은 산업으로 이동하여 전체 경제에 걸쳐 이윤율의 균등화를 가져올 것이다. 마찬가지로 노동자들간의 경쟁도 노동의 이동성을 증대시켜 착취율의 균등화를 가져올 것이다. 이제 그 두 개의 비율이 균등해지는 경향을 갖는다면 논리상 자본의 유기적 구성도 전체 경제에 걸쳐 균등해져야만 한다. 그런데 문제는 처음 두 개의 경향과는 달리 이 세 번째의 비율인 자본의 유기적 구성은 전체 경제에 걸쳐 균등해져야 할 까닭이 없다는 데에 있다. 오히려 그 반대로 가변 자본에 대한 불변 자본의 비율은 경쟁에 좌우되는 것이 아니라 생산의 기술적 성격에 달려 있는 것이어서 다른 산업 영역들간에 걸쳐 상이하게 되는 경향을 갖는다.(예를 들어 컴퓨터 산업에서는 철강 산업보다 낮은 경향이 있고, 농업은 마이크로칩 생산보다, 은행업은 자동차 산업보다 낮은 유기적 구성비를 갖게 되는 경향이 있다.) 마르크스 자신부터 시작하여 마르크스주의 경제학의 역사는, 애초에 이런

---

2) 기본적인 가치 방정식은 가치=c+v+s이다. c는 불변 자본의 가치, v는 가변 자본의 가치, s는 잉여 가치를 가리킨다. 이윤율은 $\pi=s/(c+v)$, 착취율은 $\varepsilon=s/v$, 자본의 유기적 구성은 $\theta=c/v$로 주어진다. 이윤율 방정식의 양변을 v로 나누면 $\pi=(s/v) / (c/v+1)$ 또는 $\pi=(\varepsilon)/(\theta+1)$을 얻게 된다.

문제가 나오게 된 원인이라 할 자본에 대한 저 '물질주의적' 관점의 전제를 포기하지 않은 채로 문제를 해결해 보려는 각종의 시도들로 점철되어 있다. 그로 인해 축적의 의미가 더욱 모호해지고 노동 가치론 체계 전체가 위기에 빠져드는 필연적인 결과를 가져온 바 있다. 그런데 이 문제의 심각성은 더욱더 근본적인 것에 있음이 밝혀졌다.

1957년 사뮤엘슨(Samuelson)은 이 전형 문제라는 것이 최소한 수학적인 차원에서는 단순히 "쓸데없이 복잡한 우회"라는 것을 보여주었다. 노동 가치론은 모순이 있고 없고를 떠나서 거의 무의미한 것이라는 것이다. 마르크스는 먼저 생산 조건에서 가치를 얻고 거기에서 다시 생산 가격으로 이르는 2단계의 분석 과정을 제시했었다. 그런데 사뮤엘슨은 사실상 이 과정에서 가치라는 중간 매개 고리를 전혀 상정할 필요 없이 그저 하나의 단계로 충분하다고 주장했던 것이다. 그는 "쇼우(Shaw)가 쓴 용어이지만 마르크스 중독자들(Marxolaters)은 '밑지는 장사는 손을 떼라' 라는 만고불변의 경제적 지혜에 귀를 기울여" 노동 가치론을 버리는 게 좋을 거라고 의기양양하게 제안한다.(1957: 891~892, Howard and King 1992: 242에서 재인용) 많은 마르크스주의자들이 이러한 주장을 마르크스 경제학에 대한 전형적인 부르주아들의 오해라고 무시하였다. 이들은 가치 분석의 핵심이 결코 가격 그 자체를 설명하는 것이 아니라 가격 형성의 근저를 이루는 사회적 본질—생산에서의 계급간의 갈등, 기술적 변화라는 사회의 절대 과제, 자본주의 생산 양식 전체의 작동—을 강조하는 것이라고 주장하였다. 스위지에 따르면(Sweezy 1942: 129), 가치 분석은 수많은 문제점이 있음에도 불구하고 "화폐와 상품이라는 표면 아래의 인간들과 계급들간의 근본적 관계를 꿰뚫어보"려면 반드시 필요하다는 것이다.(또한 Mattick 1972; Laibman 1973~1974; Baumol 1974; Fine and Harris 1979: Ch. 2; Harvey

1982: 35~38을 참조) 하지만 잘 이해가 가지 않는 지점은, 그렇게 사회적 관계를 꿰뚫어보는 것이 오로지 가치 분석을 통해서만 가능하다는 고집이 과연 타당한가이다. 어째서 계급 갈등, 기술 변화, 생산, 유통, 분배간의 상호 작용 같은 문제들을 반드시 노동 투입의 양적 조합을 통해서만 설명해야 하는 것인가? 더구나 그러한 노동 투입의 조합이라는 개념이 논리적 모순에 휘말려 있지 않은가? 필시 가치론이 아니더라도 그런 문제들을 풀어나가는 다른 설명이 있을 수 있지 않은가? 혹시 가치 개념의 필요성은 사회적 관계를 설명하려는 노력에서 필연적으로 도출되는 것이 아니라, 오히려 그 사회적 관계라는 것이 거꾸로 그 가치론에 의해 내용이 정의되고 있으며, 그러다 보니 가치론이 무너지면 전 이론 체계가 무너지게 되니까 결국 정의상 반드시 가치론을 지켜야만 하게 되어버린 것이 아닐까?

1970년대 들어 스티드만(Steedman 1975; 1977) 등등이 등장하여 노동 가치론은 불필요할 뿐만 아니라 성립 불가능이라고 주장하자 문제는 더욱 복잡해졌다. 기본적인 문제가 발생한 것은, 다수의 투입물들이 동일한 생산 과정에 결합되어 하나가 아니라 여러 개의 산출물을 동시에 생산하는 과정을 뜻하는 '결합' 생산(joint production)의 개념에서였다. 이런 식의 결합 생산에서는 어떤 투입물이 어떤 산출물에 '대응하는지'를 밝히는 것이 어렵고, 그 결과 노동 가치의 값이 산술적으로 부정(不定), 제로, 심지어 마이너스(!)가 되고 마는 이상한 수학적 결과가 나오게 된다. 문제가 더욱 심각해지는 것은, 이 결합 생산이란 예외적인 경우가 아니라 오히려 일반적인 경우라는 사실 때문이다. 오로지 하나의 상품만 생산하는 경제가 있다고 해도 그 과정에서 자본이 투하되고 그 자본에 (조금이나마) 감가(減價)가 벌어졌다고 한다면 사실상 이 또한 결합 생산으로 보아야 한다. 일부 마르크스주의자들은 이런 식의 해석을 거부하고, 결합 생산 도중에 감가된 고정 자본이라는 산물이 나온다고 해도 그것은 시장에 내다 팔기 위해 생겨난 것은 아니기 때문에 상품으로 간주해서는 안 된다고 주장한다.(예를 들어 Fine and Harris 1979: 41~42) 하지만 이러한 주장의 근거도 잘 이해가 가지 않는다. 시장에서는 수많은 기업들이 현금으로 끊임없이 매매되고 있는 것이 사실이다. 그렇다면 그 기업들이 가지고 있는 중고 기계들과 건물들을 어째서 상품으로 간주해서는 안 된다는 것인가? 결국 파인과 해리스의 주장에 따르자면 중간 단계의 생산물은 모두 상품이 아닌 것으로 보아야 하지 않겠는가? 또 다른 탈출구로 다음과 같이 주장하기도 한다. 자본주의 경제에서는 생산이 전문화되기 때문에 생산 과정의 '결합성'이 줄어들게 마련이니 직접적으로는 아니지만 궁극적으로 따져보면 가치 이론이 현실을 지배하게 된다고 말이다.(ibid.) 하지만 전문화는 생산의 결합성과는 아무 상관이 없다. 제네럴 일렉트릭(General Electric) 산하에 수백 수천 가지의 작업이 분화되어 있다는 사실, 그 회사의 다양한 부서들이 형식상 각각 다른 종류의 산출물과 연관되어 있다는 사실, 또 제네럴 일렉트릭, 포드, 엑슨(Exxon) 등의 회사들이 다른 것을 생산한다고 해도 그 각각의 활동이 맺는 상호 작용에 대해서는 아무것도 알 수가 없다는 사실은 어떻게 되는 것인가? 제네럴 일렉트릭 회사에 소속된 회계사, 엔지니어, 운전사의 노동이 그 회사가 만든 전기 터빈에 각각 어느 만큼씩 들어가 있는지를 어찌 알 수 있단 말인가? 그리고 제네럴 일렉트릭이 그 전기 터빈을 포드 자동차에 팔았다면, 그 터빈에 들어간 노동이 표준적인 포드 자동차 한 대에 어느만큼이나 이전되었는지를 가격에 의존하지 않고도 알아낼 방법이 있다는 말인가? 그 자동차 공장이 그 터빈을 재료로 하여 한 가지 모델의 자동차를 생산할 경우와 두 가지 모델의 자동차를 함께 생산할 경우에 각각 이전되는 노동의 양은 어떻게 달라지는가? 또 만약 포드가 제네럴 일렉트릭의 터빈 생산 부문을 인수하여 그 과정을 내부화시켜 버리면 어떻게 되는가? 그 경우엔 생산 과정의 '결합성'이 줄어들게 되는가 아니면 늘어나게 되는가?

우리가 보기엔, 자본 이론에 있어서 신고전파 체계가 무너지는 것과 마르크스주의 이론에서 문제가 더 꼬이게 되는 것은 모두 오로지 생산에만 기반하여 축적을 측량하려 든다는 동일한 뿌리에서 나오는 것이다. 마르크스(1909, Vol. 1: 114)는 가치의 크기가 "사회의 전체 노동 시간 중에서 그 상품을 생산하는 데에 필요한 분량"이라고 이해하는 혜안을 가지고 있었다. 마르크스의 문제는 그가 그 이전의 고전파 정치경제학자들과 마찬가지로 그 사회적인 노동의 총량을 아래에서 위로, 즉 개개의 노동 투입에서 출발하여 산출하려 들었다는 데에서 나타나기 시작한다. 마르크스는 이 과정에서, 분배와 축적을 규정하는 원리가 생산 영역에 들어 있다고 전제(이는 스라파 이후에 벌어진 논쟁을 통해 의문에 처하게 되었다)할 뿐만 아니라, 나아가 생산 과정 전체, 심지어 '노동력' 상품의 생산 과정마저 여러 수량들의 함수 관계로 객관적으로 확인될 수 있다고까지 가정한다. 하지만 그런 것은 실제상으로는 물론이고 심지어 이론적으로도 불가능하다는 것이 밝혀지고 말았다.

카스토리아디스(Castoriadis 1988, Vol. 1: 20)에 따르자면, 마르크스가 사회주의에서 공산주의로 이행하는 기간에 차별적 임금의 원칙—각각의 노동자는 스스로가 노동한 만큼 분배받는다고 하는—을 인정하였다는 사실은 그가 생산물은 '그 생산물의' 생산자를 찾아내어 '귀속시키는' 것이 원칙적으로 가능하다는 부르주아적 상식에 얼마나 깊게 물들어 있었는지를 잘 보여주는 것이다. '자동화와 기술 변화'(Automation and Technical Change)에 관한 1958년의 AFL-CIO 문서가 주장한 바 있듯이, 그런 일은 이미 후기 자본주의의 세계에서도 불가능하게 되었다. "가장 넓은 의미에서의 자동화라는 개념이 사실상 의미하는 바는, 노동의 측량이 이제 종말을 고했다는 것이다.…… 자동화가 도입되면서 어떤 개인이 노동한 만큼을 잴 수가 없게" 되었으며, 더 이상 "어떤 노동자 개인의 임금이 그가 일한 몫이나 시간에 따라 결정되어야 할 이유가 전혀 없는 것이다." (Tsuru 1993: 7에서 재인용)

하지만 실로 역설적인 사실은, 마르크스 자신이 바로 그러한 이유에서 스스로의 노동 가치론이 소멸하는 때가 올 것을 예견하는 놀라운 선지적 능력을 발휘했다는 점이다. 좀 길지만 그의 선견지명은 여기에 인용할 가치가 있다.

대규모 산업이 발전함에 따라 실물적인 부를 창출하는 것은 점점 노동 시간 및 투하 노동량이 아니라 노동 시간중에 작동되는 여러 도구들의 힘에 점점 더 의존하게 된다. 그렇게 되면 인간 노동은 이제 더 이상 생산 과정 내부에 갇혀 있는 모습을 띠지 않는다. 인간은 이제 감독이나 관리자로서 생산 과정과 관계 맺게 되는 것이다.…… 인간은 생산 과정의 가장 주요한 행위자가 아니라 생산 과정의 외부에 서게 되는 것이다. 이러한 변형을 겪는 속에서, 생산과 부를 떠받치는 주요한 기둥은 이제 더 이상 인간 스스로가 수행한 직접 노동도 아니며 그의 노동 시간도 아니다. 인간 자신의 전면적인 생산성— 그가 사회적 존재라는 것에 힘입어 얻게 되는 자연에 대한 지배와 지식, 한 마디로 사회적 존재로서의 개인성의 계발—을 전유하는 것이야말로 생산과 부의 주요한 기둥이 되는 것이다.…… 직접적인 형태의 인간 노동이 더 이상 부의 원천이 아니게 되는 순간 필연적으로 노동 시간도 더 이상 부를 측량하는 척도가 될 수 없게 되며, 또한 필연적으로 교환 가치도 더 이상 사용

가치의 척도가 될 수 없게 될 것이다.…… 교환 가치에 의존하는 생산 양식
은 이에 무너지게 된다.(Grundrisse der Kritik der politischen Oeko-
nomie: 592f, Marcuse 1964: 35~36에서 재인용)

이 흥미로운 아이디어는 내적 모순을 찾아낸다고 하는 전형적인 마르크
스적 방법론의 특징을 보여준다. 생산력의 발전 바로 그것으로 인해 자본
주의의 몰락이 시작되는 것이다. 사회적 조건과 기술적 조건이 복합적으로
결합된 환경에서는 노동 투입과 최종적인 가격 사이의 직접적인 관계가 깨
어지게 마련이라는 주장이다. 이런 일이 벌어지게 되면 상품 가격을 결정
하는 원칙은 점점 자의적인 것이 되므로, 생산 과정을 속속들이 아는 자본
가들이 가격 결정을 독점한다고 하는 원칙의 도덕적 정당성이 사라지게 된
다. 이들의 헤게모니가 심각하게 침식당하게 되면 이 자본주의라는 체제도
더 이상 유지할 수 없게 된다. 자신의 노동 가치론이 더 이상 통하지 않는
세상이 오면 그로 인해 자본주의도 무너질 것이라는 마르크스의 믿음은 물
론 오늘날에 이르러 틀렸음이 판명되었다. 그가 확신했던 바와는 달리 아
마도 노동 가치라는 것은 자본주의의 작동에 있어서 애초부터 필수 전제
조건이 아니었던 셈이다. 그래도 생산의 사회적 성격에 대하여, 또 그것을
이해하지 못했던 정치경제학자들이 도저히 풀 수 없었던 난제들에 대하여
마르크스가 보여준 지혜는 실로 선구적인 것이었다.

우리가 부딪친 문제의 본질은 간단하다. 아래에서 위로의 방식으로는 생
산 영역이 정확히 규명되지 못하며, 그로 인해 분배와 축적도 규명되지 못
한다는 것이다. 분명히 자본에 대한 이야기에서 지금까지 무언가 빠진 것
이 있으니, 그것은 바로 권력이라는 개념이다. 아마 그 무엇보다도 이 권력
개념에 대한 무시야말로 생산에 기반하여 자본을 설명하려는 이론들이 벽

에 부딪치는 주된 이유일 것이다. 지금까지 본 바와 같은 전형 문제의 첫 번째 단계의 문제점을 모두 무시하더라도 생산 가격을 최종적인 시장 가격으로 전형하는 두 번째 단계가 남아 있다. 이 단계의 주된 문제점은, 완전 경쟁이라는 조건이 반드시 갖추어져야 한다는 것이다.(한 예로 Sweezy 1942: 270~274; 또 Howard and King 1992: 282) 구체적으로 말하자면 기업이나 노동자들이나 가격이나 임금의 결정에 영향을 끼칠 수가 없는 일방적인 '가격 수용자'들이어야 한다는 것이다. 그렇지 않을 때에는 시장 가격이 생산 가격에 비례해야 할 필연성이 사라진다. 덧붙여 경제의 여러 산업 부문에 걸쳐 이윤율과 착취율이 동등해지려면 자본과 노동이 그 부문들 사이에서 자유롭게 이동할 수 있어야만 한다.

하지만 이러한 완전 경쟁의 조건이라는 것들은 현실에는 존재하지 않는다. 실로 그런 경쟁이라는 것은 계급 사회라는 마르크스의 관념과 모순된다고 해도 과언이 아니다. 만약 우리가 경제 영역에 국한된 원자적 개인들의 경쟁이라는 관념 대신에 경제 현실을 제약하는 무수한 제도―독점과 과점, 정부의 재분배 및 재구조화 정책, 국가간의 투쟁, 구획화되어 버린 노동 시장, 중심-주변부의 상호 작용, 반대 세력을 이념적으로 설득하고 또 물질적으로 매수하기, 사회의 모든 수준에 두루 걸친 폭력과 무력의 행사 등등―의 중요성을 일단 인정해 버리면, 노동 가치라는 것은 가격과 축적을 연구하는 데에는 사실상 무용지물이 되고 만다. 사실 그런 조건들 아래에서는 임금률도 노동자의 '사회적으로 필요한' 재생산 비용과 일치하지 않게 되고, 노동력의 가치 자체―모든 생산 과정에 들어가는 가장 기초적인 요소이다―가 애초부터 사회의 권력적인 관계들로 인해 '오염되어' 있는 것이다. 실로 역설적인 것은, 현실이 경쟁이라는 전제와 어긋나게 될 것이라는 점, 특히 자본의 집중화와 국가 권력의 증대를 최초로 예견한 사람이 여기에서도 칼 마르크스라는 점이다. 물론 그는 그런 것들이 자신의 노동 가치론에 가져올 모순을 탐구하지는 못했다. 아마도 그의 생전에는 아직도 그런 것들이 현실에 충분히 나타나기 이전이었기 때문이리라.

4장 축적되고 있는 것은 무엇인가

이렇게 비판자들의 맹공격을 받게 되자 많은 마르크스주의자들은 이른 바 질적인 노동 가치론이라는 것으로 후퇴하는 방법을 선택했다. "가치를 회계 수단 또는 경험적으로 관찰 가능한 수량으로 보는 것은 이제 완전히 포기해야 한다. 하지만 가치는 여전히 '구체적 결과를 낳는 실재하는 현상'으로 다루어질 수 있을 것이다.…… 가치는 '외양'의 배후의 '본질'이라고, 즉 일상 생활의 물질주의 배후에 있는 '사회적 현실'이라고 구성될 수 있을 것이다"라고 데이비드 하비는 주장한다.(Harvey 1982: 36) 그리하여 자본 축적의 질적인 측면, 이를테면 생산의 재구조화, 계급적 갈등, 권력적 제도, 재계의 관행과 습속, 정치 조직, 문화적 역동성 같은 주제를 다루는 문헌들이 나오기 시작하였다. 그러한 주제들이 핵심적 중요성을 갖는다는 것은 물론이지만, 이들이 초점을 맞추는 방식에는 문제가 있다. 수량적 측면을 무시한 채 자본주의 합리성의 질서를 연구한다는 것은 종교를 빼놓고 유럽 봉건제를 연구하는 것이나 마찬가지이다. 마르크스 자신이 정곡을 찌른 바 있듯이, 자본주의의 본성은 질을 양으로 변환시키고 사회적 관계를 마치 자연적인 것인 양 전혀 의심의 여지없이 물상화·대상화시켜 버리는 것에 있다. 이러한 의미에서 질적인 노동 가치론은 양적인 노동 가치론을 반드시 배태하게 마련이다. 아무리 질적인 노동 가치론이라는 것으로 피하려고 해도, 그 말 자체에 이미 자본주의 사회가 숫자에 광적으로 집착할 뿐만 아니라 실제로 숫자가 움직이는 사회라는 진리가 내포되어 있다. 따라서 자본주의를 이해한다는 것은 질과 양 사이의 관계, 또 자본의 질적 성격의 운동과 양적 팽창의 연관 관계를 해독하는 작업이 될 수밖에 없는 것이다.

이제 우리는 문제의 핵심에 도달하였다. 도대체 그 '자본의 질적 성격'이란 무엇으로 이루어져 있는가? 신고전파와 마르크스주의 이론 모두가 갖는 치명적 약점은, 자본의 본질을 생산으로 보는 바람에 축적되고 있는 것의 정체가 정확하게 무엇인지를 밝혀내지 못하게 된다는 점이다. 그러한 사고에 깔려 있는 암묵적인 전제는, 자본 축적이 물질적 척도로 측량될 수 있다는 생각이다. 신고전파의 세계에서 만인이 추구하는 최종 목적은 '안락'인 까닭에 자본의 실체 또한 모름지기 일정 단위의 쾌락, 즉 신고전파 경제학자들이 즐겨 쓰는 말로 '유틸'(util. 효용(utility)을 재는 가상의 단위—옮긴이)이라고 볼 수 있을 것이다. 마르크스주의자들은 자본가들을 축적을 위한 축적이라는 순환론적 목적 때문에 움직이는 자들로 이해하는데, 여기서 그 축적을 위한 축적이라는 원리는 사실상 권력에 대한 추구라고 이해하는 것이 가장 좋을 것 같다. 그런데 마르크스주의자들은 자본을 분석 범주로 다룰 때가 되면 '추상 노동'으로 측량되는 것이라고 정의하기 때문에, 앞장에서 본 대로 생산을 물질적 개념으로 이해할 수 있는가 하는 복잡한 문제에 얽혀들고 마는 것이다. 게다가 신고전파도 마르크스주의 경제학도, 질적으로 다양하며 주관적인 성격을 포괄하게 되어 있는 생산이라는 실체를 추상적이고 보편적인 화폐라는 수량으로 전환시킬 논리를 제시할 수가 없다. 왜 그런지 보도록 하자.

앞에서 본 대로 신고전파 이론은 자본을 측량하는 데에 화폐를 그 단위로 삼는데, 여기에 깔려 있는 전제는 생산 설비로서의 자본이 갖는 크기, 즉 안락을 창출하는 능력의 양이 그 자본의 화폐적 수량으로서 모습을 드러낸다는 생각이다. 문제는 그 안락을 재는 단위로 등장하는 유틸(util)이라는 것이 절대 관찰이 불가능하다는 것이다. 하지만 신고전파 이론은 어떤 상품의 유틸의 크기는 그 가격과 비례할 것이라는 가정을 통해 그 문제를 피해 나아가려 한다. 즉 이 가정에 따르면, 50원 짜리 사과에 들어 있는 효용은 100원 짜리 배의 효용의 정확히 절반일 것이라는 말이 된다.[1] 마찬가지의 논리로 20억 달러 가치의 석유 채굴 장비가 갖는 생산 능력은 10억 달러 가치의 공장의 두 배 또는 10만 달러 가량의 가치를 갖는 트럭의 2만 배라고 치는 것이다.

이제 표면적으로는 문제가 깔끔하게 다듬어지기는 한 듯하다. 하지만 현실에서 상대 가격은 항상 변동하는 법인데, 그렇다면 변동하기 전과 후의 가격 중 어느 쪽이 그 상품이 갖는 효용의 '진짜' 수량적 표현인지를 어떻게 알 수 있는가? 정직하게 말하자. 전혀 알 길이 없다. 신고전파 이론이 성립하려면 자본을(그리고 생산 일반을) 양적으로 측정하는 것이 가능해야 한다는 필요 때문에 어쩔 수 없이 그냥 알 수 있다고 치고 넘어가는 것뿐이다. 이 문제에 관련하여 전 세계의 통계 수치 조사 작업에 걸쳐서 답습되는 표준적 절차가 있다. 먼저 일정한 연도를 기준으로 삼고 그해의 세계 경제가 완전 경쟁의 균형 상태에 있었다고 가정한다. 그 다음 모든 상품의 효용의 상대적 수량은 그해의 상대 가격과 비례하는 것인 양 잡아놓는다. 예를

---

1) 엄밀하게 말하면 한계적인 배와 사과라고 해야겠지만, 여기서는 이런 세부 사항을 무시하자.

들어보자. 1972년을 기준 연도로 하고 그해의 석유 채굴 장비와 자동차 공장의 가격 비율이 2 : 1이었다고 해보자. 방금 말한 가정에 따르면 이는 석유 채굴 장비가 자동차 공장에 비해 두 배의 생산성을 갖는다는 말이 될 것이다. 그런데 만약 세계 경제가 균형 상태에 들어간 해를 1972년이 아니라 1973년으로 삼는다면 어떻게 되는 것인가? 1973년은 석유 공황이 터진 직후로서 자동차 공장에 대한 석유 채굴 장비의 가격 비율이 6 : 1로 치솟은 바 있지 않은가? 이렇게 되면 문제가 심각해진다는 것은 말할 필요조차 없다. 이 두 번째 경우라면 석유 채굴 장비가 1단위 더 늘어날 때마다 자본 스톡의 증가율이 두 배가 아니라 여섯 배로 전혀 달라지기 때문이다. 하지만 세계 경제가 균형 상태에 있었던 것이 1972년이었는지 1973년이었는지 혹은 다른 어느 해였는지 누가 아는가? 정말 세계 경제에는 아예 균형 상태란 게 있은 적이 없었다고 한다면 어떻게 되는 것인가? 사실상 이 균형 상태라는 놈은 신고전파 경제학의 상상력이 낳은 허구일 뿐, 도대체 보았다는 이가 없다. 너무나 당연하다. 없는 것을 어떻게 보겠는가? 그 균형 상태라는 가정대로 세계가 완전히 안정되어 있고 거기 사는 모든 사람이 주어진 위치에서 요지부동으로 멈추어 있는 상황이 어떻게 인간 세상의 정상적 상태란 말인가? 그렇다면 애초에 어떻게 역사 자체가 시작될 수 있었단 말인가?

이렇게 뜬구름같이 허망하기 짝이 없는 균형 상태의 개념은 경제 수치 측량 작업에 적용될 경우 아주 파괴적인 해악을 끼친다. 석유 채굴 장비와 자동차 공장의 예로 되돌아가 보자. 전자는 에너지를 생산하며 후자는 그것을 사용한다. 따라서 양자의 상대 가격은 세계의 주요 산유 지역인 중동 지방을 둘러싼 국제 정치 경제 상황에 결정적으로 좌우되게 마련이다. 그런데 거기에는 거대한 국제 기업간의 동맹, 그 지역의 국가들, 각종 종교 운동과 초강대국 등의 복잡한 권력 분쟁으로 꽉 차 있으므로, 이 지역의 경제가 완전 경쟁에 의한 균형 상태에 도달한다는 것은 결코 있을 수 없는 일이다. 사정이 이러한데도 그 '자본재' 들의 상대 가격이 그 자본재들의 효용량의 비율을 나타내주는 척도라고 우길 터인가? 이 문제는 석유 채굴 장비와 자동차 공장의 경우에 국한되지 않는다. 전 세계의 경제 전체가 거대한 기업간 동맹, 국가 형성의 복합적인 과정, 사회 집단간의 갈등, 광범위한 폭력 사용과 강제적인 설득 등으로 꽉 차 있지 않은가? 그렇다면 도대체 균형 상태에 도달할 수 있는 시장은 어디에 있는가? 사정이 이렇다면, 수량화된 '자본 총량' 이라는 것에 도대체 무슨 의미가 남게 되는가?

게다가 만약 균형 상태에의 도달이라는 것이 애초부터 불가능하다면, 이는 자본 총량이 생산하고자 하는 궁극적 목적이자 또 그것을 측량하는 기본 단위이기도 한 '안락' 이라는 개념의 의미도 애매하게 되고 만다. 안락이라는 신고전파의 관념은 '소비자 주권' 이라는 생각에 뿌리를 둔 것인데, 갈등 · 권력 · 강제 · 세뇌 등으로 점철되어 있는 이 세계에서 개인의 주권이라는 것은 실로 꿈 같은 소리가 아닌가? 그런 조건하에서 '자율적' 으로 남아 있을 수 있는 소비자가 몇 명이나 될까? 그런데도 소비자들의 '진정한' 욕구와 '그릇되게' 주입된 욕구를 나누는 것이 무슨 의미가 있을까? 이런 문제들을 하찮은 것들 가지고 트집 잡는다고 생각하지 말기를. 이런 애매모호함은 현실적으로 대단히 심각한 함의를 갖는다. 예를 들어 국민 계정(national accounts)에서는 화학 무기의 가치를 의약품의 가치와 합산하는 일이 늘상 벌어지고 있는데, 이것이 의미하는 바는 1달러 어치의 화학 무기가 1달러 어치의 의약품만큼 우리의 삶을 개선시켜 준다는 것이다. 하지만 조국이 화학 무기를 생산해야 하는가, 그리고 어느만큼 생산해서 어디다 쓸 것인가를 소비자들에게 언제 물어본 적이 있다고 이를 '소비자 주권'과 연결시켜 의약품이나 마찬가지로 소비자의 '안락'을 반영하는 것으로 계산하는 것인가? 생산된 그 화학 무기 덕분에 사람들이 더 잘살게 되었는지 어떤지는 또 어떻게 확인할 것인가? 필경 그 화학 무기 생산 덕분에 그들의 안락은 오히려 침해된 것이 아닌가? 그렇다면 화학 무기의 가치는 국가총생산(GDP)에 합산할 것이 아니라 오히려 빼야 할 항목이 아닌가? 말할 것도 없이 이 화학 무기의 경우는 빙산의 일각일 뿐이다. 제트 전투기, 핵미사일, 사설 보안 서비스, 암을 일으키는 담배, 독성 있는 약품들, 공해를 일으키는 자동차, 백치 같은 텔레비전 프로그램, 지긋지긋하게 짖어대는 광고, 성형 수술 등등의 경우는 어떻게 할 것인가? 이런 것들 중 어떤 것이 '자율적인' 욕구에 화답하여 나온 것이며, 어떤 것이 '욕구'를 오히려 만들어내는 것이며, 또 어떤 것이 소비자들 머리 위에서 찍어 눌러대는 것인지 어떻게 판별할 것인가? 이 문제에 명쾌한 답을 제시하지 못하는 한, 물질적으로 합산된 '투자', '자본 총량', '산출' 같은 것들은 아무 의미도 가질 수가 없게 될 것이다.

　이렇게 신고전파 이론은 이미 생명을 잃고 관(棺) 속에 들어가 버렸지만, 그 관 뚜껑에 완전히 못질을 해버리는 문제가 또 하나 있다. 신고전파 이론은 상품의 가격 변화와 품질 변화를 구별할 수 없다는 점이다. 문제는 아주 간단하다. 무슨 희한한 수법을 개발하여 어떤 시점의 효용을 수량화하는 것이 가능하게 되었다고 해두자. 그래도 시간이 지나면 그 측량된 사물들 자체가 변하게 된다. 예를 들어 1983년에 어떤 석유 채굴 장비를 생산하는데 1973년에 들었던 생산 비용보다 40퍼센트가 더 들어간다고 해보자. 그런데 그 새로 생산된 장비는 옛날의 장비와 다른 것이라고 해보자. 그렇다면 새로 생산된 장비가 더 높은 가격을 갖게 된 원인은 적어도 어느만큼은 새 장비가 자본으로서 더 많은 양을 갖게 된 것(결국 더 높은 생산성을 가지게 되었다는 말이 된다—옮긴이) 때문이라고 생각할 수 있다. 그런데 그게 정확히 어느만큼인가? 즉 가격 인상분에서 자본으로서의 양이 증가한 만큼을 반영하는 것은 어느만큼이며, 순수한 가격 변화를 반영하는 것은 어느만큼이란 말인가? 대답은 간단하다. 모른다. 알 길도 없다. 하지만 통계 조사자들은 고통스러워도 한 번 더 아는 척해야 한다. 그들은 끊임없이 변화해 가는 사물들을 측량해야 하기 때문에 그것들을 환원할 수 있는 보편적 단위라는 것을 아무리 허구적인 것이라도 상정해 내지 않을 수 없다. 고맙게도 (혹은 원망스럽게도), 신고전파 이론가들이 그러한 목적을 위하여 '쾌락의 회귀 분석'(hedonic regression)이라고 불리는—이름 한번 걸작이다—표준적인 절차를 개발해 냈다.[2] 앞에서 우리가 든 예에다 이 절차를 적용한다면 다음과 같이 될 것이다. 통계학자들은 먼저 석유 채굴 장비의 기본적 특징, 즉 크기, 용량, 무게, 내구성, 안전도 등등을 상세히 조사할 것이다. 그다음 그 각각의 특징들이 달라질 때마다 거기에 조응하여 나타나는 가격의 분산값들을 회귀시키고, 거기에서 계산된 상관 계수를 가중치로 사용하여 장비의 양적인 면에서 나타난 진정한 변화를 계산할 것이다. 최종적으로는 관찰된 가격 변화를 두 부분으로, 즉 자본의 양이 늘어난 것을 반영하는 변화 부분과 순수한 가격 변화를 반영하는 부분으로 나눌 것이다.[3] 눈물 나

---

2) 이에 관한 초기의 연구로는 Court (1939), Ulmer (1949), Stone (1956), Lancaster (1971)를 보라. 나중의 연구를 모은 것으로는 Griliches (1971), Berndt and Triplett (1990), Boskin et al. (1996)을 보라.

3) 예를 들어 석유 채굴 장비가 채굴 능력과 내구성이라는 두 가지 특징만을 갖는다고 하고, x1, x2가 각각 그 변화율을 나타낸다고 하자. 그렇다면 이를 단순하게 회귀 분석으로 한다면 다음의 식을 얻을 것이다.

(1) p = b0 + b1 x1 + b2 x2 + u,

여기서 p는 채굴 장비 가격의 전체 변화율이며, b0는 순수한 가격 변화, b1과 b2는 채굴 능력과 내구성의 변화가 각각 그 가격 변화에 기여한 양이며, u는 통계적인 오류항이다. 이제 우리의 통계 조사치에 근간하여 b1=0.4이며 b2=0.6이라고 하자.

(2) p = b0 + 0.4 x1 + 0.6 x2

는 노력에 가슴이 뭉클해 오지만, 이렇게 맵시 좋은 계산 방식도 아주 엄격한 조건들 몇 개가 충족되지 않는 한 헛수고에 불과하다. 이 계산이 의미를 가지려면 첫째, 통계학자들은 올바른 회귀 모델을 사용해야만 한다. 둘째, 그 물건의 여러 성질 가운데에는 해당 품목의 품질을 규정하는 데에 무관한 것이 없어야 한다. 마지막으로 잊지 말아야 할 것은 이 회귀 분석이 행해지는 세상이 완전 경쟁의 균형 상태에 계속 머물러 있어 주어야 한다는 것이다. 그런데 처음 두 개의 조건이 충족되는 것은 거의 기적 같은 행운이 따라주어야 가능한 일이며, 세 번째 조건은 사회적으로 보자면 일종의 형용 모순이라고 할 수 있겠다. 따라서 엄밀하게 말해서 자본 스톡의 품질 변화를 '실물적으로' 평가해 보려는 시도는 모두 무의미한 것이다. 이러한 문제들 때문에, 총계치의 질적 변화를 양적으로 포착해 보려는 그 어떤 시도—총수요, 총투자, 정부 지출, 그리고 국가총생산 그 자체의 경우까지 모두—도 똑같이 사실상 헛수고가 되고 마는 것이다.

그렇다면 마르크스주의자들은 이 측량 문제라는 함정을 피해 갈 수 있을까? 언뜻 보면 당연히 그럴 듯싶다. 신고전파 학자들이 자본 측량의 단위로 쓰는 것이 주관적 효용임에 반하여, 마르크스주의에서는 노동이라는 객관적인 단위로 자본을 측량하니까. 그러니 자본 축적의 원인과 방법을 규명하는 것은 몰라도 최소한 그 크기를 재는 것만은 아무런 문제가 없어야 한다. 그런데 그렇지가 않다. 마르크스는 당시의 화학 혁명에 감명을 받은 나머지 사회 연구에 있어서도 건물 쌓는 기초 자재인 벽돌과 같은 것을 찾으려고 하였다. 이를테면 '사회적 생산의 수소(H)' 와 같이 사회 경제를 구

새롭게 개선된 장비가 채굴 능력은 두 배, 내구성은 동일하다($x1=2$, $x2=0$)고, 그리고 가격이 40퍼센트 올라갔다고 하자.($p=0.4$) 그러면 새로운 장비는 자본의 양은 80퍼센트 더 늘어났으며($0.4\times2+0.6\times0=0.8$), 순수한 가격 변화는 마이너스 40퍼센트라고 할 수밖에 없을 것이다.($b0=-0.4$)

성하는 기본 재료이면서 모든 것을 환원해 버릴 수 있는 최소의 단위를 찾아 헤매었던 것이다. 그가 찾아낸 답은 '추상 노동'의 개념이었다. 자본주의는 노동을 끊임없이 비인간화, 탈숙련화, 단순화시켜서 산 노동을 "그 활동이 띠게 되는 특수한 형식에 대해서 무관한…… 순수한 기계적 활동"(Marx 1971: 297 펭귄 판)이라는 어떤 보편적 추상물로 전환시킨다고. 추상 노동은 단순한 분석적 범주이기만 한 것이 아니라 자본주의 발전 과정 자체에서 창조되고 또 재창조되는 현실적 사물이라는 것이다.

이러한 주장은 고전적 마르크스주의 이론 체계에서 중심 위치를 차지하는 것으로서, 훗날 브레이버만(Braverman)의 『노동과 독점 자본』(*Labor and Monopoly Capital*, 1975) 같은 저작에서도 여전히 견지되고 있다. 그렇지만 동시에 이 주장은 상당한 논쟁에 휩싸이기도 하였는데, 특히 역사적 경험에 비추어 이 주장을 논박하는 비판이 나오게 되었다. 이러한 비판자들은 노동자들이 자본에의 종속에 끊임없이 저항해 왔기 때문에 그 결과 마르크스가 묘사하는 식의 극단으로까지 노동이 단순화되는 일은 사실상 벌어지지 않았다고 지적한다.(cf. Thompson 1964; 이 서평으로는 Elger 1979) 비판은 여기서 멈추지 않는다. 코르넬리우스 카스토리아디스(Cornelius Castoriadis) 같은 이에 따르면 추상 노동이라는 마르크스의 관념은 역사적으로 부정확한 것일 뿐 아니라 논리적으로도 모순이다.(1988, Vol. 1: General Introduction) 첫째, 만약 노동자들이 정말 그렇게 체계적·조직적으로 탈숙련화되고 무능력하게 되어 저질의 인간으로 퇴락해 버린다면, 마르크스가 누누이 주장하듯이, 이들이 혁명의 담지자로서 새로운 세계를 건설하는 일이 어떻게 가능하겠는가라고 그는 묻는다.[4] 특히 결정적인 두 번째 문제점으로서, 마르크스가 주장하듯이 노동의 추상화가 벌어질 경우 자본주의 스스로가 생존할 수 없다는 것이 카스토리아디스의 비판이

다. 자본주의적 생산이라는 것은 복합적이고 역동적이며 또 쉬지 않고 재
구조화되는 것이 본질이므로, 그것을 굴리려면 머저리가 아닌 생각할 줄
아는 행위자들이 필요하다는 것이다. 만약 노동자들이 기계 인형으로 전락
하여 하세크(Hasek 1937)의 『착한 병사 슈바이크』(*The Good Soldier Sch-
weik*)마냥 정해진 교범을 따르는 것 말고는 아무것도 할 줄 모르게 된다면,
전체 생산 과정은 순식간에 마비될 것이다. 자본가들이 자동화된 세상을
만들려 한다는 것을 부인하는 것이 아니다. 우리의 주장은 완전한 자동화
는 결코 이룰 수 없다는 것이다. 달리 말하자면 사회적인 기계화 과정 자체
에는 노동을 대상화하려 드는 자본가들과 그것에 저항하는 노동자들 사이
의 갈등도 있지만, 그것과는 다른 차원의 본질적인 내적 모순이 또 하나 들
어 있다. 기계화가 벌어지면 그로 인하여 권력의 탄력성이 줄어들고 경직
되어 아주 쉽게 부서지는 것으로 바뀌는 경향이 그것이다. 그런데 다음 장
에서 보겠지만, 자본주의의 사회적 기계화가 주로 벌어지는 장은 생산이라
기보다 소유의 차원이며, 권력의 자본화가 그 주요한 메커니즘이다. 그렇
기 때문에 노동은 자본주의적 생산에서도 여전히 상당한 탄력성, 질적 다양
성, 또 제도 및 기술의 변화에 적응하여 변하는 능력 등을 보유하게 된다.

　이제 노동이란 자본주의에서도 여전히 구체적·이질적인 것인 채로 남

---

4) 좀 다른 방식이긴 하지만 조지 오웰(George Orwell)도 똑같은 딜레마를 지적하였다. "희망이
있다면 그것은 무산자들(proles)일 수밖에 없다. 당 독재를 파괴할 수 있는 힘은 오로지 그 진창에
처박혀 무시당하는, 그렇지만 오세아니아(Oceania) 인구의 85퍼센트를 차지하는 군중들에게서만
생겨날 수 있는 것이다.…… 이 무산자들이 만약 스스로의 힘을 깨우치기만 한다면 반란의 음모
따위는 필요도 없을 것이다. 그저 뭉쳐 일어나서 성가신 파리를 쫓는 말처럼 몸을 한번 흔들어주기
만 하면 될 테니까. 당장 내일 아침에라도 그들이 뭉쳐서 저 당 독재를 박살내기로 하기만 한다면
그걸로 일은 끝이다. 그들도 그런 생각을 할 것이 틀림없고 이는 시간 문제이다. 그런데 그 때가 아
직 오지 않은 것이다!…… 그들이 반란을 일으키려면 먼저 계급적으로 각성되어야 하는데, 이들이
계급적으로 각성이 되려면 먼저 반란을 일으켜야 하는 것이다."(1948, 69~70)

아 있으며, 결코 추상적이지도 않고 또 앞으로도 추상적으로 될 리가 없다는 현실을 설명할 수 있다. 엔지니어는 회계사의 노동으로 바로 전환할 수 없으며, 비행기 조종사가 즉시 의사의 일을 할 수 없으며, 경영자 자리에 자동차 정비공을 쉽사리 가져다 앉힐 수도 없으며, 컴퓨터 프로그래머를 감쪽같이 트럭 운전사로 변신시킬 수도 없다. 그리고 설령 이 직종들이(단순한 추상 노동으로 분해되어—옮긴이) 서로 엇비슷한 종류의 작업이 되어버릴지라도, 더욱 복잡한 다른 직업 직종들이 대신 출현할 가능성이 크다. 이렇게 현실과 거리가 먼 추상 노동의 개념을 그래도 붙잡으려는 최후의 저항은, 추상 노동으로 자본 축적을 측량하는 마지막 방법으로서 개념상으로, 즉 우리 머리 속에서만 측량을 가상적으로 생각하는 길이 있다.[5] 그런데 그것조차 불가능하다. 신고전파 이론가들은 상품에 내재한 효용을 표시할 대리 지표(proxy)로 가격을 사용할 수가 있지만 마르크스 경제학자들은 그러한 사치도 누릴 수가 없다. 이들이 말하는 '추상 노동' 의 개념은 그 자체의 고유한 단위로 직접 측량되어야 하는 것이기 때문이다. 그러기 위해서는 먼저 어떤 시점에서 추상 노동이 어떻게 구성되는지를 알아야 하며, 모든 종류의 숙련 노동이 지닌 모든 구체적 특징을 속속들이 알아야 하며, 추상 노동이 그렇게 구체적인 숙련 노동으로 사회적으로 전환되는 정확한 경로를 알아야만 한다. 많은 이들이 이것이 가능하다고 주장한다. 그

---

5) 브레이버만(Braverman 1975)처럼 '육체 노동' 을 '과학적 관리' 라는 '정신적 노동' 과 구별함으로써 이러한 문제를 피해 가려 들 수도 있겠다. 하지만 여기서 문제점은 그 두 가지의 명확한 구별이 힘들다는 것뿐만 아니라 그 두 번째 노동을 전담하는 집단(혹은 계급?)을 어떻게 분류할 것이냐는 것이다. 이들을 계속 노동자로 보지 않는다면, 노동자 계급 내부에 이런 집단이 생겨나고 자라난다는 것 자체가 자본주의에는 노동의 추상화를 저지하는 반대 경향, 즉 노동을 단순화 · 추상화시키려면 그 일부를 폐절해야 한다—일종의 '노동에 의한 노동의 제거' —는 경향이 내재해 있다는 이야기가 되고 만다. 게다가 그런 활동은 노동으로 보건 다른 것으로 보건 추상적인 단위로 측량하기가 불가능하다. 그런데 이런 활동이 가치와 잉여 가치에 어느만큼의 생산적인 기여를 하는지를 어떻게 측량할 수 있단 말인가?

런데 설득력 있게 그 구체적 방법을 보여준 이는 아무도 없었다. 추상 노동이 무엇인가에 대해서조차 일치를 보지 못한다. 숙련 노동은 그 사용 가치와 무관하게 규정될 수가 없으며, 따라서 영영 주관적인 것인 채 남아 있을 것이다.(간호원과 화물차 운전사를, 뇌수술 전문의와 보건의를, 경영자와 교사를, 프로그래머와 엔지니어를, 비행기 조종사와 회계사를 구별하려면 그 각각의 노동이 낳는 산출물의 질적인 차이를 고려하는 것 말고 무슨 길이 있겠는가!) 마지막으로, 노동자의 기술은 교육, 취업 경험, 광범위한 문화적 영향 등등의 요인을 통해 계발되는 것임이 분명한데, 이는 질적 차원의 결합 생산 과정(joint-process)[6]이라는 점이다. 따라서 일부 마르크스 경제학자들이 주장하듯 노동자들의 기술 습득 과정을, 단순 노동을 투입하여 이런저런 방법으로 숙련 노동이라는 산출을 얻는 양적 차원의 생산 라인으로 분해하는 것이 절대로 불가능하다는 것이다.[7]

요컨대 생산의 노동 과정에서 출발하는 것으로는 자본 축적 과정을 충분히 이해하는 발판이 될 수 없음이 분명하다. 가치와 가격의 관계라는 것도

---

6) 결합 생산이란 스라파(Piero Sraffa)가 제안한 것으로서, 여러 상품이 투입되어 단일의 생산물이 아닌 여러 생산물을 동시에 창출하는 생산 과정을 뜻한다. 누에를 치다 보니 누에고치와 번데기라는 두 생산물이 동시에 생산되는 것을 예로 들 수 있겠다. 노동 가치론에서 주장하듯이 '숙련' 노동자를 생산의 결과물로 이해할 수 있다는 가정은 인간 노동력의 생성 과정이란 결합 과정일 수밖에 없다는 삶의 원리를 무시하고 있다는 게 저자들의 주장이다. 예를 들어 의사라는 숙련 노동자를 키우는 의과 대학의 '생산' 과정을 거치면서 의대생은 병 고치는 기능이라는 하나의 숙련만을 얻는 것이 아니다. 그는 외국어도 배우게 되고 의료 정책을 통해 사회의 정치 구조를 알게 되기도 하고 …… 등등의 '숙련' 기술을 동시에 얻게 된다는 것이다. 인간이 어떤 기술과 능력을 얻는 과정이라는 것이 대부분 이렇게 여러 숙련이 복합된 '결합 과정'이라는 점을 생각하면, 노동 가치론에서 가정하듯이 숙련 노동을 마치 다른 불변 자본처럼 선형적인 생산 과정의 결과로 규정하는 것은 어불성설이 된다.─옮긴이.
7) 이 추상 노동으로의 환원이라는 문제를 피하기 위해 이토(Itoh 1987; 1988)는 각 노동의 구체적 성격을 무시하고 그냥 획일적으로 노동 1시간으로 취급하자고 제안한다. 이는 노동자의 삶에서는 구체적인 의미를 지닐 수 있을 것이다. 하지만 이론적 분석에 관한 한 노동 가치의 개념으로 가격과 자본 축적을 설명하는 것을 포기하는 것이나 마찬가지이다.

의심스럽고, 생산이라는 것의 의미도 불분명하며, 추상 노동이라는 기초적 단위는 현실에서 관찰할 수도 또 이론적으로 도출할 수도 없다. 그리고 만약 양적 차원의 노동 가치론이 제대로 작동하지 못하게 되면, 질적 차원의 노동 가치론이라는 것도 잘못된 것일 수밖에 없다.

2부 자본은 권력이다

여기에 절대 지존의 단어가 있다. 이것이야말로 모든 단어들의
왕이니, 그것은 권력이다. 하나님도 아니고 재물(mammon)*도 아
니고 바로 권력인 것이다. 이 말은 입 안에서 맴돌다 끝내 혓바닥
을 튕겨 그 말을 토하도록 만들고야 만다. 권력.

—잭 런던, 『강철 군화』

---

*『신약성경』「마태복음」 6장 24절의 "한 사람이 두 주인을 섬기지 못할 것이니 혹 이를 미워하며
저를 사랑하거나 혹 이를 중히 여기며 저를 경히 여김이라. 너희가 하나님과 재물을 겸하여 섬기지
못하느니라"에서 온 표현으로, 여기서 그냥 '재물'이라고 번역된 말이 숭배의 대상으로 신격화된
재물, 즉 맘몬이다—옮긴이

5장 권력 자본론의 시각

　이 장에서는 지나친 '물질주의적' 관점에 경도된 경제학자들의 손아귀에서 자본의 개념을 해방시키고 그것을 원래 있어야 할 제자리, 즉 정치경제학이라는 좀더 폭 넓은 틀에 놓음으로서 자본을 연구하는 대안적인 접근법을 제시하고자 한다. 그 작업에서 우리의 가장 중심적인 테마는 토스타인 베블렌(Thorstein Veblen)과 루이스 멈포드(Lewis Mumford) 등의 제도주의 이론 틀의 힘을 빌어 자본의 정의 자체에 권력의 개념을 통합시키는 것이다. 자본의 가치란 간단히 말해서 기대 수익을 현재 가치로 할인한 것으로 표현된다. 그런데 그러한 기대 수익 중 물론 어떤 것은 자본가가 소유한 산업 시설의 생산성(또는 그것의 착취)과 관련된 것이겠지만, 이는 전체의 일부에 지나지 않는다. 자본주의가 점점 복잡하게 발전함에 따라 영리 기업의 수익을 결정하는 것은 점점 스스로의 산업적 활동이 아닌 공동체 전체의 생산성으로 변해 왔다. 이러한 점에서 자본의 가치가 표현하는 것은 공동체 전체의 분배에 있어서 그 기업이 차지하는 몫이라고 할 수 있다. 그렇게 한 몫을 차지할 권리란 부분적으로는 소유권의 모습을 띠지만, 좀더 폭 넓게 보자면 온갖 종류의 사회적 권력의 형태로 나타난다고 보아야 한다. 게다가 권력은 축적의 수단일 뿐만 아니라 그 가장 근본적인 목적이기도 하다. 부재 소유자(absentee owner)에게 진정한 목적은 이윤을 '극대화' 하는 것이 아니라 '평균적인 수익을 능가하는' (beat the average) 것이다. 결국 영리 활동의 궁극적인 목표는 공리적인 쾌락이 아니라 차등적인(differential) 이익이다.

우리 논의의 출발점이 되는 전제는, 축적이란 생산 활동의 결과로 주어지는 것이 아니라 생산성과 권력 사이의 상호 작용 속에서 이루어지는 것이라는 것이다.[1] 생산성과 권력이라는 두 개념을 다시 통합시키려면 먼저 '경제학' 과 '정치학' 을 별개의 것으로 보는 피상적인 통념을 극복해야 한다. 자본주의라는 전체 사회 체제가 '경제' 라는 핵에 기초를 두고 있다는 관념은 그릇된 생각이라는 게 우리의 관점이다. 우리는 자본주의란 총체로서 단일한 전체적 사회 질서로서 보아야만 제대로 이해할 수 있다고 믿으며, 따라서 결국 그 주요 범주인 자본의 개념도 그렇게 포괄적 관점에서 정의해야 한다고 믿는다. 우리가 보는 바 자본주의는 생산, 창조성, 소비, 효용 등만큼이나 이념, 종교, 문화, 폭력, 성(性)과 같은 원초적 본능 등을 통해서 이해되어야 한다. 요컨대 자본을 정의하려는 시도—이왕에 정의하겠다고 나섰다면—는 사회에 대한 폭 넓은 권력 이론적 관점에서 시작해야

---

1) 권력이라는 개념도 자본의 개념만큼이나 논쟁의 소지가 많은 개념이다. 너무 복잡한 논의로 휘말려들지 않기 위해서 우리는 비대칭성이라는 권력의 측면, 즉 '다른 이들에 대한 권력' (power over)이라는 측면에 강조점을 두고자 한다. 룩스(Lukes)가 말한 대로 우리는 자본주의 사회의 권력이란, 스스로 행동하거나 혹은 행동을 하지 않음으로써 다른 이들의 생각과 행동에 심대한 영향을 끼칠 수 있는 개인들로 이루어진 집단들이 쥐고 행사하는 것이라고 이해하고자 한다. 이러한 권력 개념은 구조적 제약이라는 틀 내에서 적용된다. 물론 구조-행위라는 구별 자체가 모호성을 안고 있으며 이론에 의존적인 것이기는 하지만. 예를 들어 권력은 다른 이에게 구조로서 강제될 수도 있고, 구조로서 고형화(固形化)되었다가 다시 권력으로 용해될 수도 있으며, 또 구조는 권력에 의해 변동을 겪을 수도 있고 자체적인 내부의 역동성을 가질 수도 있는 것이다.(비판적인 논의는 다음을 보라. Lukes 1974; 1977; 또 1978)

한다.

20세기 초의 토스타인 베블렌(Thorstein Veblen)은 아마 이러한 방향에서 권력 자본 이론을 발전시키려 한 첫 번째 사람이었을 것이다. 후에 그의 학생이자 동료였던 루이스 멈포드(Lewis Mumford)는 베블렌이 연구했던 주제 중 일부를 차용하여 권력 문명에 대한 이론으로 더 넓게 확장하였다. 이 두 사람의 이론 체계는 모두 창조성과 권력 사이에 이루어지는 근원적인 사회적 상호 작용에서 출발하는 것이었다. 베블렌은 그 상호 작용을 산업(industry)과 영리 활동(business)의 구별과 연결 지었고, 반면 멈포드는 그것을 민주적인 기술과 전체주의적인 기술간의 갈등의 일부로 보았다. 이들의 심오한 혜안은 부당하게도 정치경제학자들에게 무시되어 왔지만 찬찬히 뜯어볼 가치가 충분히 있다. 그러면 시작해 보자.

산업과 영리 활동

신고전파 경제학자들은 인간의 궁극적 목표가 향락적 기쁨과 물질적 안락의 추구에 있다고 보며, 균형 상태(equilibrium)에 대한 지향이야말로 모든 종류의 사회를 다스리는 메커니즘(최소한 사회의 기본틀을 유지해 주는 이상적 상태)이라고 본다. 반면 베블렌의 출발점은 창조성과 권력 사이의 갈등이야말로 인간 역사의 원동력임을 확인하는 데서 시작된다. 그 두 가지는 근대 자본주의의 질서에 뿌리깊이 자리잡은 산업과 영리 활동이라는 두 가지의 구별로 나타나 있다고 그는 주장한다.

베블렌에 의하면 산업과 영리 활동은 전혀 다른 두 가지 인간 활동이다. 산업은 자본주의에만 독특하게 나타나는 것은 아니지만, 자본주의 이해에 있어서의 물질적인 측면을 이루는 것이다. 베블렌이 보기에, 산업 자체의 최우선 목표이자 존재 이유는 질 좋은 물건들을 효율적으로 생산하여 인간의 삶을 향상시키는 것이다. 비록 현재 자본주의에서는 산업이 영리 활동에 결부된 여러 제도들에 포위되어 그러한 성격이 직접 드러나고 있지 않지만 말이다. 이 산업 영역의 가장 두드러진 특징은 이른바 '기계 과정'(machine process)이라는 것으로서, 베블렌은 이를 단지 기계의 사용이라는 뜻만이 아니라 체계적인 생산의 조직화 그리고 지식의 합리적 적용까지도 포괄하는 더 넓은 뜻으로 쓰고 있다. 산업의 성격에 있어서 베블렌은 무엇보다도 그 전체적인(holistic) 성격을 강조하고 있다. 신고전파 경제학이 강조하는 개인이라는 것, 즉 혁신하는 '기업가'(entrepreneur)나 개별 '소비자' 모두 로빈슨 크루소나 마찬가지로 그릇된 미신이라는 것이다. 기계적 과정은 본질적으로 공동체의 활동이고 그 생산성은 무엇보다도 협동과 통합에서 나온다는 것이며, 거기에는 역사적인 이유와 공간적인 이유가 있다고 베블렌은 말한다.

첫째, 근대의 산업 생산은 사회의 '기술적인 유산', 즉 '과거에 축적된 지혜'에 뿌리박은 '공동체의 지식'이라는 덩어리 전체에 의존하고 있다.(Veblen 1908a: 326~329) 둘째, 시간이 흘러 지식이 점점 축적되면서 생산은 더욱더 공간적인 상호 의존성을 띠게 되었다. 베블렌의 말을 들어 보자. "산업 기술의 최근 상태는 주식 회사의 성격과 같은 상태에 도달하고 있다. 즉 산업 공동체 전 영역에 걸쳐 살고 있는 사람들이 모두 함께 얽혀 그 기술을 개발해 내고 유지하고 발전시키며 활용하고 있는 것이다."(1923: 64) 산업은 "물질 과학과 관계된 모든 종류의 지식을 자신의 영역으로 삼아 활용하며, 전체로서의 산업은 그 하부 과정들을 결합하여 상당히 섬세한 균형을 갖춘 복합체를 일구어낸다"(1904: 7~8)고 주장하는 점에서, 베르너 좀바르트(Werner Sombart)나 마찬가지로 그도 산업의 종합적인 성격을 강조했던 것이다. 이렇게 지식에 있어서나 생산 과정에 있어서나 사회 전체의 상호 의존이 증가하면서 산업 생산의 효율성은 점점 생산 행위와 욕구 모두를 동시화(synchronization) 및 표준화시키는 것에 더 의존하게 된다는 것이다.(이러한 논점은 반세기 후 갈브레이스〔Galbraith〕가 '순차적인 개선'〔revised sequence〕이라는 개념과 '소비자 주권'에 대한 논박을 통해 부활시킨 바 있다.) 산업이란 고도로 통합된 체제이므로 정교한 계획과 긴밀한 협동을 지향하는 강한 경향이 있다. 궁극적으로는 "산업 연관으로 묶인 모든 집단들의 행정에 단일성"을 요청하게 되며, 좀더 보편적으로 "그 공동체의 산업 흐름 전체를 경영하는 데에 있어서의 단일성"까지 요청하게 되어 있다는 것이다.(1904: 17)

이렇게 통합과 동시화를 강조하는 베블렌의 주장이 아주 혁신적인 것은 아니지만, 거기에 담겨 있는 두 가지 핵심적 주장을 주류 학자들은 물론이고 일부 마르크스 경제학자들조차 어느 정도는 의도적·체계적으로 무시해 버리고 말았다. 그 두 가지 핵심 주장의 첫 번째는, 요소 생산성이나 노동 시간에 근거하여 분배가 이루어지는 게 결코 아니라는 것이며, 두 번째는 따라서 분배는 권력의 영역에서 설명되어야 한다는 것이다.

한편, 베블렌이 말하는 영리 활동의 영역이란 그 방법에 있어서나 목적에 있어서나 산업과는 전혀 다른 것이다. 영리적 기업 활동이란 이윤을 위한 투자를 의미한다. 이는 화폐적 부의 축적이라는 궁극의 목적을 위하여 구매와 판매를 계속해 나아간다. 산업은 '생산자 근성'(instinct of workmanship)이라는 것에 의해 추동되지만, 영리 활동이란 소유권과 권력의 문제인 것이다. 산업은 사회 전체를 아우르는 통합·협동·계획을 요청하지만, 영리 활동은 소유자들 사이의 반목과 갈등, 또 사업가들과 일반 민중 사이의 분열을 뜻하는 것이다.

이토록 근본적인 두 영역의 차이점들은 두 개의 다른 '언어'로 나타나게 된다. 산업 활동은 구체적이고 물질적인 범주들로 다루어지는 반면, 영리 활동의 흐름이나 그 성패를 계량화하는 것은 오로지 화폐라는 단위뿐이다. 경제학자들은 영리 활동에서의 크기를 '실물적인' 효용의 단위로 환원할 것을 고집하는데, 이는 사실상 그들이 전(前) 자본주의 시대의 인습적 사고방식을 떨치지 못했음을 증명할 뿐이다. 가격 체제가 현실에 뿌리내리고 나면,

> 사람들은 이 덧없는 세상에서 그 어떤 물질적인 사실보다 더 현실적이고 근본적인 것은 화폐 가치라고 굳게 믿게 된다. 그리하여 영리적 사업의 궁극적인 목적은 판매자가 판매를 통해 항상 그 물품의 값을 챙기는 것으로 된다. 어떤 이가 그의 물품을 판매하여 그 액수만큼 채권자의 권리를 누리게 되면, 우리는 그가 그의 부 또는 자산을 "현금화(realized. 결국 돈으로 바꾼다는 영어 표현은 '현실화시킨다'라는 중의적 의미를 갖는다—옮긴이)하였다"라고 말하는 것이다. 영리 활동의 세계에서 사물의 가격은 그 사물 자체보다 더 큰 현실성을 갖는 사실이 되고 마는 것이다.(1923: 88~89)

영리 활동의 영역에서 쓰이는 용어가 화폐적인 성격을 띤다는 것은 단순한 회계상의 관습이 아니라 영리 기업 활동의 본질 그 자체에서 비롯되는 것인 셈이다.

언뜻 보면 베블렌이 말하는 산업과 영리 활동의 구별은 마르크스가 말하는 단순 재생산과 확대 재생산의 구별과 닮아 보인다. 하지만 그 사이에는 결정적인 차이점이 있다. 단순 재생산 과정과 확대 재생산 과정 모두를 마르크스가 단일한 물질적 단위(노동)를 써서 측량하려 했던 것과는 달리, 베

블렌은 시작부터 두 개의 다른 범주에서 출발한다. 산업은 물질적 범주로 측량되고 영리 활동은 화폐적 범주로 측량된다는 것이다. 이러한 이분법을 통하여 베블렌은 마르크스주의의 '전형 문제'를 완전히 피해 갈 수 있게 된다. 가격과 축적은 영리 활동의 영역에 고유하게 속하는 크기이다. 따라서 가격과 자본 축적의 양을 결정하는 메커니즘이, 복합적이고 또 거의 범주화가 불가능한 산업적 상호 작용이라는 영역에서 나온다고는 할 수 없는 것이며, 최소한 직접적인 연관이 있다는 식으로는 결코 연결시킬 수 없는 것이다.

베블렌에 의하면 자본주의에서 산업은 영리 활동의 목적에 복속되어 있다. 그 목표는 공동체의 생계와 욕구에 복무하는 것이 아니라 이윤을 얻는 것에 있다. 단순한 말처럼 들리지만, 이윤이 우선한다는 목표상의 서열은 경제학의 통속적인 논리를 완전히 뒤집어버리는 것이다. 영리적 기업 활동이란 것이 이윤에 대한 추구일 뿐인 이상, 그 본질은 수익에 대한 청구권이라는 게 베블렌의 주장이다. 즉 영리적 기업 활동은 오로지 분배의 영역에만 전적으로 국한된 활동일 뿐이라는 것이다. 물론 이윤이라는 청구권이 효력을 가지려면 그 근거로 상품이 있어야 하며, 이 상품은 산업 영역이라는 딴 나라에서 창조된다. 하지만 영리 활동의 목적에 산업의 작동이 복속되어 있다는 점을 생각한다면, 주로 생산이 원인이 되어 분배가 결정된다기보다는 분배가 원인이 되어 생산이 결정되는 식으로 될 수밖에 없다. 그리고 과학적 분석의 길잡이는 바로 무엇이 원인이고 결과인가를 따지는 것이라 했을 때, 자본주의의 연구는 산업이 아닌 영리 활동에서 출발해야 한다는 결론이 나온다.

사실상 산업의 영역 그 자체만으로는 분배의 문제에 대해서 아무런 혜안도 얻을 수 없다. 그래서 베블렌은 캠브릿지 논쟁이 시작되기 반세기 전에 이미 단도직입적으로 클라크의 한계 생산성 자본 이론은 희망 사항에 불과한 꿈 같은 소리라고 지적하였다. 생산성으로 분배를 설명하려면 개별 생산 요소의 생산성을 먼저 알아야 한다. 그런데 경제 활동의 투입물들은 그렇게 낱낱으로 떼어놓고 보면 아무런 생산성도 가질 수 없는 것이며, 따라서 개별 생산 요소의 생산성을 알아낸다는 일은 애초부터 불가능하다는 것이다.

앞에서 본 대로 베블렌에 의하면 산업적 활동은 사회의 '기술적 유산'에 중심을 둔 공동체의 총체적 과정이다. 표면상 이는 갈브레이스(Galbraith 1958; 1967) 같은 이들이 대중화시킨 통념, 즉 자본·토지·노동 등의 전통적 생산 요소들보다 기술이 점점 더 중요해진다는 지배적인 신념과 비슷한 말처럼 들린다. 하지만 이는 베블렌이 생각했던 것과는 차이가 있다. 베블렌의 생각으로는 기술, 혹은 그가 쓴 용어로 사회의 '비물질적 장비'를 단지 일개 '생산 요소' —거기에 아무리 큰 중요성을 둔다고 하더라도—인 것처럼 보아서는 안 된다. 오히려 핵심적 중요성을 갖는 것은 문화라는 실체로서, 이것의 힘을 입지 못하면 원자재, 기계, 물리적인 인간 노동 그 어떤 것도 애초부터 유용성을 가질 수 없다. "어떤 광물, 식물, 동물이 의미가 있다—즉 경제적 재화이다—라는 이야기는 그것들이 그 공동체의 생활 방식과 충족 수단에 대한 공동체 전체의 지식 범위 안으로 들어왔다는 것을 뜻한다."(1908a: 329) 이 문화라는 '비물질적 장비'가 없다면, 물질적인 생산 요소들은 경제적 차원에서는 무의미한 물건들이 되고 마는 것이다.

예를 들어 어떤 컴퓨터 모델의 유용성은 당시의 '기술 발전 상태'에 결정적으로 달려 있는 것이다. 새 소프트웨어가 나오면 예전의 컴퓨터는 금새 고물 덩어리가 되고 만다. 그 컴퓨터의 작동 능력과 기능은 전혀 변한 게 없는데도, 새로운 기술이 나오자 경제적 차원에서는 퇴물이 되어 더 이상 똑같은 '자본재' 구실을 못하게 되는 것이다. 역사적 시대를 바꾸어 예를 든다면, 반도체를 생산하는 공장을 베블렌이 살던 시대로 가져간다면 이는 아무 가치가 없는(사실상 무의미한) 고철 덩이에 지나지 않게 될 것이다. 우선 그 공장을 작동시키지 못할 것이고, 작동시켜 반도체를 생산해 봐야 그것을 쓸 데도 없을 것이다. 결국 어떤 물체가 경제적으로 유용한 자본재로 전환되는 것은 '산업 기술의 발전 상태'를 앞서갈 수도 또 그에 뒤쳐질 수도 없음이 분명하다. 노동력과 원자재에 관해서도 똑같이 말할 수 있다. 밀림 속의 부족민을 현대의 공장에 끌고 오거나 은행 직원을 사하라사막에 떨어뜨려 놓거나 어느 쪽도 마찬가지로 황당해 할 것이다. 옛날의 석기가 오늘날 쓸모가 없는 것처럼, 현대적 엔진이 발명되기 전에는 석유도 쓸모가 없었던 것이다.

노동, 토지, 자본재가 생산에 필수적인 것은 명백하지만 이는 어디까지나 총체적인 사회적·문화적 과정의 부분이기 때문이다. 따라서 비록 신고전파 경제학자들은 귀를 막고 안 들으려 하겠지만, "산업 생산물이나 산업 생산성의 어느만큼이 이러한 인간적·비인간적 물리력—기술적 효율성에 있어서 순수하게 인간적인 요소에 반대되는 것으로서—에 귀속되는가를 따지는 것은 쓸데없는 짓이다"(1908a: 349~350)라고 베블렌은 주장하는 것이다. 요컨대 산업 체제의 복잡성이 증가할수록 생산성에 근거한 분배 이론은 모순이 되고 만다.

현대 산업이 갖는 '전체론적' 성격을 잘 보여주는 예로 자동차 산업을 생각해 보자. 그 연구 개발 과정에는 수학, 물리학, 화학, 생물학, 금속학, 경제학, 인구학, 사회학, 정치학 등의 지식이 모두 들어가 있다. 또 자동차의 생산은 수많은 나라들에 걸쳐서 원자재, 노동, 조립 시설, 기초 시설, 교통 시설과 분배 체계를 얼마나 잘 조화시키느냐에 따라 성패가 좌우된다.

마지막으로 개발과 생산 모두 다 사회적 연관에 좌우된다. 예를 들어 20세기에 들어서 대규모 정유 시설, 도시화, 고속도로 체제가 생기면서 자동차 생산이 힘차게 늘어난 바 있었지만, 21세기에는 교통 체증과 환경에 대한 걱정 등으로 그 생산에 장애가 올지도 모른다. 이같이 점점 복합적이 되어가는 환경 속에서 기술은 누적적이 되고 공간적인 상호 의존성을 띠며 정치와 연결되기 때문에, 거기에서 생산 투입물 각각이 얼마만큼씩 생산성에 기여하고 있는가는 물론이고 심지어 어떤 것들이 투입되는가를 완전히 밝혀내는 것조차 이론적 · 현실적으로 상상조차 못할 일이 되고 만다. 마샬(Marshall 1920)은 자신이 '조직'(organization)이라고 이름 붙인 네 번째 생산 요소에다 이 복잡성을 모조리 때려넣어 문제를 해결하려 하였지만, 그것도 별 효과를 보지 못하였다. 윅셀(Wicksell)의 표현대로, 전체가 여전히 '수량적 정밀성'을 결여하고 있기 때문이다.(1935, Vol. 1: 107) 그리고 우리가 앞에서 보았던 『정치경제학비판요강』(*Grundrisse*)의 긴 인용문에서 마르크스가 이미 그것이 불가능한 이유를 설명한 바 있다. 복합적인 생산은 전체론적이며 보편적인 과정이며 질적인 총체성인 까닭에 그 부분들의 합이라고 환원될 수는 없는 것이다.

따라서 베블렌의 논지를 따른다면(또 마르크스도 찜찜하게나마 동의할 듯하다), 저 관습적인 투입/산출의 이데올로기는 그릇된 단순화라고 주장할 수 있게 된다. 이 이데올로기는 관찰(또는 준관찰[quasi-observation])된 수량들 사이의 피상적인 상호 작용에만 초점을 두고, 눈에 보이지는 않지만 훨씬 중요한 다층적인 문화적/정치적/기술적 상호 작용—이것을 통해서만 비로소 물질적 요소들이 '생산 투입물'이 되는 것이다—을 무시하고 마는 것이다. 대부분의 경제학자들이 인정하려 들지 않는 사실이지만, 그것을 무시하는 바람에 그들의 경험적 연구는 큰 타격을 입게 된다. 신고전파의 생산 함수가 물질적 투입으로 산출을 설명하는 데에 무능력하다는 것, 편차가 몹시 크게 나타나도 설명하지 못한다는 것은 악명이 높은 사실이다. 2장에서 보았지만, 보통 그들이 둘러대는 변명은 '기술'이라는 요소를 완벽하게 측량할 수 없기 때문이라는 것이며, 따라서 그 설명되지 않는 양이야말로 '우리의 무지의 척도'라고 부를 수 있다는 지경에 이른다. 여기서 이런 언어들이 사람을 속이기 아주 쉽다는 것에 조심하라. 마치 언젠가는 '기술' 요소를 완벽하게 측량할 날이 올 것이라는 암시를 주기 때문이다. 하지만 방금 말했듯이 생산의 측량은 갈수록 힘들어지고 있다. 그런 마당에 어떻게 그런 일이 가능하다는 말인가?

물론 그렇다고 해서 신(新)리카도주의자들이 주장하듯이 생산과 분배가 무관하다는 생각을 암시하려는 것은 아니다. 베블렌에 따르면 그 두 영역은 아주 긴밀한 관계를 맺고 있는데, 단지 그 연관의 성격이 각종 '생산성 학설'과는 전혀 다를 뿐이다. 분배가 창조성의 귀결이라는 통속적 관점과는 반대로 베블렌은 분배가 '깽판 놓기'(sabotage)의 결과라고 주장한다. 아주 일반적으로 말해서 자본재 소유자의 소득의 양은 그 자본재의 생산성 기여량에 비례하는 것이 아니라, 그 소유자가 전체 사회의 산업 과정에 입힐 수 있는 총체적 피해에 비례하는 것이라는 것이다. 이 '부정적인' 관계를 이제부터 탐구해 보도록 하자.

부재 소유와 산업의 전략적인 제한

장기적으로 산출을 결정하는 것은 주로 인구와 기술적 지식이라고 베블렌은 주장한다. '유형 자산'(tangible assets)은 상대적으로 그 중요성이 덜하다는 것이다. 역사를 통틀어 물적 장비와 자원이 간혹 파괴되는 일이 있기는 하지만, 그것이 끼치는 피해는 별로 크지 않다는 것이다. 사실 물적 장비의 축적이 전대미문의 양에 달했던 20세기에도 전쟁으로 파괴된 독일과 일본이 그 '경제적 기적'을 다시 시작하는 데에는 몇 년밖에 걸리지 않았다. 반면 아일랜드에서 영국 지배자들이 문맹을 조장했던 것은 아일랜드인들이 당했던 그 어떤 물적 파괴보다 더 심하게 그들의 발전을 가로막았다. 하지만 단기적으로는 물적 장비가 중요성을 갖게 되는데, 베블렌에 따르면 소유권의 문제가 바로 여기에서 떠오르게 된다.

> 따라서 일시적인 기간 동안에는 다음과 같은 일이 벌어진다. 전체 산업 과정에 꼭 필요한 장비와 자재 들이 있고 그것들이 현재 사용되고 있는 참인데, 어떤 자가 그러한 장비와 자재 들을 사용하지 못하도록 중지시킬 법적 권리를 가지고 있다 하자. 그러면 그는 그렇게 중지시키는 만큼에 비례하여 공동체 전체의 기술적 합작이 마비되는 고통을 가함으로써 그 공동체가 순순히 말을 듣고 자기가 정하는 조건에 순응하도록 강제할 위치에 올라서게 된다. 산업 시설과 자연 자원에 대한 소유권이란 소유자에게 그러한 시설과 자원을 생산에서 합법적으로 보류시켜 버릴 권리, 그리하여 그렇게 보류시키는 만큼 공동체의 생산자 근성을 무용지물로 만들어버릴 권리를 부여하는 것이다. 이것이 투자라는 자연적 권리이다.(1923: 65~66)

따라서 인과 관계의 방향을 따지자면 소득의 창출에서 소유의 권리가 나오는 것이 아니라 소유의 권리에서 소득의 전유가 나오는 셈이 된다. '자본재'가 이윤을 창출하는 것은 그 개별적 생산성 때문이 아니라 그것이 애초부터 사적으로 소유되어 있다는 것 때문이다. 영리 기업 활동이 번창하는 것은 암묵적인 협박 혹은 소유권에 묻어 들어 있는 경제적 권력을 명시적

으로 행사함으로써 번창하는 것이며, 거기서의 자본가의 소득은 공동체의
산업이 작동하도록 허락해 주는 대가로 뜯어내는 '몸값' 인 것이다. 베블렌
이 보았던 바 소유의 자연적 권리란 공동체를 무력화시켜 버릴 수 있는 특
권적 권력(vested interest)과 동의어였다.

> 이 깽판 놓기라는 법적 권리가 주어지지 않는다면, 소유권이란 하릴없는 폼
> 잡기 이상이 아니라는 것은 자명하다. 소유자가 자기 임의대로 소유물을 놀
> 려둘 권력이 없다면, 그리하여 노동자들의 일손에서 일감을 빼앗아가고 시
> 장에서 생산물을 감추어버릴 권력이 없다면, 투자와 영리 기업 활동은 중지
> 될 것이다. 이것이 재산의 안전한 보호(Security of Property)라는 말의 포
> 괄적인 의미이다.(1923: 66~67)

물론 권력이 작동한다는 것은 자본주의에만 고유한 것이 아니다. 베블렌
에 따르면 모든 종류의 소유권은 강제적 전유라는 똑같은 원리에 근거한
것이며, 그 기원은 야만 시대의 초기, 즉 약탈이라는 사회 관습이 최초로
등장했을 때로 소급된다.(1898; 1899) 자본주의에 특징적으로 나타나는 요
소는 기술이라는 것이다. 폭력적인 강탈이 사회적으로 제도화되는 과정에
서 유형의 도구들이 어떤 성격을 띠는가, 그리고 그것들이 생산과 어떻게
관련되는가 등의 문제가 중요하다. 사회적 발전의 초기 단계에서 강제적
전유가 제한적이었던 이유는 우선 전유할 것도 별로 없었고, 또 누군가가
전유한다고 해도 대부분 쉽게 대체할 수 있는 물품들이었기 때문이다. 하
지만 사회의 '비물질적 자산' 이 축적되기 시작하면서, 거기에 핵심적인
'물질적 자산' 을 통제하는 데에서 오는 이익도 축적되기 시작하였다.
베블렌(1898; 1899)에 따르면 소유권의 최초의 형태는 사람들, 특히 여

자들에 대한 소유권이었다.(영어의 husband나 히브리어의 baal은 모두 소유권과 결혼이라는 이중적 의미를 갖는다. 후자의 경후엔 성적 착취라는 의미까지 있다.) 곧이어 소유권의 초점은 발전되는 기술의 성격에 따라서 노예에서 가축으로 또 토지로 옮겨갔다.(반드시 이렇게 단선적 순서일 이유는 없다.) 소유권의 초점이 만들어진 생산 수단을 가장 중요한 대상으로 옮겨간 것은 아주 최근의 일이다.[2] 물론 노예 소유이건 토지 재산이건 정당화의 명분으로 생산성에 대한 기여라는 게 등장한 적은 한 번도 없었다. 그 두 가지 모두는 '권리'로서 제도화되었지만, 이는 거룩한 신의 의지 혹은 적나라한 폭력으로 그렇게 된 것이지 생산성의 결과로 그렇게 된 것은 결코 아니었다. 소유권이라는 점만으로 따져보면, 자본을 소유하는 것도 노예나 토지를 소유하는 것보다 더 생산적일 이유가 없다. 그런데 어째서 경제학자들은 더 생산적이라고 우겨대는가? 베블렌에 의하면 그 이유는 경제 이론이 발전하는 중에 봉건제에서 자본주의로의 이행기 동안 잠깐 존재했던 수공업(handicraft)이라는 제도에 지나치게 영향을 받았던 것에 있다. 기술자는 자신이 소유한 물질적 도구들로 스스로를 위하여 일을 하니까 자신이 만든 것들을 소유할 '자연적 권리'가 있다. 또 이는 그가 자신의 생산물을 재량대로 처분할 권리, 즉 일정한 소득을 대가로 판매할 권리가 있음도 의미한다.[3] 이리하여 금전적 수익도 수공업과 소규모 교역을 통해서 스스로의 생산에서 창출되는 소유권의 자연적인 연장인 것인 양 제도화되기에 이르렀

---

2) 이렇게 소유권의 초점이 이동했다는 초기 사회의 증거는 『구약성서』「민수기」에 나오는 노예제와 가족 토지의 구획을 둘러싼 논쟁에서 찾을 수 있다.

3) 17세기에 존 로크(John Locke)는 이렇게 말한다. "인간의 자연적 자유라는 것은 지상의 그 어떤 우월한 권력에 대해서도 자유로우며…… 오로지 자연법에 의해서만 통치된다는 것을 뜻한다." …… 여기서 "자연이 제대로 정해 놓은 바 재산이란 인간들이 노동한 정도 그리고 삶의 안락으로 측량된다."(1963, 22: 324; 36: 334)

던 것이다. 교환 행위가 '소유의 자연적 권리' 라는 모습을 띠게 되었으니, 소득을 벌어들인다는 것은 그 자체가 생산성에 무언가 기여했다는 증거처럼 여겨졌던 것이다.

하지만 이러한 통념은 그릇된 것이다. 첫째, 심지어 수공업 단계에서도 생산은 이미 사회적 과정이었다. 따라서 '개인주의' 의 신화와는 달리 최소한 어느 정도는 사적 소유라는 것도 권력의 역동에 좌우되지 않을 수 없었다.(길드가 독점을 행사했다는 것이 두드러진 예가 될 것이다.) 둘째, 더욱 중요한 사실은 수공업이라는 제도가 금세 사라졌다는 것이다. 베블렌이 지적하는 대로 산업 혁명의 시작으로 야기된 기술적 변화는, 이제부터 생산이 대규모로 수행되어야 한다는 것, 그리고 이는 다시 점차 소유와 생산의 분리 방향으로 나아가게 된다는 것을 의미하는 것이었다.

자본주의의 초기 단계에서 생산과 영리 활동은 아직 부분적으로 뒤섞여 있었다.[4] 사실 19세기 후반에 가서도 코르넬리우스 반더빌트나 앤드류 카네기 등과 같은 '산업의 거물들' (captains of industry)은 명민한 사업가인 동시에 장인(匠人) 기술자로도 행세하여 생산적 요소로서 취급되었던 것이다. 하지만 이는 그리 오래가지 않았고 영리 활동의 영역이 점점 산업의 영역과 분리되었는데, 그 의미는 실로 심오한 것이었다. 자본주의라는 말은 이제 '자본재' 를 사적 소유 아래에 집적시킨다는 뜻을 넘어서 좀더 근본적으로는 부재 소유(absentee ownership)의 발흥과 함께 영리 활동과 산업의 분리가 확산된다는 것으로 그 의미의 무게 중심이 이동하였다.

부재 소유라는 제도가 생기면서 '자본' 이라는 것의 의미와 성격 자체가 변화되었다. 중세 유럽의 영주들도 점점 영지를 직접 관리하지 않게 되었

---

4) 예를 들어 까뮈(Camus 1958)의 『추방과 왕국』에 나오는 '침묵하는 사람들' 을 보라.

던 것과 마찬가지로, 근대의 자본가들도 '자금'의 투자가로, 즉 산업에 전혀 관계하지 않고 생산 현장에도 나타나지 않고 그저 화폐적 부만 소유하는 자로 변해 갔던 것이다. 이들의 투자란 이제 영리상의 거래로 미래의 화폐 소득 흐름에 대한 청구권을 얻는 활동으로 변해 갔고, 축적이란 더 이상 물질적인 생산 수단이 아닌 금융적인 가치를 불리는 것이 되었다. 부재 소유라는 제도 아래에서 자본은 이제 그 모든 물질적인 성격을 벗어 던져버리고 화폐 가치라는 보편적인 외양만을 취하게 되었다.[5]

대부분의 경제학자들이 오늘날까지도 기계, 건물, 반제품 등처럼 물질적 모습으로 응결된 것이 자본이라고 생각하고 있지만, 이미 오래 전부터 사업가들에게는 전혀 다른 것을 의미하게 되었다. 현대의 투자가들의 눈에는 자본이란 수익 창출 능력의 자본화(capitalized earning capacity)를 의미한다. 이는 공장, 광산, 비행기, 대리점, 컴퓨터 하드웨어 등으로 구성되는 것이 아니라, 그것들에 소유권을 행사함으로써 벌어들일 것으로 예상되는 이윤의 현재 가치인 것이다.[6]

---

5) 물론 마르크스도 자본이 '금융적인' 외양을 띤다는 점을 인식하고 있었다. 하지만 이 점이 불변 자본에 대한 그의 가치 분석과 모순을 보이자 그 금융적인 외양을 '의제(擬制) 자본'(fictitious capital)으로 규정해 버리는 쉬운 탈출구를 선택하였다.(Perlman 1990을 보라) 하지만 20세기에 들어와서 힐퍼딩(Hilferding)이나 부하린(Bukharin) 등의 마르크스주의자들은 문제가 더 이상 그렇게 단순하지 않다는 것, 그리고 '금융 자본주의'의 출현으로 인해 노동 가치에 기반한 자본의 개념이 무너지고 있다는 것을 깨닫게 되었다. 그렇지만 그들도 또 후일의 바란(Baran), 스위지(Sweezy), 맥도프(Magdoff) 등의 독점자본학파 이론가들도 대안적 이론을 체계적으로 제시할 수는 없었다.
6) 자본이 얼마나 '자본재'와 동떨어진 것이 되었는가를 극명하게 보여주는 우스운 일화들이 있다. 1928년 여름 세계 최대의 석유 회사들은 저 비밀의 '붉은 선 협정'(Red Line Agreement)을 체결하여 중동 지방에서 자기들 각각의 구역을 나누어가졌다. 이 협정의 '설계자'였던 칼루스트 굴벤키안(Calouste Gulbenkian. '미스터 5퍼센트'라는 이름으로 더 잘 알려져 있다)은 일이 성사된 것을 축하하려고 배를 전세 내 딸 리타와 함께 지중해 유람에 나섰다. 예르긴(Yergin 1991: 206)에 따르면, "배가 모로코 해안에 이르렀을 때 그가 전혀 본 적이 없는 모습의 배가 눈에 띄었다. 딸 리타에게 '저게 무슨 배냐?' 하고 물었다. '유조선인데요.' 리타가 답했다. 59살이나 먹은 그는 세기적인 최대의 석유 산업 거래를 방금 성사시킨 석유의 탈레랑(Talleyrand)이다. 그런데도 유조선을 한 번도 본 적이 없었던 것이다."

물론 신고전파 경제학자들이 자본이 미래 수익의 현재 가치라는 주장에 결코 시비를 걸지는 않는다. 왜냐하면 그 미래 수익의 현재 가치라는 것도 장기적으로 따지고 보면 수요 공급의 작동을 통해 그 자본을 생산하는 비용과 똑같게 될 것으로 보기 때문이다.(완전 경쟁 시장, 행위자들의 정확한 미래 예측 등 모든 신고전파 이론의 전제들이 충족된다면.) 하지만 캠브릿지 논쟁보다 오래 전에 베블렌(1908a)이 말한 바 있지만, 문제가 그렇게 간단하지 않다. 만약 자본과 자본재가 정말로 동일한 '물건'이라 해보자. 그렇다면 자본의 '떡 버티고 있는 실체'라 할 자본재는 원래 있던 자리에서 옴쭉도 하지 않았는데 자본이 이 산업에서 저 산업으로 이동하는 일이 벌어지는 것은 어찌 된 일인가? 비슷한 질문으로, 자본의 물질적 생산성의 기초인 자본재는 변하지 않았는데도 단지 경기가 불황으로 치닫는다고 해서 자본의 가치가 잠식당하는 것은 어째서인가? 또 기술 진보가 벌어지면 퇴물이 된 자본의 화폐 가치는 잠식당하고 마는데, 그런데도 자본의 명목 가치가 생산성을 나타낸다고 하는 것이 말이 되는가?

베블렌에게 있어서 해답은 아주 명쾌한 것이었다. 한마디로 자본은 그렇게 화폐 가치와 실물 생산성이라는 두 개의 측면을 가진 실체 같은 것이 아니다. 자본은 화폐적인 크기이며 오로지 화폐적인 크기일 뿐이다. 자본의 가치는 화폐적 수익의 크기에 좌우되는데, 그 화폐적 수익의 크기는 끝까지 추적해 보아도 그 자본재의 생산성 기여에 달려 있는 것이 아니며, 심지어 그 회사 산업 장비 전체의 생산성에도 의존하지 않는다. 그 화폐적 수익의 크기를 결정하는 것은, 그 기업이 (산업 활동의 단위가 아닌) 영리적 모험 조직으로서 공동체 전체의 기술적 효율성의 몫을 전유하는 제도적 권력을 어느만큼이나 발휘하느냐이다. 생산하는 능력을 자본화하는 것이 아니라 전유할 수 있는 권력을 자본화하는 것이다.

이윤과 권력의 관계가 그토록 끊임없이 논쟁이 되었던 것은, 역사적으로 재산권이 확립되면서 공공연한 물리적 폭력과 강제가 사라지고 그 대신 권위와 통제라는 권력 수단이 쓰이게 된 것에 어느 정도 이유가 있다. 이윤이 정당한 자연적 현상인 것처럼 자리를 잡게 되면서 권력은 최소한 그 권력에 종속된 이들에게는 '구조'로서 고체화되었던 것이다. 물론 강제와 폭력은 여전히 잠재적 위협 수단으로 남아 있었지만, 그래도 산업이 영리 활동에 확실하게 종속되면서 수익을 벌어들이는 권력도 사회에 확고하게 되었다. 부재 소유자들이 산업을 조종하는 원칙이란 공동체에 대한 물질적 기여 따위가 아니라 자신이 남들에 비해 얻는 차등적인 이익을 극대화한다는 것인데, 그러려면 보통 그 생산 활동을 전략적으로 제한하는 것이 필수적이다. 영리적 기업의 일상적 활동에서는 이러한 생산 활동의 전략적 제한—베블렌이 이를 가리켜 즐겨 쓰는 말은 '깽판 놓기'(sabotage)이다—이 눈에 띄게 되며, 자본주의적 권력이 현실에 나타나는 중심적 형태가 바로 이것이다.

그런데 '깽판 놓기'라니, 이상하지 않은가? 영리 기업이 이윤을 얻으려면 산업 생산성을 향상시켜야 하는 것 아닌가? 대답은 일정한 정도까지 그리고 특정한 조건하에서만 그러하다는 것이다. 수익은 분명히 산출에 좌우되지만, 선형적인 방식으로 연관되어 있는 게 아니다. 그렇기 때문에 수익과 산출간의 비(非)선형적인 연관 관계를 표현하려면 베블렌처럼 전략적 제한이라는 관념을 사용하지 않을 수 없다.

물론 전체적 사회 질서의 관점에서 보면 영리 기업은 그 이전의 어떤 사회 조직 양식보다 훨씬 더 생산적인 조직이다. 하지만 베블렌의 견해로는 그 엄청난 생산 활동은 본질적으로 산업에 속한 것이지 영리 활동이라는 현상에 속하는 것은 아니다. 영리적 기업이라는 것은 오로지 대규모 산업과의 관련 속에서만 가능한 것이며 그 반대는 아니다. 현실의 영리 활동—교환 및 그것을 둘러싼 각종 제도들—은 물론 산업과 연관되어 있지만, 오로지 조종 통제라는 방식으로만 연관되지 생산성·창조성과 같은 면에서 관련되는 것이 결코 아니다. 이렇게 선험적인 생각으로 따져보아도 벌써 영리 활동이 산업을 '부양시킬' 수 없다는 것이 분명하다. 심지어 우월한 기술을 가진 회사들조차 산업의 창조성을 증진시키지 못한다. 단지 창조성을 제한하는 이런저런 제약 조건 중 일부를 완화시키는 것에 불과하다.

물론 모든 영리 기업들은 새로운 기술과 제품을 도입하려 하지만, 그를 통해 충분한 차등적 우위를 얻게 될 경우에만 그렇게 하려 한다. 예를 들어 쏘니와 인텔의 기술 개발 부서는 실제로 활용되어 이윤을 낸 것 말고도 더 많은 그리고 더 우월한 기술 혁신을 이룬 바 있다. 일례로 1990년대 초기의 디지털 오디오 테이프(DAT)는 생산이 연기(그 기술이 낡은 것이 될 때까지)되고 말았는데, 그 이유는 몇몇 대기업이 그 기술이 녹음 산업 전체의 이윤에 끼칠 영향 평가에 합의를 보지 못했기 때문이다. 마찬가지의 논리로 새로운 인텔 마이크로프로세서의 개발과 그것이 실제로 도입되는 것 사이에는 상당한 시간차가 있는데, 그것은 현재의 모델이 어느만큼 잘 팔리고 있는가와 경쟁자들의 위협이 어느 정도인가 사이에서 균형을 취한다는 논리로 결정된다. 나아가 새로운 기술과 제품으로 현재의 이윤과 축적이 무슨 영향을 받는가를 고려하다가 아예 그 개발 과정 자체가 존폐의 위기에 처하는 일도 종종 있다. 예를 들어 석유 회사는 새로운 착암 기술에는 관심이 있겠지만 대체 에너지 개발에는 반대하는 것이며, 자동차 회사는 자동차 생산 로봇의 개발에는 호의적이겠지만 효율적인 대중 교통을 촉진시킬 혁신에는 반대하는 것이다.(20세기 초에 이들은 미국의 45개 도시에서 100개의 전차 시스템을 매입하여 폐기시켜 버렸다. Barnet 1980, Ch. 2를 보라.)

반면 1990년대 인터넷 붐의 경우처럼 아무 제약 없이 기술 혁신이 이루어지면 그 기술을 개발한 회사들 자체가 무더기로 줄줄이 도산해 버리는 일도 종종 벌어진다. 이러한 실례들이 공통으로 주는 교훈이란 아주 단순명료하다. 영리 기업은 '최신 산업 기술'을 통해 이익을 볼 수 있고 또 실제로 보고 있다. 하지만 그것은 오로지 그 기술을 그 기업 자체의 목적에 맞게 제한시킬 때에만 가능하다.

어째서 영리 활동은 그렇게 반드시 산업을 제한해야만 하는 것일까? 간단한 설명은, 그렇지 않으면 이윤이 완전히 소멸하기 때문이라는 것이다. 자동차 영업의 경우로 돌아가 보자. 자동차 회사들이 만약 '거래량이 흡수할 만큼' 생산하는 게 아니라, 생산 가능한 최대한의 양을 생산하기로 한다면 아마 산출량은 금세 두 배로 불어날 것이다. 그리고 이러한 잠재적 생산량의 존재는 자동차 산업에만 있는 것이 아니다. 거의 모든 현대의 산업은 그 최대의 기술적 능력(영업상의 최대 생산 능력과 혼동하지 말 것[7])에 훨씬 못 미치는 수준에서 가동되고 있다.—몇 개의 예만 들어도 석유, 전자, 의류, 기계 장비, 장거리 통신, 건설, 식료품 가공 및 포장 등의 산업이 그러하

---

7) 이 차이는 아주 근본적인 것이다. 통상적으로 생산 능력 측정을 할 때는 보통 기존의 사회적 조건에서 기업 활동과 생산이 이윤을 얻기에 적당한 정도를 기준으로 삼고, 그렇게 보았을 때 정상적인 상태의 가동률은 보통 70~90퍼센트라고 평가된다.(이러한 사업 영리상의 공장 가동률은 기술적 한계에 의해 규정되는 것이 아니기 때문에 그 '100퍼센트의 가동률'이란 어떤 상태인가를 규정하는 문제가 남게 된다. 보통 두어 가지 방법이 있다. 첫째는, 주요 기업의 경영자들에게 "어느 정도의 공장 가동률을 그러한 사업상의 100퍼센트 가동률이라고 생각하는가?"라고 설문 조사를 벌이는 법이다. 둘째는, 역사적 기록을 보아 공장 가동률이 절정에 달한 점들을 이어 외삽하는 방법이다.—옮긴이) 반면 물질적·기술적인 한계에 근거하여 계산하는 대안적 방식으로 측정하게 되면 보통의 정상적 가동률은 훨씬 더 낮은 숫자가 될 것이다. 한 예로 베블렌은 정상적 공장 가동률이 물질적·기술적 한계를 기준으로 하여 평가하면 보통 25퍼센트에도 못 미칠 것이라고 보았는데(1972: 474), 이 수치는 훗날 블레어(Blair 1972: 474)나 포스터(Foster 1986: Ch. 5)가 평가한 것과 크게 다르지 않다. 흥미로운 사실은, 가장 파괴적 형태의 기업 활동에 종사하고 있는 미국의 군수 산업체들은 그 가동률이 간혹 10퍼센트밖에 안 되는데도 그 수익률이 평균을 훨씬 넘는다는 점인데, 우리의 관점에서 보자면 이는 당연한 일이다.(U.S. Congress 1991: 38).

다. 그런데 만약 모든 산업의 기업들이 자동차 산업의 그러한 무모한 행동을 본받아 기술적 최대치를 생산해 댄다면, 엄청난 양의 물품이 시장으로 쏟아져나올 것이고, 기업들간의 암묵적인 협정이나 공공연한 협력 등은 그 압력에 모두 다 무너져 대규모 가격 인하 전쟁의 악순환이 생겨날 것이며, 조만간 1930년대와 같은 대공황이 벌어져 정치적 붕괴의 위협으로 이어지고 말 것이다. 비슷한 용어들로 이와 같은 상황을 가정하면서, 베블렌은 (1923: 373) "그렇게 완전히 자유롭게 생산을 굴리는 일은 벌어진 적도 없고 또 기업들이 그런 것을 추구한 적도 없다"라는 사실은 아주 당연한 것이며, "그런 일이 만에 하나라도 용납되는 것은 사업 계획의 관점에서 전혀 바람직하지 않다"라고 결론 짓고 있다.[8] 생산 없이는 이윤이 있을 수 없다. 하지만 생산을 "자유롭게 풀어놓아서는" 이윤이 있을 수 없다는 것도 마찬가지이다. 이윤이 존재하려면 영리 기업 활동은 인간의 창조성이 최대로 발휘되어 기본적 생계 물자의 생산이 그 잠재적 최대한까지 도달하는 사태가 벌어지지 않도록 신중하게 제한해야만 한다.

그렇다면 개념상 이윤(이자 포함)이라는 소득의 몫은 생산의 비선형 함수라고 생각할 수 있을 것이다. 이는 그림 5.1에 표현되어 있다. 가로축은 산업 시설의 가동률을 표현하며 세로축에는 자본이 가져가는 소득의 몫이 나타나 있다. 어떤 지점까지는 이 두 가지가 함께 증가한다. 그러다가 그

---

8) 그러한 '완전히 자유로운 생산'이 실제로 벌어지면 어떻게 될 것인가? 최근의 일본 경우를 보면 그 대답을 엿볼 수 있다. 『파이낸셜 타임스』(*Financial Times*)에 의하면 "많은 일본 기업들이 처해 있는 근본 문제는 오랫동안 자본을 잘못 배분해 왔다는 것이다. 이들은 생산성을 끌어올리는 데에만 골몰하는 바람에 자본이 최대한 효율적으로 사용해야 할 희소한 자원이라는 점을 망각했던 것이다. …… 일본식 생산 라인은 종종 자동화의 효율성의 모델처럼 떠받들어진다. 하지만 그 생산 라인에서 나오는 제품들이라는 게 애초에 생산되어야 할 제품이었는가(즉 시장이 포화 상태여서 만들어봐야 큰 이윤을 남길 수 없는 상태가 아닌가—옮긴이)라는 질문을 던지는 사람은 별로 없는 것 같다. 자본 비용 이상의 수익을 전혀 낼 수 없는 계획에다가 현금을 들어다 부은 회사가 한둘이 아닌 것이다."(June 2, 1999)

지점을 지나면 음(−)의 관계로 바뀐다. 양쪽 극단을 생각해 보면 그 이유를 쉽게 알 수 있다. 만약 산업이 완전히 멈추게 되면 이윤은 사라질 것이다.(그림 5.1의 왼쪽 끝 점) 하지만 산업이 모든 곳에서 항상 사회적·기술적 용량의 최대한으로 작동해도 마찬가지로 이윤이 사라질 것이다.(그림의 오른쪽 끝 점) 이 두 번째의 경우에서는 산업의 논리 자체가 영리적 고려에서 나온 의사 결정을 압도해 버리게 되며, 소유자가 허락하고 말고에 신경 쓰지 않고 생산이 돌아가게 되니까 결국 소유자들은 이윤이라는 공물을 뽑아 낼 수 없게 되고 만다.

자본주의 사회에서 '정상적인 영리 활동'이란, 부재 소유자가 산업 활동

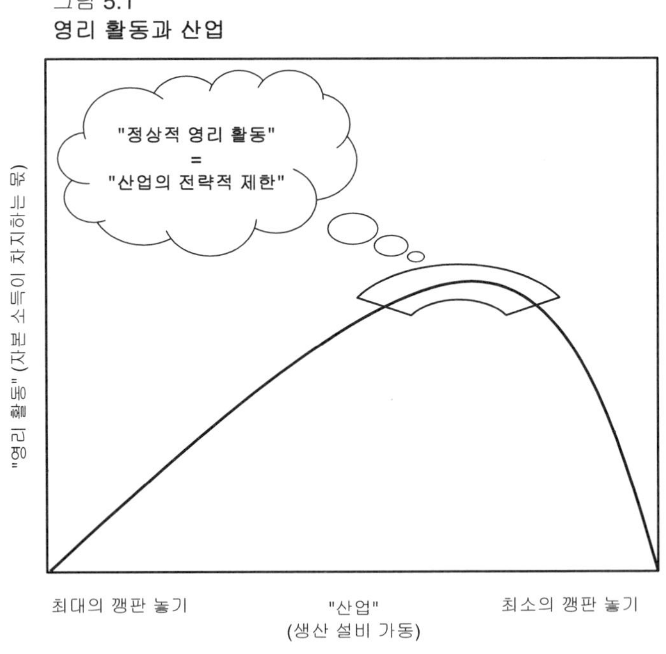

을 더 많이 혹은 더 적게 제한함에 따라 그 두 개의 가설적 극단의 사이를 오간다는 것을 뜻한다. 이러한 산업 활동에 대한 부재 소유자의 제한이 바로 베블렌이 '깽판 놓기'라고 불렀던 것이다. 영리 활동에 의한 깽판 놓기가 지나쳐 산출이 영(零)에 가까워지면 경기 후퇴와 이윤율의 저하가 벌어진다. 반대로 깽판 놓기가 너무 느슨해지면 산업이 사회적인 잠재적 최대한을 향해 확장되지만, 이렇게 통제력을 잃게 되면 '풍족'과 이윤율 저하가 나타난다는 말이니까 영리 활동의 입장에서는 좋은 게 아니다. 자본 소유자들에게 이상적인 상태는 그림 5.1에서 곡선의 표시된 부분과 같이 산업이 작동되도록 허락하는 대신 높은 이윤을 거둘 수 있는 중간 어딘가의 지점이다. 물론 이 점이 최대한의 산업 작동의 지점보다 밑도는 선에 있을 수밖에 없다는 것을 잊어서는 안 된다. 이러한 '최적'의 지점에서는 "너무 뜨거우면 밥이 타고, 너무 미지근하면 죽이 된다"는 식의 원칙, 즉 베블렌이 냉소적으로 이름 붙인 '효율성의 신중한 철회'(conscentious withdrawal of efficiency)가 요구되는 것이다.

이렇게 이론적으로 설정된 산업과 영리 활동의 관계는 그림 5.2에서 보듯 미국의 최근 역사를 보면 놀랄 만큼 현실과 일치한다는 것을 알 수 있다. 이 그림에서는 '영리 활동'과 '산업'이 대비되고 있는데, 전자는 자본 소득의 비율을 척도로 하여 세로축에 나타나 있고, 후자는 실업률을 척도로 하여 가로축에(역순으로) 나타나 있다. 이 데이터에서 명백하게 드러나는 것은, 1940년대 초까지의 산업에 대한 '과도한' 깽판 놓기나 제2차 세계대전중의 '불충분한' 깽판 놓기 양자 모두가 영리 활동에는 부정적인 영향을 주었다는 것이다. 전쟁이 끝난 뒤에야 '정상적인 영리 활동'이 회복되고 산업에 가해지는 제한이 늘어나서 자본가들이 곡선의 왼쪽 위로 움직여 그들의 '최적' 소득의 비율에 접근하는 것이다.

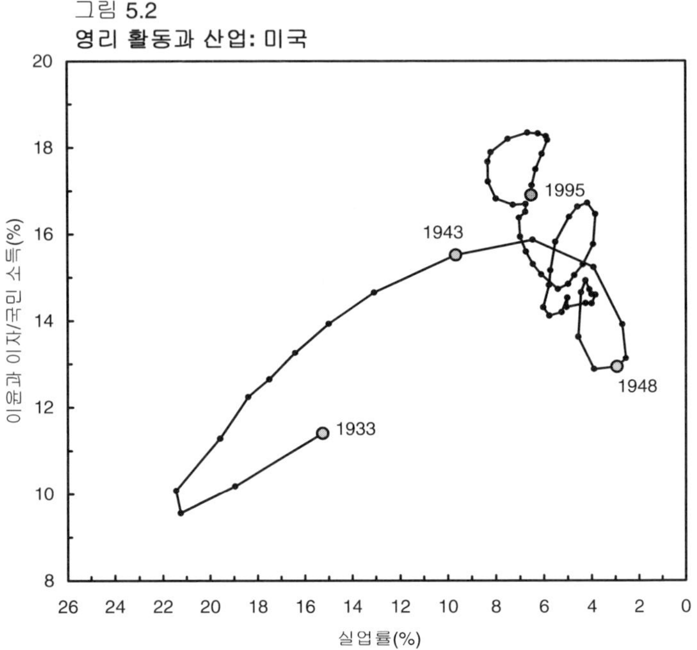

두 계열 모두 5년 이동 평균으로 그려졌다.
출처: The US Department of Commerce.

산업에 대한 제한과 정상적인 수익률

베블렌의 논지를 발전시켜 보면 우리는 산업에 가해지는 제한을 두 가지 유형으로 구별할 수 있다. ① 모든 기업이 일상적으로 또 함께 발맞추어 행하는 '정상적 영리 활동'의 행태. 이는 보편적인 성격을 갖는다. ② 오직 하나의 기업 혹은 한 기업 집단만이 행하는 행태. 이는 차등화적인 성격을 갖는다.

이러한 내막을 전혀 모르는 초보자가 영리 활동의 영역을 본다면 산업 제한이 경제 전체에 걸쳐 행해진다는 게 사실 눈에 보이지 않을 것이다. 오히려 영리 활동에 뛰어든 기업들은 매출을 늘리려고 사정없이 몰아붙이는 등 그 반대로 움직이고 있는 것처럼 보일 것이다. 하지만 여기서 무언가 눈에 띄지 않고 넘어가는 사실이 있다. 대부분의 기업에서 오늘날 표준적인 관행처럼 되어 있는 것은 먼저 가격을 설정하고 나서 수요를 충족시킬 수 있는 만큼 판매한다는 것이다. 여기에 은폐되고 있는 점이 있다. 신고전파 이론처럼 가격이 시장에서 수요와 공급의 상호 작용으로 결정되는 것이 아니라 미리 설정해 놓은 목표 이윤에 대한 고려에서 나오고 있다는 점이며, 이는 다시 산출이 잠재적인 최대 생산량 이하일 수밖에 없다는 점을 의미한다. 따라서 깡판 놓기는, 미리 결정된 목표 이윤이 달성되는 가격에서 "시장이 흡수할 수 있는 만큼만 풀어놓는다"라는 원칙을 통해 이미 영리 기업의 정상적 활동에 간접적으로나마 포함되어 있는 것이다.

이윤과 가격 책정 사이의 이러한 관계는 곧바로 권력이라는 문제로 연결된다. 이윤이 남는 가격을 정할 기업의 능력이 생산을 결정한다는 말은 곧 그 기업들이 애초부터 일정한 독점적 권력을 가지고 있음을 뜻한다. 실제로 베블렌은 아마도 다음과 같은 점을 지적한 최초의 사람일 것이다. 즉 현대 영리 활동에서의 경쟁은 공공연한 기업 담합이 없다고 해도 보통 '불완전' 경쟁 상태이며, 따라서 독점이나 과점은 예외가 아닌 지배적 상황이라는 것이다. 나아가 완전 경쟁이 작동한다고 이야기되는 예외적인 경우들에서도 '무력화시키는 권력'은 결코 사라지지 않는다.

신고전파의 '완전 경쟁적' 기업을 가정하되, 그 기업이 무엇을 하는가가 아니라 무엇을 하지 않으려 드는가를 생각해 보자. 이해를 돕기 위해 광산업을 생각해 보자. 여기서 가격을 결정하는 것은 세계 시장의 수요와 공급이다. 최소한 이 경우라면 시장의 지배력이 가격을 결정하니까 여기에는 깽판 놓기가 없다고 주장할 수 있지 않을까? 그렇지 않다는 것이 정답이다. 광산업의 산출량도 다른 산업의 산출량이나 마찬가지로 영리 활동에 의해 통제된다. 따라서 조업중인 기업의 숫자와 개별 기업의 실제 생산량은 산업 기술의 발전 상태에 의해서가 아니라 '괜찮은' 이윤으로 팔릴 물건이 어떤 것인가를 고려하여 결정되는 것이다. 사실 이것이야말로 표준적인 신고전파 이론이 완전 경쟁 기업 소유자에게 장려하는 바이다. 장기적인 관점에서라면 최소한 '정상적' 수익률이 보장된다고 보일 때에만 생산 활동을 하라. 그게 아니면 회사 문을 닫아버려라.

정상적 수익률을 자본의 한계 생산물 가치와 동일한 것으로 보는 신고전파의 입장에서는 그렇게 회사 문을 닫는다는 것도 효율적인 자원 배분이 이루어지고 있음을 확인시켜 주는 것에 불과하다. 하지만 수익과 생산을 분리시켜 생각하는 베블렌적인 관점에서 보면, 일정한 통상적 수익률 아래로는 생산을 않겠다는 심보야말로 산업에 대한 깽판 놓기의 현실적인 표현 형태에 다름 아닌 것이다. 따라서 완전 경쟁에 놓여 있는 기업들은 가격을 마음대로 결정할 힘이 없다고 해도 여전히 그들의 생산 활동—개별적으로 또 총계적으로—은 '정상적인' 수익률이라는 지상 명령으로 제한되고 있는 것이다.

물론 이 정상적인 수익률이라는 것의 크기는 일률적으로 정할 수 없다. 이는 기업 소유주들의 생각에 따라 다르고 또 시대에 따라 다르게 변하는 일종의 관습이기 때문이다. 하지만 이런 것이 애초에 존재한다는 것 자체가 중요한 사실이다. 자본주의의 여러 제도들이 사회에 점점 깊게 파고들어 가게 되면서 사업가들은 이윤의 흐름이라는 것은 그 속도가 어느 정도 정해져 있는 자연적 질서와 같은 현상이라고 믿게끔 되는 것이다. 베블렌에 따르면 이런 생각이 발전하는 것은 결코 사소한 일이 아니다. 몇백 년 전까지만 해도 이윤은 소유권이라는 것에 따라오는 기본적 기능이기는커녕 그저 우연의 결과로만 여겨졌었다. 따라서 그 당시까지 소유의 주된 목적은 재산을 유지하는 것이었으며, 토지이건 노예이건 황금이건 그 소유주들이 그들의 자산이 '저절로 불어날' 것을 기대하는 경우란 거의 없었다. 그런데 자본주의하에서는 영리 활동에 의한 산업의 제한이 점점 보편적인 현상이 됨에 따라 그 결과 이윤이 '자연적 현상'으로 또 그것이 팽창하는 비율이 '정상적'인 것으로 보이기 시작했던 것이다. 그리하여 마침내 기업들이 서로 구속적인 협정을 공공연하게 맺지 않는 상태에서마저 모든 산업이 전략적 제한을 당하는 일이 지배적 현실이 된 것이다.

사람들이 이윤이 정상적 현상이라는 생각을 그렇게 전적으로 받아들인 이상, 영리 활동이 산업에 제약을 가한다는 사실—이것이야말로 이윤의 진정한 원천임에도 불구하고—은 이제 사람들에게 은폐되어 버린다. 한 예로 미국에서 처음으로 총계 수준의 경제 통계 데이터를 얻을 수 있게 된 1890년대 이후 미국의 실업률은 평균 7퍼센트(1930년대를 빼면 5.7퍼센트)였다. 그런데 이 평균적인 실업률이라는 게 '정상적인 영리 활동'과 연관되어 있는 것이다 보니 경제학자들이 이제 그것을 '자연적 실업률'이라고 인정하게 되기에 이르렀다. 그런데 현대의 경제학 교과서 저자들은 조지 오웰도 아닌 주제에 '완전 고용 실업률', '실업 균형', '과도 고용' 따위의 말들을 따옴표도 치지 않고 마구 쓰고 있다.(예를 들어 Branson 1989: 188; Parkin and Bade 1986: 282~283)(조지 오웰의 소설 『1984년』을 염두에 두고 있다. 일반적으로, 형용모순이 되는 어구를 일부러 써서 아이러니를 노리는 어법을 '오웰식 비꼬기'(Orwellian twist)라고 한다.—옮긴이)

이 '정상적 수익률'이라는 것은 도대체 어디서 나오는 것인가? 실로 역설적인 일이지만 이윤의 보편성과 그것이 정기적으로 팽창하는 것은, 타인들을 앞서기 위한 깽판 놓기라는 특수한 제도들에 기반하고 있다. 실로 정상적 수익률은 오로지 사업가들이 거기에 전혀 만족하지 못하기 때문에 존재할 수 있는 것이다. 현실의 사업가들은 정상적 환경에서 얻을 수 있는 것을 얻으려고 움직이는 게 아니다. 영리 기업 활동의 가장 근원적인 원동력은 '평균을 능가' 하려는 욕망이지 그냥 중간쯤 가자는 게 아니다. 기업의 사업 실적은 절대적이 아닌 상대적 기준으로 표현되는바, '경쟁에서 앞서는 것' 이야말로 모든 영리 기업의 궁극적인 목적을 이루는 것이다. 남들에 비해서 더 많이 벌고 더 크게 성장하고 더 빨리 팽창하려는 강력한 욕구가 아마도 영리 활동에서 가장 근원적인 것이리라. 그런 점에서 세상에서 가장 탄탄한 과점 동맹이 있다고 해도 그 개별 기업들은 여전히 야수적인 경쟁성을 유지하고 있는 것이다. 자본 축적이 갖는, 이러한 차등화시키려는 본질이야말로 우리의 자본 이론에 핵심을 이루는 것이다. 하지만 이는 조금 후에 보기로 하고, 잠시 초점을 옮겨 그렇게 차등화를 얻으려고 개별 기업들이 펼치는 산업의 제한이 어떻게 하여 사회 전체의 정상적 수익률의 기초를 이루게 되는지 그 과정을 살펴보도록 하자.

차등적인 수익을 얻는다는 것은 평균 이상의 이윤 성장을 의미한다. 그러기 위해서는 보통 그 자신의 이윤 성장을 촉진해야 하지만, 그것 자체도 평균적인 이윤 성장을 제한하지 않고는 거의 불가능하다. 이유는 간단하다. 이윤은 매출의 결과이며, 매출에서 이윤이 차지하는 몫이다. 개별 기업들은 자기들의 매출을 평균보다 빠른 속도로 증가시키려 애쓰겠지만 그것만으로는 차등적인 이윤 성장이 보장되지 않는다. 매출이 변하면 이윤율 자체가 변하기 때문이다. 만약 모든 기업이 매출을 늘리려 든다면 그 결과 전체적인 산업에 대한 영리 활동의 통제가 사라질 것이며, 전체적으로 이윤 몫의 소득도 줄어드는 결과가 나올 것이다. 따라서 이윤의 원천에 아무나 접근할 수 없도록 제한을 가하는 것이 반드시 필요하다는 결론이다.—이미 고대부터 잘 알려져 있는 것이지만 광범위하게 제도화된 것은 19세기 이후이다.—한 명의 소유주(혹은 하나의 소유자 동맹)가 평균을 능가하는 이윤을 올리려면, 그 수익 원천에 다른 이들은 근처에도 못 오게 막아야 하는 것이다.

이 목적을 달성하는 수단은 실로 무궁무진하다. 사업과 정치의 영역을 마구 넘나들며 개인적 차원에서 지구적 차원에 이르기까지 종횡무진으로 전개되는 활극이 펼쳐진다. 여기에는 약탈적인 가격 책정, 공식적·비공식적인 공모, 광고, 배타적 계약 체결 등의 직접적인 제한도 있고, 특허권, 저작권 법, 정부의 편파적 산업 정책, 차별적인 조세 감면, 합법적 독점체들, 노동 입법, 교역 및 투자 협정 혹은 장벽 등의 더 포괄적인 '정치적' 수단도 들어간다. 물론 폭력—군사력을 포함한—도 들어간다.

이것이 산업에 끼치는 부(−)의 영향은 간접적인 것이다. 누군가 운 좋은 소유자에게 차등적 이익이 돌아가게 되겠지만, 거기에 반드시 필요한 산업의 제한은 다른 소유자들을 희생시킴으로써 달성된다. 예를 들어 석유에 대한 세계 수요가 늘어날 때에 대규모 석유 회사들이 이익을 보는 원인은 최소한 어느 정도는 작은 '독립' 석유 회사들 대부분을 아예 산업 활동을 못하도록 경기장 밖으로 몰아내 버리는 덕이다.(Blair 1976) 반면 그렇게 경쟁 회사들을 배제해 버리는 장치가 확보되지 않은 경우, 예를 들어 마이크로칩이나 인터넷 서비스 등의 경우에는 생산량이 치솟다 못해 과도해져서 과잉 설비와 이윤 저하가 벌어지는 일이 종종 생긴다. 결국 일반적으로 말해서 산업에 영리 활동이 미치는 부(−)의 영향은 간접적이며 또 비선형적이다. 즉 이윤은 보통 기업의 생산 활동과 정(+)의 상관 관계를 갖지만, 어느 지점을 넘어서면 오로지 다른 기업들의 생산이 억제되는 조건 하에서만 그런 상관 관계가 유지될 수 있는 것이다.

요약하자면, 영리 활동에서 이윤이 생기는 것은 부재 소유자들이 자신들의 목적에 따라 산업에 전략적인 제한을 가하기 때문이다. 대략 평균적 생산 가동률에서 목표 이윤율을 정해 놓고 거기에 맞추어 가격을 책정하든가 혹은 '정상적인' 수익률을 거둘 수 있는지에 따라 산업 활동의 여부나 정도를 결정하든가 등의 방법을 통해 이러한 산업의 통제가 일상적으로 행해진다. 이러한 보편적인 영리 활동의 원리를 현실화시키는 데에는 실로 다양한 종류의 차등화 방법이 동원되는데, 개인 소유자 혹은 소유자 집단은 그를 통해 제도상의 변화를 가져와 소득의 재분배를 꾀한다. 대부분의(전부는 아니지만) 차등화 전술이 노리는 바는 현재의 또는 잠재적인 경쟁자들의 산업 활동에 제약을 가하는 것이다. 개별 자본가들의 이러한 행태가 전체적으로 합쳐지게 되면 산업 공동체 전체의 활동이 잠식당하는 효과가 나오며, 정상적 수익률은 여기에서 발생된다.

산업에 대한 차등적인 깽판 놓기와 보편적인 깽판 놓기 사이의 연관은 영리 기업 활동에 만연해 있는 두 종류의 갈등, 즉 부재 소유자들과 산업 공동체 사이의 갈등 그리고 부재 소유자들 내부의 갈등과 밀접하게 연관되어 있다. 이 두 가지 갈등은 계급 투쟁과 자본가 내부의 경쟁이라는 마르크스의 구별과 닮아 있지만 큰 차이점도 있다. 마르크스의 경우 계급 투쟁이 자본가들끼리의 관계에 개념적으로 우선하는 것이지만, 우리가 보기엔 그 두 가지는 동일한 과정의 두 측면일 뿐이다. 즉 노동에 대한 자본의 지배는 자본가들끼리 벌이는 내부의 서열 투쟁에 의존한다. 비(非)총계의 수준에서 보면 부재 소유자들간의 이윤의 분배는 대략적으로 그들 각각이 가지고 있는, 서로에게 영리상의 손해를 입힐 능력의 균형으로 결정된다. 총계의 수준에서 보자면, 이들 개별 소유자들간의 전쟁에서 생겨나는 산업 전체에 대한 깽판 놓기의 정도가 전체 이윤 몫의 크기를 결정한다.(선형적인 방식은 아니며, 이것 말고 여러 다른 요소들도 작용한다.) 다시 말해서 영리 활동에서 중심 목표가 되는 것은 이윤의 분배이며, 그렇게 분배할 이윤이 애초에 생겨나는 것은 다시 그 깽판 놓기라는 영리 활동의 방법에 기인하는 것이다.

자본과 주식회사

베블렌의 자본 이론이 별로 인기를 얻을 수 없었던 이유는, 자본을 산업과 관련된 양이라는 점에서는 확실하게 부정적인 것으로 만들어버렸기 때문이다. 신고전파에게도 마르크스주의에게도 이런 식의 결론은 아주 낯선 것이다. 조화와 균형 상태를 강조하는 신고전파의 입장에서 보면 자본이 긍정적인 사회적 가치를 갖는다는 것은 의심할 바가 아니다. 마르크스는 자본 축적을 착취와 연결시키면서 자본의 사회적인 기초가 적대적 관계에 있음을 강조하였다. 하지만 그것과 동시에 자본주의가 생산성을 발전시키는 점에서는 무서운 압력을 가한다는 것도 강조하였다. 그리고 그 압력은 독점이라는 올가미에서 나오는 것이 아니라 경쟁의 기율에서 나오는 압력이었다. 그리하여 자본가들은 자본주의의 사회적 적대에도 불구하고—혹은 그러한 사회적 적대가 이유가 되어—자본을 가장 생산적인 방식으로 사용하지 않을 수 없다는 것이었다.

심지어 캠브릿지 논쟁의 영국 쪽 논자들조차 자본의 산업적 기초에 대해서는 여전히 애매한 입장이었다. 조안 로빈슨(Joan Robinson)이 말한 바 있지만, 스라파는 이윤율은 국민 소득에 투자가 기여—인간 복지에의 기여는 물론이고—하는 바를 나타내는 척도가 결코 아니라는 사실을 폭로해 버림으로써 '침묵의 음모'를 분쇄한 바 있다. 이로 인해 축적과 성장이라는 어휘들이 가졌던 긍정적인 함의가 의문시되고 다시 분배의 문제에 주의가 환기되었던 것이다.(Robinson 1971: 20) 하지만 로빈슨이 자신의 신고전파 비판의 상당 부분을 베블렌이 이미 예견했었다는 것을 깨달은 뒤에도(Robinson 1967: 60; 1975: 115~116), 분배에서의 권력과 산업의 제한을 연관지었던 베블렌의 논지는 거의 연구된 적이 없었다. 사실 캠브릿지 논쟁을 통해서 제기된 것은 자본이 비생산적인 것일지도 모른다는 가능성 정도일 뿐이지만, 베블렌은 산업의 관점에서 보자면 자본은 반(反)생산적일 수밖에 없다고 주장한 것이다. '효율성의 의식적인 철회'라는 권리가 영리 활동에 주어지지 않는다면 이윤도 생기지 않을 것이며, 따라서 투자도 자본도 있을 수 없다고 그는 주장했던 것이다. "이러한 깽판 놓기라는 법적 권리가 주어지지 않는다면 소유권이란 하릴없는 폼 잡기 이상이 아니라는 점은 자명하다."(1923: 66) 요컨대 자본화는 생산된 것뿐이 아니라 생산되지 않은 것도 함께 결정하는 셈이다. 자본이라는 제도 그 본질 자체가 산업 진보에 대한 족쇄인 것이다.

이러한 입장이 경험적 추론이 아니라 이론적으로 연역된 것이라는 성격을 다시 한 번 지적해야겠다. 베블렌의 출발점 — '영리 활동'과 '산업'의 구별 — 이 뜻하는 바는, 산업 외부의 모든 분배 체제는 생산 활동에 제한을 가함으로써만 작동할 수 있다는 것이다. "생산성은 제한을 어떻게 가하느냐의 문제"라고, 즉 소유권의 직접적인 결과라고 생각했던 나이트(Knight 1921: 188~189)와는 반대로 베블렌은 '기술적 유산'의 뿌리는 오로지 '생산자 근성'에만 있는 것으로 보았다. 사회적 권력이나 지배 같은 제도들은 그러한 생산자 근성을 촉진하지 못하며, 그저 거기에 가하는 제한의 정도를 늘이거나 줄일 수 있을 뿐이다. 따라서 모든 분배 양식들 중에서 산업에 끼치는 해악을 가장 크게 줄이는 양식이 자본주의 체제의 영리 기업 제도라고 아무리 증명해 봐야, 자본이 여전히 '비생산적'인 것이라는 점은 변함이 없다. 영리 활동은 산업과 별개의 것이기 때문에 이윤은 오로지 전자가 후자를 제한하는 것에서만 생겨날 수 있는 것이다.

영리 활동의 산업에 대한 제한으로서의 자본이 출현하는 것과 밀접하게 연관된 것들이 있으니, 현대 주식회사의 발생 그리고 신용이 소유권의 수단으로 용도가 확장되어 온 것 등이 그것이다. 주식회사는 기술 발전으로 인하여 낡은 기업 양식을 탈피한 결과로 나타났다는 것이 통속적인 견해―이는 주류 경제 사상이 지지하는 것이기도 하다―이다. 주식회사란 가장 효율적인 영리 활동 조직의 양식으로서, 이것이 없다면 대규모 생산이 아무리 큰 힘을 가졌다 하더라도 사회가 거기에서 혜택을 볼 수 없을 것이라는 게 그 가르침이다. 사뮤엘슨·노드하우스·맥캘럼의 교과서(Samuelson, Nordhaus and McCallum 1988: 453)가 그 전형적인 예이다. "대규모 생산은 기술적인 효율성을 가지고 있으며, 대규모 주식회사는 줄일 수 없는 비즈니스 활동의 위험 부담을 투자가들이 공유할 수 있는 이로운 방법이다. 유한 책임과 주식회사라는 제도가 없다면 시장 경제는 한마디로 대규모 생산의 혜택을 볼 수가 없게 될 것이다. 효율적 크기의 주식회사가 많은 양의 자본을 끌어와야 하기 때문이다.……" 이러한 관점은, 영리 활동의 크기를 기술적인 '경쟁력'과 동일시함으로써 거대 기업들의 높은 채산성을 설명하는 식의 요사이의 비즈니스계 수사학에도 반영되어 있다.

하지만 베블렌의 관점에서 보면 이런 논리는 이치에 닿지를 않는다. 주식회사는 영리 활동의 제도이지 산업적 단위가 아니며, 따라서 그것이 발생하고 또 지금까지 죽 성공적으로 존재해 온 이유는 규모 및 범위의 경제

같은 논리와는 동떨어진 것일 수밖에 없다. 대규모 생산이 가능하다고 해도 오로지 이윤을 올리는 데에 도움이 될 때에만 탄탄한 영리 활동이 될 수 있는 것인데, 통념과는 달리 대규모 생산이 이윤 증대로 연결된다는 연관은 전혀 필연성이 없다. 이미 1890년대에 현대 주식회사의 크기는 그 산하의 가장 큰 산업 단위를 훨씬 더 앞지르기 시작했으니, 결국 규모의 경제라는 것은 더 이상 기업의 크기를 좌우하는 주된 결정 요인이 될 수 없음이 분명하다.(Edwards 1979: 217~218; 또 Scherer 1975: 334~336) 전형적인 현대의 기업은 종종 수천에 달하는 산업 시설을 소유하는 것이 보통이며, 그것들이 서로 산업 연관이 없는 경우도 허다하다. 게다가 주식회사는 그 크기가 끊임없이 성장하지만 그것이 소유한 산업 단위는 그렇지 않다. 산업 단위로서의 크기가 영리 활동의 성공에 필수적인 것이 아니라는 점을 잘 보여주는 예가 바로 '아웃소싱'(outsourcing)이다. 오늘날의 거대 기업들 중 많은 수가 산업 혁명 이전에나 있었던 '선대제'(putting out system)를 재도입하여 성공을 거두고 있으며, 그 결과 인건비 감소와 더불어 이윤이 올라가는 결과가 나왔던 것이다.

주식회사 제도의 발생이 대규모 산업의 출현과 연관되어 있는 것은 물론이지만, 그 인과 관계의 방향은 주류 경제학이 주장하는 것과는 정반대라는 것이 더 설득력이 있다. 주식회사가 출현한 것은 대규모 산업의 생산력 확장을 가능하게 하기 위해서가 아니라, '과도하게' 생산적이 되는 것을 방해하기 위해서였던 것이다.

이 점은 미국의 경우에서 그림 5.3에 나타나는 두 개의 주요한 과정에 잘 드러난다. 1790년대에서 남북전쟁까지의 기간에 인구 성장률은 평균 연간 3퍼센트였다. 서부의 '변방 개척지'의 정복이 끝남에 따라 남북전쟁에서 20세기 초까지의 기간에는 그 비율이 2.2퍼센트까지 떨어졌으며, 20

세기 초에서 대공황이 시작되는 때까지는 1.6퍼센트까지 더 떨어졌다. 19
세기 후반에 일어난 두 번째의 중요한 발전은 급속도의 생산성 증가이다.
제조업에서 노동자 1인당 산출량은 1860년대의 1.2퍼센트에서 20세기 초
에는 3퍼센트를 넘게 증가하였다.

　이렇게 반대되는 두 개의 경향이 결정적으로 충돌하는 때가 19세기의
마지막 10년간이다. 그 이전까지는 인구가 생산 능력보다 더 빠르게 팽창
하고 있었기 때문에 개별 기업들의 주된 관심사는 그로 인해 솟구치는 시
장의 수요를 어떻게 충족시킬 것인가였다. 따라서 가능한 극단까지 매출을

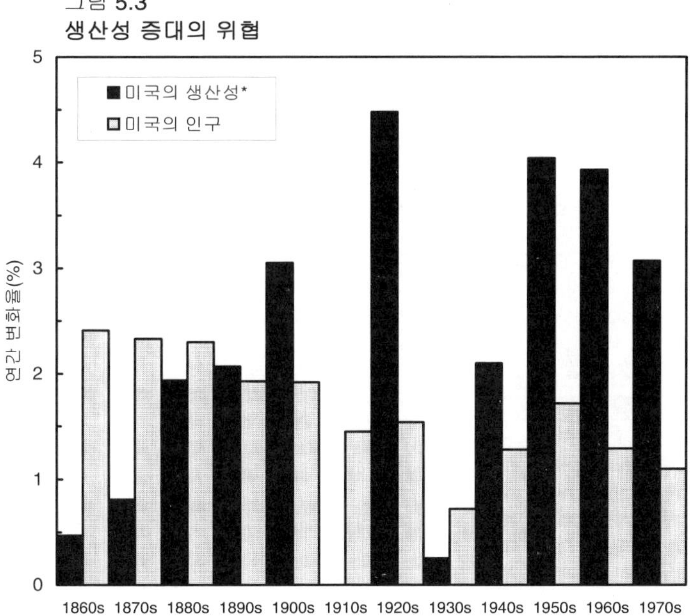

*제조업에서의 노동 생산성은 Frickey index 에 FRB index 를 연결하여
제조업의 생산 노동자의 숫자로 나누었다.
출처: U.S. Department of Commerce.

신장시킨다고 해도 원가 가산 이윤율(markup)이나 채산성이 위협받는 일은 벌어지지 않았다. 이것이 '자유 경쟁'의 황금 시대였다. 하지만 그 이후로 상황이 변하기 시작한다. 남북전쟁 이후 '최신 산업 기술'은 전대미문의 규모로 나타난 새로운 원자재의 도입, 생산 기법의 개발과 기술 혁신의 확산, 생산물의 다양화 등의 혜택을 보기 시작하였다. 그 궁극적 귀결은 생산 능력이 괄목할 만한 속도로 증가한 것이었다. 여기에 겹쳐 인구 증가율이 둔화되기 시작했으니 산업 체제가 곧 "터무니없을 만큼 지나치게 생산적"이 되어버리는 사태는 시간 문제였던 것이다. 만약 경쟁적인 생산이라는 이전의 패턴을 계속 유지한다면 산업은 팔릴 수 있는 것―이윤을 남길 가격으로―보다 훨씬 더 많은 양의 상품을 쏟아내게 될 것이고 영리 기업 활동은 멈춰버리고 말 것이다.

바로 이 시점에서 우리가 익히 아는 모습의 현대 주식회사가 탄생했던 것이다. 그 전까지는 비즈니스의 결합은 주로 '풀'(pools)이나 '트러스트'(trust)의 형태를 띠었다. 이런 것들의 일차적 목표는 이윤이 남는 가격에서 "시장이 흡수할 수 있는 만큼"으로 총 생산량을 제한하는 것이었다. 하지만 올슨(Olson 1965; 1982)이 설득력 있게 주장했던 것처럼 집단의 크기가 크면 협력은 종종 불가능해지는 법이어서, 이 초기의 독점체들에 참가하는 기업의 숫자가 너무 많았기 때문에 그 독점체들은 비교적 깨지기 쉬웠다.(Chandler 1977: 317~318; 또 Cochran and Miller 1961: 140~146) 따라서 기업의 숫자를 줄일 필요가 절실하였는데 그 가장 효과적인 방법이 합병이었다.

그런데 합병이란 구조의 변환이기도 하지만 금융적 거래이기도 하다. 거기에는 자본을 사고 파는 과정이 들어가는데, 이는 합병하는 기업들이 일정한 화폐적 가치를 가져야 한다는 것을 의미한다. 요컨대 자본 자체가 판매 가능한 것으로 되어야 했다. 일단 그러한 제도적 조치가 이루어진 뒤에 는 일사천리로 일이 진행되었다. 1890년대의 미국에서는 기업 합병이 광 범위하게 진행되었고, 주식과 채권 시장이 빠르게 성장하였으며, 신용은 이제 소유권의 한 형식으로서 그 용도가 확장되었다. 산업과 영리 활동이 마침내 완전히 분리되었던 것도 바로 이 시기였다. 기업은 주식회사로 전 환되었고, 투자가들은 부재 소유자들이 되었다. 이때 이후로 과도한 생산 능력을 어떻게 할 것이냐 하는 문제가 미국 자본주의에 거의 영구적인 특 징으로 남게 되었다. 그림 5.3이 보여주듯이, 생산성의 증가는 항상 인구 증가율을 앞지르고 있었던 것이다. 따라서 영리 활동을 위해서는 영구적으 로 산업에 제한을 가할 필요가 있다. 그리고 그것을 이루기 위해서는 점진 적인 주식회사의 집중 그리고 사회 전체의 권력 제도들을 무자비하게 재구 조화하는 것이 필요하였다.

물질적 부와 주식회사 금융

주식회사가 산업 활동을 제한하여 영리적 이익을 보장하는 수단으로 인 식되면서 자본 축적이란 이제 더 이상 기업의 실물 장비라는 관점으로는 이해할 수 없는 것이 되었다. 그 이유는 두 가지이다. 첫째, 축적은 미래 지 향적이다. 자본이란 금융적인 자산 선택이며, 그 의미는 기대되는 미래 수 익을 현재 가치로 할인한 것이다. 다시 말해서 축적은 이윤을 벌기 이전에 그리고 보통 실물 장비가 전혀 창출되지 않은 상태에서 벌어지는 것이다.[9]

---

9) 코르넬리우스 반더빌트나 제이 굴드 같은 '날강도 귀족들'(Robber Barrons)은, 유형 자산을 훨 씬 넘는 가치의 주식을 발행하는 식으로 자기들 회사의 가치에 '물타기'(watering) 또는 '흐리게 하기'(diluting)를 저질렀다고 종종 비난받았다. 하지만 매튜 조셉슨(Matthew Josephson)에 의하

둘째, 지금 우리의 논의에서 더욱 중요한 것으로, 생산 능력의 증대라는 것은 산업 활동의 영역에 속하는 것인데 이는 앞에서 보았듯이 영리 활동에는 좋을 수도 나쁠 수도 있다는 점이다.

자본 축적과 생산의 연관이라는 것이 '비틀린 관계'는 점은 기업 회계에서의 자기 자본(equity)과 부채(debt) 항목의 성격을 면밀히 관찰해 보면 더 분명해진다. 옛날의 '산업의 거물'(Captains of Industry)들에게 자본이란 자기 자본을 말하는 것이었고, 부채는 산업 운영에 필수적인 직접적 통제와는 무관한 것이었다. 그런데 현대의 '금융 자금의 거물들'(Captains of Liquidity)들에게는 더 이상 그 두 가지의 구별이 분명하지가 않다. 그들 자신이 부재 소유자인 이상, 자기 자본과 부채는 모두 대차대조표 대변의 자산에 대한 자기 증식하는 청구권이라는 점에서 아무런 차이가 없으며, 양쪽 다 각각의 위험/보상 분석 일람표 이외에는 그 어떤 구체성의 제약에서도 자유로운 보편적 자본인 것이다.

대차대조표 차변의 항목들이 대변의 특정 항목과 짝을 맞추어 대응되는 것은 아니지만, 그래도 보통 자기 자본은 대개 그 주식회사의 '비물질적 자산'을 자본화한 것이며, 부채는 주로 그 '물질적 자산'을 할인하는 것이라는 게 일반적인 생각이다. 통념상 두 가지 자산 모두는 그 생산성으로 인하여 가치를 갖게 된다는 것이다. 전자는 그 회사의 독특한 지식, 고객과의 연대, 또 그밖에 그 회사가 갖는다고 보는 산업적 우월성의 여러 측면들을 표현하는 것이며, 후자는 그 회사가 갖고 있는 무차별적인 공장과 장비를

면 그렇게 함으로써 그들은 사실상 "현대 주식회사의 전술에 혁신을 이루었다. 즉 실제의 자산에 대한 비율이 아닌 수익에 따라 자본화한다는 전술 말이다."(1934: 72)

표현한다는 것이다.

먼저 '비물질적 자산'이라는 것을 고찰해 보자. 통념과는 달리 이것과 그 회사 소유의 산업 장비의 생산성과의 관계는 주변적인 방식 이상이 아니며, 아예 아무 관계도 없는 것이 보통이다. 기술 혁신의 예를 보자. 이것이 생산성에 기여한다는 것은 부인할 수 없다. 하지만 그 회사의 장부에서 자본화되는 것은 그 생산성 혁신 자체가 아니라 그것을 지켜주는 특허권이나 지적 소유권이다.(이러한 법적 방패가 없다면 바이엘(Bayer) 제약회사나 마이크로소프트의 이윤이 어떻게 될지 생각해 보라.) 지식에서 차등적인 이윤을 얻을 수 있는 것은 오로지 다른 이들이 그 지식을 쓰지 못하게 막을 수 있을 때뿐이다. 보편화되어 버린 지식은 그렇기 때문에 결코 '비물질적인 자산'으로 자본화시킬 수 없다. 더욱이 공동체 전체라는 더 넓은 관점에서 보면 그 회사가 지식에 기여하는 분량은 기껏해야 아주 주변적일 뿐이다. 무릇 발명이란 아무리 혁명적인 것이라 하더라도 인간의 사유가 발전해 온 장구한 과정의 맨 끝에 살짝 덧붙이는 한 발자국의 진보에 불과한 것인데, 그 장구한 과정 전체의 거의 대부분은 재산권이라는 장치로 보호받고 있지 않다. 예를 들어 실리콘 밸리에서 나온 가장 대단한 기술 혁신의 많은 것들, 이른바 '새로운 새것들'(new-new things)이라는 것들 대부분은 경천동지의 발명 따위와는 거리가 멀고, 별로 새로울 것도 없는 것들이다. 루이스(Lewis 2000: xvii)에 의하면 이런 것들은 거의 완전히 "상식적인 것이거나 기껏해야 상식에 알량한 한 걸음을 덧붙인 것"에 불과한데, 단지 "시장에서 심각하게 받아들여지도록 포장된" 생각들일 뿐이라는 것이다. 예를 들어 마이크로소프트의 소프트웨어는(그리고 이에 미루어 아이비엠, 오라클, SAP, 컴퓨터 어소시에잇츠[Computer Associates] 및 그 밖의 회사 제품들도) 다른 이들이 만들어놓은 비슷한 코드, 컴퓨터 언어, 컴퓨터 '칩', 반도체의 발견, 이진법, 수학적 함수들, 또 인간의 언어 자체 등등이 없었다면 개발될 수가 없는 것이다. 이런 지식들은 사회 전체가 만들어낸 것이며 무료로 개방되어 있다. 만약 마이크로소프트가 신고전파 식의 생산성 분배 이론을 글자 그대로 따른다면, 그래서 이러한 지식들을 빌어 쓸 때마다 로열티를 꼬박꼬박 지불한다고 가정하면 어떻게 될까? 그 즉시 파산이다. 하지만 현실에서 그 지식들은 공짜로 개방되어 있으니 결국 문제는 누가 그 모든 지식들을 한데 엮어 그 '새로운 새것'을 만들어내도록 그 '알량한 한 걸음'을 덧붙이느냐가 된다. 사실상 대부분의 경우 그 새로운 새것조차 발견할 필요가 없다. 그저 있는 지식을 '쓰기 좋게 만들기'만 해도 엄청난 자본 축적을 이루는 것이다.(Lewis 2000: 186) [10]

이러한 종류의 비물질적 자산들은 구체적이고 또 법적인 재가를 갖추고 있는 것이지만, 그렇지 못한 종류의 것으로 이야기를 돌리면 그 '비물질적 자산'이 생산성을 갖고 있다는 강변은 더욱더 설득력을 잃게 된다. 예를 들어 기업 합병이 벌어지면 그 합산된 자본화의 가치는 보통 더욱 커지게 마련이다. 하지만 합병이 생산적 역량의 증대에 끼치는 영향이라는 것은 기

---

10) 현대 미국을 그린 버드 슐버그(Budd Schulberg)의 고전 『무엇이 새미를 뛰게 만드나?』(*What Makes Sammy Run?*, 1941)에 나오는 것처럼, 기술 혁신의 사업적 성공에는 창조적인 두뇌 자체보다 냉혹한 권력이 더욱 중요하다. 한 예로 빌 게이츠의 MS-DOS 운영 체제는 QDOS라는 이름의 그 이전 체제와 놀랄 만큼 비슷하다. 이를 실제로 창안한 것은 팀 피터슨(Tim Peterson)인데, 빌 게이츠는 그에게서 미래의 모든 권리를 포기하는 대가로 단돈 5만 달러를 주고 그것을 샀던 것이다. 마찬가지로 윈도우 운영 체제라는 아이디어도 애플 사의 스티븐 잡스(Steven Jobs)에게서 얻은 것이라고 하는데, 이 경우엔 한푼도 내지 않았다고 한다. 물론 스티븐 잡스 자신도 그 아이디어를 컴퓨터 마우스의 아이디어와 함께 제록스 사(Xerox)의 연구자들로부터 "빌린 것"이라고 하며, 그런 주제에 빌 게이츠를 저지하겠다고 법정에까지 호소했지만 실패하고 말았다. 실리콘 밸리 기술 혁신의 전설적 존재였던 짐 클라크(Jim Clark)도, 봉투 뒷면에 끄적거리기에나 적합한 알량한 아이디어들—마르크 안드레센(Marc Andreessen)이 개발해 놓은 모자이크 브라우저를 넷스케이프의 기초로 쓰는 아이디어, 그리고 헬디온 사(Healtheon)가 미국의 의료 보험 산업을 통합하는 데에 인터넷을 사용하는 아이디어—로 그 전 재산을 벌어들인 셈이다.

껏해야 주변적인 것이며, 특히 새로운 결합으로 과잉 시설을 덜어내고 '부피 축소'(downsize)가 벌어질 경우엔 오히려 생산 역량에는 마이너스의 결과를 낳기 일쑤이다. 따라서 비록 공적인 담론에서는 잘 인정되지 않는 진실이지만, 자본화 가치의 원천은 합병을 통해서 시장 권력이 강화된 것에 원인을 돌려야만 한다. 그런데 대차대조표 상에서 그렇게 강화된 시장 권력은, 새롭게 생겨난 '호의'(goodwill)라는 항목으로 자리잡는다.(이러한 일이 일상적이었던 때가 바로 '매수 및 합리화'〔buy-and-rationalize〕를 노린 기업 인수 붐이 벌어졌던 1980년대 미국으로, 그를 통해 개선된 새로 합병된 회사의 기대 수익을 담보로 '껍데기 사채'〔junk bonds〕가 발행되었던 것이다.) 사실상 '호의'라는 말은, 작은 공동체에서 서로 친밀해지면서 생겨나는 단골 손님의 신뢰라는 원래 뜻에서 크게 벗어나게 되었다. 이제 그 말은 차등적인 영리 수익을 얻기 위해 산업을 전략적으로 제한할 수 있는 권력을 모조리 총칭하는 용어로 사용(혹은 남용)되기에 이른 것이다.[11]

결론은 아주 간단하다. 자기 자본(equity)의 축적은 차등적인 생산성이 아닌 차등적인 권력을 자본화하여 벌어지는 것이다. 이러한 의미에서 기대 이윤의 향상으로 연결되는 모든 제도적 장치들—유리한 정치적 환경의 창출, 소비자들에게 새로운 '욕구'를 창출하는 것, 담합의 조직을 갱신하는

---

11) 이 말의 의미가 이렇게 복잡한 사연을 담고 있어서 그냥 '호의'라고 번역해 놓으면 회계학에 대한 지식이 없는 이들은 황당해질 수도 있다. 회계학에서 이 말은 초과 이익의 원천, 즉 순자산에서 발생하는 정상 이익을 초과한 영업 이익을 자본화해 놓은 가치라고 정의한다. 그 이익의 발생 원인을 순자산으로 돌릴 수가 없으니 영업 환경을 둘러싼 고객들과의 사회적 관계가 개선된 것에다 일괄적으로 원인을 돌린다는 의미가 될 것이다. 하지만 이것의 개념적 기초에는 많은 애매함이 남아 있음은 '창설 호의'와 '매입 호의'의 구별, 또 그 감가상각의 연한 결정 방법을 둘러싼 논의 등에서도 볼 수 있다. 우리 나라의 각종 현행법에서는 이 말이 '영업권'이라고 번역이 된다고 하는데, 그러면 마치 이 말이 다른 종류의 독점권처럼 어떤 법적 권리라는 오해를 낳을 수가 있어, 차라리 좋은 용어가 나올 때까지 그냥 '굿윌'이라고 쓰자는 주장도 있었다. 강일수, '굿윌', 『경제학 대사전』 제2개정판 (서울: 박영사, 1989), 303~304쪽—옮긴이.

것, 경쟁자들을 약화시키는 것 등등—은 조만간 자기 자본의 가치를 표현하는 주가(株價)의 상승으로 나타날 것이고, 이는 새로운 '호의' 항목으로 뒷받침된다.[12]

그렇다면 부채의 경우는 어떠한가? 자기 자본과는 달리 부채는 보통 실물 장비 등으로 뒷받침되며, 그 실물 장비들은 분명히 생산성이라는 성질을 가지고 있지 않은가? 그렇다면 자본 소득은 최소한 부분적으로는 생산성의 함수라는 말이 되지 않을까? 다시 한 번 대답은 아니올시다이다. 공장과 설비는 산업 '전체'라는 맥락 속에서 생산성을 갖게 되는 것이다. 이러한 폭 넓은 맥락 속에서 기계에 대한 소유권이 사회 전체 산출물의 일부를 전유한 권리를 낳는 것이다. 이러한 환경을 떼어놓고서는 기계는 '자본화되지' 못한다.

한 예로 거대 유조선을 들어보자. 그것의 원유 운반 능력은 잘 변하지 않으며 또 그 변화는 시간적으로 예측이 가능하다. 반면 그 '자본재'로서의 가치는 석유 가격의 변동에 따라 아주 심하게 변동할 수 있다. 이 후자는 아주 폭 넓은 사회 제도적 환경, 이를테면 산유국 회의(OPEC)와 대규모 석유 회사들 단합의 상대적 상태, 중동 지역의 전쟁, 세계 경제의 성장세와 에너지 보존 등등의 영향을 받는다. 이러한 환경이 변하여 석유 가격이 올라간다면 사회 전체의 소득에서 더 많은 몫이 유조선 소유자에게 돌아갈 확률이 높다. 이들의 유형 자산의 생산성은 그대로인데도 그 가치는 올라가는 사태가 벌어지는 것이다. 다른 산업들도 다르지 않다. 사실 똑같은 원리가 비행기, 공장, 사무실 공간 및 다른 모든 '자본 장비'의 구성 요소들에

---

12) 존 커먼스(John Commons)도 이 개념을 생산성이 아닌 정치적 · 법적 관계에서 다시 정의하려고 시도하고 있는데, 이 책의 저자들의 관점과 흥미로운 유사성을 보여준다. John Commons, *Legal Foundations of Capitalism* (New York: Macmilan, 1924)의 2장을 참조—옮긴이.

적용된다. 이것들의 자본화된 가치는 그것들의 내적인 생산성에 의해서가 아니라, 그것들의 작동을 둘러싸고 있는 일반적인 제도·정치·경제적 환경에 의해서 좌우되는 것이다.

오늘날 회사의 장부에서 실물 자산의 가치는 그 현재 시장 가치가 아니라 그냥 구입 비용으로 기입된다. 위와 같은 문제점을 의식했기 때문인지는 모르지만, 어떤 기업의 '진정한' 자산 가치를 그 자산들의 역사적 비용으로 측량하여 확정함으로써, 시장 권력에 기인하는 부분(따라서 호의의 항목으로 자본화되어야 할 부분)과 구별해 보려고 시도하는 이들이 있다. 하지만 그러한 '진정한' 자산 가치라는 것도 그 생산 장비의 생산성과는 거의 관계가 없다는 점은 마찬가지이다.

그 이유는, 어떤 시점에서건 공장 시설과 장비의 생산 '비용' 마저도 마찬가지로 제도적 환경의 함수이기 때문이다. 첫째, 만약 유조선의 소유권에서 큰 이윤이 생겨난다면 그 이윤의 일부는 유조선을 생산한 회사(그 회사의 노동자들이 협상력이 강하다면 그 노동자들도)가 가져갈 것이다. 이러한 재분배의 메커니즘이 구체화되는 방식은 그 회사들이 유조선의 판매 가격을 올리는 것이며, 또 그것을 구입하는 해운업 회사의 장부에 더 큰 비용으로 기록되어 나타나는 것이다. 둘째로 더욱 중요한 것은, 심지어 차등적인 수익 창출 능력이 존재하지 않는 소위 정상적 상황이라 해도 유형 자산의 가격은 이미 통상적인 '정상적 수익률'을 담고 있는 것이다. 그런데 앞에서 보았듯이 이 '정상적 수익률'이라는 것은 영리 활동에 의한 평균적인 산업의 제한을 반영하는 것이다.

요약하자면, 주식과 채권의 구별은 산업적인 환경이 아닌 제도적인 환경에 뿌리를 둔 것이라는 것이다. 두 가지 형태의 자본 모두 그 기반이 되는 것은 권력이다. 물론 그 권력의 성격은 각각 다르지만. 자기 자본이란 그 기업이 스스로의 이익을 위해 산업을 제한할 차등적인 능력을 자본화하는 것이며, 부채란 소유자들 전체가 산업 전체를 제한할 수 있는 평균적인 능력을 자본화하는 것이다.

이러한 이유에서, 이자와 이윤의 비율이 장기적으로 역전되는 운동을 통해 자본주의의 '완숙도'(maturity)를 측정할 대리 지표(proxy)로 사용할 수 있게 된다. 여기서 완숙도라는 말은 보통 쓰이는 뜻과는 다르다. 우리의 용법에는 직선적 진보라는 뜻도, 상향적인 진보라는 뜻도 없고, 그저 영리 활동의 영역과 관계된 제도들이 강해지고 견고해진다는 것만을 뜻한다. 이러한 관점에서 보면 자본주의의 '완숙도'는, 수익 창출에 대한 기대가 어떤 성격을 갖는가 또 그러한 기대와 관련된 다양한 자본화 방식과 밀접한 관계가 있다. 프랑켈(Frankel 1980)은 자기 자본과 부채의 기본적 차이점은 신뢰의 문제에 있다고 했다. 자기 자본은 예상되는 수익을 나타내고 부채는 수익의 약속을 나타낸다는 것이다. 그렇다면 영리 기업에서 소유자들 간의 신뢰가 진보하는 것은 자본 권력이 사회에서 '정상적인 것으로 확립'된 정도에 달려 있다는 말이 된다. 이러한 이유에서 우리는 자본주의가 완숙해지고 산업에 대한 통제가 공인된 사회 제도로 점점 공고화됨에 따라 '위험'에 대한 소유자들의 걱정이 줄어들고 '신뢰'가 증가하여 부채(debt) 또한 점점 공인된 축적 형식으로 되어간다고 말할 수 있다. 거꾸로 환경이 변하여 그 전같이 기성 사회 관습과 통념을 영리 활동이 완전히 장악하지 못하게 되면(그리하여 그런 의미에서 자본주의를 '다시 회춘시킨다면'), 부채는 상대적으로 발행하기 어렵게 되고 좀더 '위험 부담이 큰' 주식 투자가 다시 자본화의 주된 도구로 사용될 것이다.

이러한 논리에 따른다면 우리는 전체 자본 소득에서 이자가 차지하는 몫으로 자본주의의 완숙도를 근사적으로 추정했을 때 그 완숙도가 '산업에 대한 깡판 놓기'와 정(+)의 상관 관계를 맺고 있다고 예측할 수 있다. 아니나 다를까, 그림 5.4에서 보듯이 미국 역사에서 이는 현실로 나타나고 있다. 1930년대 이후 이러한 완숙도의 지표가 산업의 제한과 관련하여 손쉽게 얻을 수 있는(불완전하지만) 지표인 실업률과 긴밀한 상관 관계를 맺고 있음을 볼 수 있는 것이다. 언뜻 보면 이 상관 관계는 직관적으로도 생각해 낼 수 있는 것에 불과하고 특별한 의미는 없는 듯하다. 따지고 보면 경기의 변동은 이자보다는 이윤에 더 큰 영향을 끼치게 마련이니, 실업률이 오를

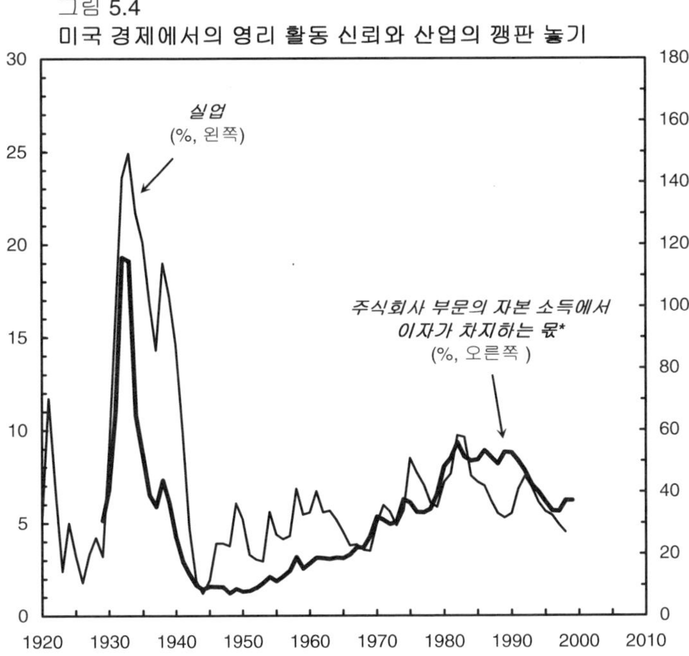

* 자본 소득에는 조세 전 법인 이윤(자본 소비 수당 (capital consumption allowance) 과 재고 평가 조정 (inventory valuation adjustment) 포함)과 순 이자로 구성된다.
출처: U.S. Department of Commerce; DRI.

때에는 전체 자본 소득에서 이자가 차지하는 비율도 커질 것이 아닌가? 그렇지 않다. 그러한 논리는 오직 단기적인 시간 지평에서만 현실성을 갖는다. 좀더 장기적인 시간 지평에서는 이자 지급량의 변동이 훨씬 더 탄력적이 되기 때문에, 그러한 장기적 지평에서 전체 자본 소득에서 이자가 차지하는 비율이 실업률과 비례한다고 생각할 기술적인 이유가 없는 것이다. 따라서 그림 5.4와 같은 상관 관계가 존재한다는 것은 상당히 의미심장한 것이다.

1930년대와 1940년대는 심한 부침이 두드러지게 나타나는데, 산업에 대한 영리 활동의 제한이 처음에는 '지나치게' 되었다가 다음에는 전쟁 특수의 활황으로 그 제한이 '지나치게 느슨해' 졌던 것이다. 1950~1980년대의 기간은 훨씬 더 안정적이다. 영리 활동은 서서히 산업에 대한 통제력을 회복하게 되었고, 자본 소득이 안정적인 흐름을 갖는다는 확신과 대부자와 차용자간의 '신뢰' 가 사회적으로 확산되어 갔다. 그 결과 한편으로는 실업률이 서서히 오르게 되었고, 다른 한편으로 이윤에서 이자라는 고정 소득으로의 전환이 나타나게 되었다. 그러한 추세는 1980년대 중반 이후로는 영리 기업의 지구화(globalization)가 점증하게 되고 미국 경제가 점진적으로 개방되는 덕에 역전되거나 최소한 중화되었다. 기성의 영리 활동 제도들은 사방에서 공격받게 되었고, 영리적 목적을 위해 산업을 통제하는 능력은 상당히 위협받게 되었다. 그 결과 수익의 '약속' 이 수익에 대한 단순한 '기대' 에 비교했을 때 별 힘을 갖지 못하게 되었고, 실업률의 저하와 맞물려 자본 소득에서의 이자의 비율도 감소하게 되었던 것이다.

요약하자면, 부재 소유라는 제도와 이윤 및 축적이 산업에 대한 영리 활동의 제한에서 나온다는 생각이 암시하는 바는, 모든 종류의 자본은 본질적으로 비생산적이라는 것이다. 이러한 관점은, 생산적 자본과 비생산적 자본을 구별하는 마르크스의 '자본 분파'의 분류법과 날카로운 대조가 된다. 마르크스에 의하면 자본은 유통 도식인 $M-C-P-P'-C'-M'$을 거쳐 축적이 되는데, 여기서 금융 자본(화폐 M)은 상업 자본(상품 C)으로 변했다가 산업 자본(노동 착취 과정, 즉 생산 자본 P)으로 되어 더 많은 양의 산업 자본(P')을 생산하고 다시 상업 자본(더 많은 양의 상품 C')으로 전환되었다가 마침내 금융 자본(더 많은 화폐 M')으로 되는 것이다. 이렇게 자본 축적은 단일한 과정이지만 19세기에는 각각의 단계가 다른 집단, 즉 자본가 계급의 여러 분파들에 의해 지배되는 것처럼 보였다. 3장에서 보았듯이, 그 중에서 산업 자본 분파가 생산적이며 가치 및 잉여 가치의 '엔진'이라고 여겨졌던 것이다. 반면 금융 및 상업 자본 분파들은 거의 비생산적이어서 그들의 이윤은 오직 자본가 계급 내부의 재분배 투쟁에서 파생되는 것에 불과하다고 여겨졌다. 하지만 이러한 관점은 이제 더 이상 적절한 것이 아니다.

첫째는 이론적인 이유로서, 유통과 축적의 연관 자체에 문제가 있다. 마르크스의 유통 도식은 자본 축적을 과거 지향적 용어로 기술하고 있는 것이다. 이윤이 생산의 결과로 얻어지는 것처럼 되어 있기 때문에 축적이 전체 과정의 종착점이 되어버리며, '죽은 노동'을 단위로 하여 측정되게 된다. 하지만 우리가 보았듯이 부재 소유라는 제도에서는 이러한 순서가 반대로 뒤집혀서 자본 축적은 미래 지향적 과정으로 바뀌게 된다. 주식회사의 가치는 주식과 채권 시장에서의 자본화를 통해 측량되며, 그 가치는 과거의 이윤과 이자가 아니라 미래에 벌어들일 것으로 기대되는 바를 반영하는 것이다. 이는 자본 축적이 생산이 벌어진 다음이 아니라 생산 이전에 이루어진다는 것을 의미한다. 이렇게 축적 과정이 미래 지향적 성격을 갖는다는 사실은 축적과 유통의 연관을 끊어버린다는 점에서 큰 의미가 있다.

마르크스의 도식과는 반대로, 주식회사의 자본은 사실상 최초에 '유통' 과정으로 들어가지도 않는다. 그것은 미래 수익의 현재 가치라는 상징적인 가치 평가에 불과하므로 사실상 유통되는 것이 불가능하다. 유통되는 것은 그 회사가 처분할 수 있는 자원들—화폐, 원자재, 반(半)완성 제품, 감가된 기계와 건물 등—인데, 이것들의 가치는 보통 그 회사 장부 차변에 나타난 자본화와는 관련이 없다. 이것이 바로 문제이다. 그 자본의 분파라는 것들은 유통 과정에서 나온 것들이었다. 그런데 이제 자본 축적과 유통의 연관이 끊어졌으니 그것들을 정의할 방법이 막연해지지 않았는가?

두 번째는 역사적인 이유로서, 부재 소유제로 인하여 아주 적은 수의 투자가들이 아주 광범위한 영역으로 소유를 다양화하는 것이 가능해졌고, 이로써 다양한 '분파들' 을 규정하기가 어려워졌다는 점이다. 예컨대 제네럴 일렉트릭, 다임러크라이슬러, 필립 모리스 등의 복합 기업(conglomerate)들은 전체 경제에 걸쳐서 수백 가지 다른 산업 부문들—금융에서 시작하여 원자재, 무역, 생산, 오락 산업, 광고, 배포 등—에서 활동하고 있는데, 이들을 어떤 분파라고 분류할 수 있을 것인가? 더욱이 이러한 사업 다각화로 인하여 영리 기업의 보고서에 나오는 이윤은 생산 유형에 기반한 산업 분류와는 현실적으로 함수 관계를 말할 수 없게 되었다.(United States. Bureau of Economic Analysis 1986: xiv) 그 결과는 '산업 이윤', '상업 이윤', '금융 이윤' 같은 말들의 의미 자체가 더 이상 분명치 않다는 것이다. 예를 들어 국민 계정(national account)에서 '제조업' 이윤이란, 기업들 중에서 여러 업종을 하더라도 매출이 가장 큰 업종이 제조업인 기업들의 이윤을 일컫는다. 그런데 아주 흔한 경우이지만 제조업에서 나오는 매출이 전체 매출의 부분에 불과하다면 국민 계정에서의 그 '제조업 이윤' 이라는 덩어리에는 사실 제조업 이외의 업종에서 나온 이윤이 모두 들어가고 마는 것이다! 개별 기업의 수준에서만 본다고 하더라도 문제가 사라지지 않는다. 유착적 거래(non-arm's length transactions), 내부 거래, '이전 가격'(transfer pricing) 같은 관행들이 문제를 낳는 것이다. 만약 제네럴 일렉트릭 캐피탈이 같은 집단에 속한 제네럴 일렉트릭의 제트 엔진 생산 부문에 저렴한 신용을 공급하여 도움을 준다면, 생산과 매출에는 아무 변화가 없는데도 전자의 이윤은 낮아지고 후자의 이윤은 올라가는 결과가 나온다. 이 모든 것들이 의미하는 바는 자본 분파라는 관점은 자본주의에 보편적으로 나타나는 특징이라고 보아서는 안 된다는 것이다. 그러한 개념은 기업의 업종 다각화가 벌어지기 이전의 자본주의 단계에서는 쓸모가 있었을지 모르지만, 부재 소유와 복합 기업이 지배하는 시대에는 더 이상 적절한 것이 못 된다.

자본은 '생산'과 형식적인 연관을 갖는 자본까지 포함하여 모두 비생산적이다. 권력 자본론의 관점에서 보자면, 기업의 업종 다각화나 미래 지향적인 자본화라는 관행이 없다고 하더라도 다양한 자본을 산업 활동의 연장선에서 분류하려는 시도 자체가 오해에서 나온 것이다. 생산은 항상 사회 전체적 활동이며 산업 전체의 통합된 영역에 걸쳐 수행된다. 제네럴 모터스가 하는 일은 자동차 생산이 아니다. 자동차의 생산을 통제하는 것이다. 그런데 미쓰비시 상사나 도이체 방크도 자동차의 생산을 통제하고 있다. 이 회사들은 상이한 형식의 권력을 통하여 자동차 생산 과정의 핵심 부분들을 각각 통제하고 있으며, 그 덕에 사회 전체 이윤의 부분을 지배하게 된다. 그러므로 기업들을 분류하는 방법은 생산이라는 협소한 기초 위에서가 아니라 권력이라는 좀더 포괄적인 방향을 따라야 하는 것이다.

6장 사회적 권력의 기계화

축적의 본질은 생산과 권력의 상호 작용이다. 지금까지 우리는 권력을 축적의 수단으로서 취급해 왔다. 이제 우리는 권력이 축적의 궁극적 목적이라고 주장할 것이다. 이러한 관점에서 보면 자본을 물질로서 측량하는 일은 가능한가의 여부를 떠나서 무의미한 일이 되고 만다. 자본이란 권력의 추구인 까닭에 본질적으로 상대적인 것이며, 따라서 측정은 상대적이고 차등적으로 이루어질 수 밖에 없다. 자본은 분배에서의 추상적인 청구권을 표현한다. 하지만 권력이라는 자본의 본질은 파킨(Parkin 1971: 46) 같은 이가 주장하는 '보상'의 전체적 분배라는 문제를 넘어서는 어떤 것이다. 이유는 이러하다. 자본가들이 얻으려고 하는 것과 노동자들이 잃게끔 되어 있는 것은 질적으로 서로 다르다. 노동자들은 재화와 용역을 내어주고 있지만 자본가들이 얻는 것은 사회적 생산 자체에 대한 통제력이다. 달리 말해서 분배가 권력과 연결되는 것은 오로지 자본가들에게 있어서만이며, 노동자들에게는 분배란 거의 전적으로 안락의 문제를 뜻하는 것이기 때문이다. 그러므로 권력에 대한 욕망이라는 문제를 다루려면 최소한 출발점에서는 사회 전체가 아니라 사회를 지배하는 자들이 무슨 생각을 하는지에만 초점을 맞추는 것이 좋다.

　기술과 권력의 상호 작용을 이해하는 가장 종합적인 시도의 하나를 제시한 이가 루이스 멈포드(Lewis Mumford 1934; 1961; 무엇보다도 1967과 1970)이다. 멈포드는 물질적 기술에 강조점을 두는 통념에 도전하여 이런저런 기예(技藝)들이야말로 인간의 상위 문화의 필수적인 일부라고 주장하였다. 기술의 궁극 목적은 자연보다는 사회를 지향하고 있다는 것이다. 실로 그 어떤 유형의 기계보다도 복잡한 기계는 사회적인 기계라는 것이다.

　결국 베블렌이 물질적 기술의 긍정적 측면과 사회적 권력의 부정적 특징들이 점차 분리되었음을 강조했던 한편, 멈포드는(그는 베블렌에게서 큰 영향을 받았다) 민주적인 기술과 권위주의적인 기술이라는 또 다른 양분법을 제시한다. 민주적인 기술은 인간의 진보를 중심점으로 삼으며, 권위주의적인 기술은 인간에 대한 통제에 초점을 둔다. 권력이 기술에 대한 족쇄가 된다는 베블렌의 생각을 따르는 대신 멈포드는 권력 자체가 또 다른 기술의 형식이라고 보는 데에서 출발한다.

물질적 욕구와 상징적 욕구

　통념과는 다르게 멈포드는 인간 발전에 있어서 상징적인 측면의 중요성을 강조한다. 고고학자들은 직업상 자연스럽게 물질적 유물들에 근거하여 인간 진보를 판단하는 속성이 있다고 그는 주장한다. 하지만 '창조자로서의 인간'(Homo Faber)은 상당히 나중에 나타났고, 그 전에 잘 눈에 띄지는 않지만 똑같은 중요성을 갖는 정신적 활동이 먼저 있었다는 것이다. 나아가 물질적 생산이 성장한 다음에도 상징적 욕구는 여전히 우선성을 가지고 있었다는 것이다.

멈포드에 따르면 가장 중요한 인간의 기술은 언어이다. 비록 쓰기가 발명된 이전에 대해서는 고고학적인 연구가 불가능하지만. 구석기 신석기 문화를 보면(그리고 어떤 면에서는 우리 시대조차도) 물질적인 기술은 그들이 말했던 언어의 복잡성, 탄력성, 통일성, 효율성에 미치지 못했다고 한다. 언어가 발달하는 데에 얼마나 오랜 시간이 걸렸는지는 분명치 않지만, 멈포드에 따르면 일단 그것이 발명된 후에는 그 순수한 상징의 기술인 언어 없이 이룰 수 있었던 것은 거의 없었다고 한다. 게다가 이러한 언어의 발전은 생존이라는 일상적인 필요에 의해 추동되었을 확률도 거의 없다. 집단적인 사냥은 짧은 명령어만으로도 충분하며, 현존하는 가장 원시적인 부족들이 쓰는 언어 정도도 쓰일 일이 없다. 멈포드에 의하면, 언어 발전의 가장 주된 추동력은 자기 발견이었다는 것이다.

멈포드는 언어에 잠재해 있는 기능은, 좋은 것이건 나쁜 것이건, 인간 자신의 정신적·감정적 에너지를 통제하는 것이라고 주장한다.―언어보다 먼저 나타난 의식(儀式)과 금기, 언어에 이어 생겨난 과학과 기술도 마찬가지라고 한다. 수많은 고대 문명에서, 말이란 가장 강력한 힘이라고 생각되었다. 보통 신은 그의 말씀으로 세계를 창조했다고 믿어졌고, 인간들은 그후 줄곧 그 권능의 위업을 따라잡아 보려고 분투해 온 셈이다. 언어는 그 목적하는 바에서나 또 그 구조에 있어서나 그 이후의 모든 기술적 발전의 선구자였다.

멈포드는 질적으로 다른 두 개의 기술을 구분한다. 하나는 신석기 문화에서 보이는 민주적 세계관과 관련된 것이고, 다른 하나는 '문명화된' 사회에서 나타나는 권력 지향적인 것이다. 그의 견해로는 이러한 다른 발전 경로는 죽음에 대한 상이한 대응 방식에 기인한다. 신석기 시대의 기술은 '생물적' 경로를 따라 죽음을 피할 수 없다고 받아들이면서 삶을 향상시키려고 한다. 반면 권력 기술은 '기계적' 힘과 폭력을 써서 영생불사라는 헛된 꿈을 이루려고 한다. 물론 이러한 구별을 구체적인 사회들에 딱 맞아떨어지도록 적용할 수는 없을 것이다. 대부분의 사회 구성체들은 양자의 요소들을 모두 가지고 있으며, 어느 한쪽의 이념형에 가깝게 일치하는 사회는 드물다. 그래도 이것은 일반적인 신화로 또 사회가 조직화되는 데에 양대 축으로서 이해하는 기본적 틀로 쓸모가 있다.

신석기 문화는 일이란 소외된 고역이 아니라 공동체 전체가 더 넓은 생태계와 얽혀드는 과정이라고 본다. 물론 일은 뼈 빠지게 힘들지만 육신의 노고를 달래주는 동료, 협동, 노래와 뒷소리가 있고, 그러한 미적인 측면들은 풍요한 소출과 똑같이 소중히 여겨졌다. 가축이나 곡식 재배의 초기적 특징의 많은 것들─거름 주기, 미래의 성장을 위해 음식을 제물로 드리기, 소에 멍에를 씌우기나 쟁기의 사용─이 아마도 처음에는 종교적 의식으로 시행되던 것들이었을 것이다. 경작을 여성의 월경 및 성과 관련짓는 태음력의 사용부터 시작하여 용기(容器. 냄비, 병, 집, 마을)의 중요한 역할, 정원을 세심하게 가꾸는 것이나 아이들을 키우는 참을성 있는 태도에 이르기까지 여성적인 상징과 특징이 아주 풍부하게 발견된다. 축제, 의식, 의례 등은 가족, 이웃, 공동체를 중심으로 이루어졌다. 식도락, 음주, 성적 활동 등은 그 생활에서 중심 역할을 차지한다. 일생 내내 계속되는 노동 분업이라는 것도 없다. 지식은 독점되는 경우는 찾아보기 힘들고, 공동체의 전 성원들이 거의 모든 종류의 일을 할 수 있었다. 체계적인 성적 불평등은 드문 일이었다. 연령의 차이로 사회 계급이나 명령적 권위가 생기지도 않았다. 폭력 사용은 제한적이었고 독재적인 권력은 거의 용납되는 일이 없었다.

신석기 문화는 도덕성, 자기 기율, 협동과 사회적 질서 같은 가치 있는 것들을 확립하였다. 대단히 중요한 사실은 이러한 문화는 가장 생명력이

질긴 사회 조직으로서, 훨씬 더 강력하지만 취약하게 마련인 권력 문명이 무너진 뒤에도 항상 살아남는다고 판명되었다는 점이다. 신석기 문화의 이러한 여러 특징들이 고대의 촌락 시대가 되면서 사라진 것이 아니라고 멈포드는 주장한다. 이 문화는 심지어 현대 사회에도 사회적 기술의 한 형태로서 살아 내려오고 있다.—마을, 공동체적 조직이나 심지어 영리 기업 내에서조차 발견되는 가시적 경우도 있고, 기계적 문명의 폭압에 대한 저항이라는 비가시적 경우도 있다.

멈포드는 낭만적인 이상화 따위는 전혀 하려 하지 않는다. 그는 신석기 문화가 심각한 결점을 가지고 있었음을 지적한다. 소규모 사회 조직이 갖게 되는 배타적인 성격으로 인해 인간의 상호 작용의 규모가 제한되고 그 시야도 제한되어 의심과 소심함으로 인해 폭넓은 협동이 이루어지지 못했다는 것이다. 최초에 여러 발명과 발견이 폭발적으로 터져나온 후에는 신석기 혁신은 사멸해 버리고 정체 상태가 나타났다는 것이다.

이렇게 비록 제한적이지만 평화적 형태의 민주적 조직을 배경으로 하여, 신성한 왕권의 권위주의적 통치와 함께 권력 문명이라는 유령이 스멀거리며 나타나기 시작했다. 이런 종류의 사회적 융합체들이 최초로 진화했던 곳은 큰 강의 삼각주들—이집트, 메소포타미아, 인더스 계곡, 중국 등이다. 멈포드에 따르면 이들의 공통적인 특징은 절대 권력이다. 그런 권력이 나타나게 된 이유는 부분적으로는 물질적 환경 때문이었다. 경제적 잉여가 출현하여 부가 사회적 규모로 집합된 형태를 띠게 되면서 그 집합된 부가 한 번에 파괴될 경우 '알거지 상태'(total loss)로 추락할 위험이 처음으로 생겨났던 것이다. 이미 숫자가 불어났고 또 계속 불어나고 있는 인구는 점점 발전하는 노동 분업으로 인해 여러 집단으로 다시 나누어지면서 서로에 대해 더욱더 의존하게 된다. 그러한 조건하에서 홍수, 가뭄, 그리고 나중에 나타난 전면적 전쟁 같은 일이 벌어지면 이는 곧바로 파국을 의미하는 것이며, 모름지기 완전한 절멸을 뜻하는 것이다. 신석기 문화라면 전면전 같은 것은 몰라도 홍수나 가뭄은 그럭저럭 대응할 탄력성이 있었다. 하지만 강 하류의 도시를 중심으로 한 사회 융합체들의 경우엔 이러한 위협에 아주 단호하고 냉혹하게 대처하지 않고는 존속할 수 없었던 것이다. 그렇게 하려면 사회적 활동의 규모가 커진 이상 절대적인 권위의 힘을 빌지 않을 수 없는 것이다.

하지만 멈포드의 주장에 따르면 이러한 물질적인 측면은 권력 문명 발생에 대한 부분적인 설명에 불과하며, 더 중요한 부분은 상징적인 차원에 있다는 것이다. 권력 문명의 발생과 함께 나타난 것이 하늘의 신들이다. 신석기 문화에 있었던 땅의 신들은 풍요다산이라는 생물학적 '미시적' 순환에서 나온데다가 인간과 비슷한 수준에서 활동하는 존재들인지라 새롭게 닥친 상황에 대처하기에는 역부족이었다. 왕들은 재난으로 인해 자신들에게 닥칠 위험을 생각할 때 어떻게 해서든 그것을 막아야 한다는 절박함이 날로 강해졌고, 항시적인 죽음의 공포에 시달리면서 그것을 더욱 키워갔다. 신석기 문화는 그 제한된 역량을 스스로 자각하여 죽음이라는 운명을 겸손히 받아들이는 수밖에 없었지만, 이 왕들은 더 이상 신석기적인 지평선에 갇혀 있기를 거부하였다. 자신들이 통제하는 경제적 잉여와 인구가 계속 늘어난다는 것이 그들에게 '하늘 끝까지 뻗어나갈 수 있다'는 생각을 불어넣는 것이었고, 또 그런 생각이 일리가 없는 것도 아니었다. 기록, 수학, 천문학의 지혜가 늘어나면서 그들이 맡은 임무도 우주적인 규모를 갖추기 시작했다. 하지만 합리성의 발전은 항상 비합리성의 발전도 함께 수반하는 법이다. 이제 왕들은 자신들이 이룬 엄청난 업적에 스스로 놀라고 또 죽음의 공포에 시달리면서 이성을 잃어 마침내 영생불멸의 태양신이 되겠다는 최고의 위업을 향해 달려가게 된다.

권력 문명의 출현은 농업 생산성이 향상되어 체계적인 잉여의 발생이 처음으로 가능하게 된 이후이다. 멈포드에 따르면, 원래는 신석기 정착 생활의 일부분이었던 수렵 지도자들이 바로 그 순간 재분배의 희망적 가능성을 발견했으리라는 것이다. 원래 동물에게 쓰였던 무기가 점점 사람에게 사용되고, 전면적인 전쟁이라는 것이 영구적인 제도적 장치가 되고 말았던 것이다.(신석기 유적의 발굴에서는 성채나 무기의 사용을 뒷받침할 증거가 거의 또는 전혀 나오지 않는다. 최초로 성채가 나오는 것은 도시가 중심이 된 사회에서이고, 깨진 해골 무더기─이는 초기의 조직적 학살의 증거물이다─는 왕정이 확립된 뒤에야 나온다.) 그때 이후로 문명은 자연과 특히 인간을 통제하는 권력을 얻기 위한 긴 여정에 나서게 된다.

거대 기계

멈포드에 따르면, 권력과 관련된 기술이 낳은 최초의 기계는 사회 조직이었다고 한다. 왕들은 죽음을 정복하기 위해 우주의 완벽한 질서를 모방하여 인간으로 이루어진 거대 기계(mega-machine)를 설계 · 조립 · 작동하기에 이르렀다는 것이다. 이들은 자신들이 거대 기계에 대한 절대적 통제권을 갖고 있다는 것을 초자연적인 권능의 증거로 삼았고, 그러한 통제권으로 얻을 수 있는 최고의 환상적인 결과물─이를테면 어마어마한 크기의 무덤─은 영생불멸로 가는 입구라고 여겼다.

초기의 왕권에 의해 만들어진 거대 기계들에는 세 가지 주요한 구성 요소가 있다고 멈포드는 말한다. 첫째는 노동 기계로서, 공공 사업에 부역으로 언제든지 징발할 수 있는 농민들로 이루어진다. 둘째는 군사적 기계로서, 사회 내에 기율을 강제하고 또 나중에는 전쟁을 수행하게 된다. 셋째는 관료 기계로서, 사회의 만사를 기록으로 남기고 관리한다. 통제의 권력은 왕의 궁정과 고위 성직자 조직으로 이루어진 연합체가 가지게 되는데, 전자는 물리적 폭력에 대한 독점을 유지하며 후자는 지식과 이데올로기를 독점한다. 노동 분업과 고도의 전문화(예를 들어서 고대 이집트의 광산 원정대 내부의 업무 분담은 50가지에 달했다고 한다), 조직화, 엄격한 규율과 가혹한 처벌 등으로 이러한 사회의 노동자, 군인, 공무원 모두 거의 기계 부품에 가까운 상태로 전락해 버린다. 이들이 무언가 창의적인 발의를 한다는 것은 대부분 금지되고 재량을 발휘하는 것도 용납되지 않았다. 이러한 조직들을 하나의 전체로 보게 되면 "인간의 통제하에서 에너지를 활용하여 작업을 수행하면서 전문화된 기능을 담당하는 각각의 저항적인 부분들의 조합"을 형성하는 것을 알 수 있다. 요컨대 이러한 조직들은 프랑 를뢰(Franz Reuleaux)의 고전적인 기계의 정의 구성 요건을 훌륭히 충족시키고 있다.(Mumford 1967: 191)

이렇게 대단히 비합리적인 성격의 열망이 합리적인 지혜와 융합되면서, 오늘날 우리가 '생산성'이라고 부르는 것의 폭발적인 향상을 가져오기에 이르렀다. 물질적인 관점에서 보자면 이 고대의 거대 기계의 기술적 성취, 특히 피라미드의 건설은 우리 시대에 이르기까지 그 유례가 없는 엄청난 것이었다. 하지만 멈포드에 따르면, 인간으로 이루어진 거대 기계라는 것 자체가 더 의미심장한 것이었다. 기계화의 3대 원리―복합적인 조정 협동, 탈인간화, 원격 조정―가 처음으로 적용된 것도 바로 그러한 거대 기계였다. 사회 자체가 바로 최초로 기계화가 적용된 대상이었던 것이다. 멈포드에 따르면 보편적인 도량형, 화폐, 달력을 채택하는 데에 전 우주를 포괄하는 세계관이 반드시 필요한 전제 조건이었던 것과 마찬가지로, 인간으로 이루어진 거대 기계는 그 이후 나타나는 비인간적인 기계화의 최상의 모델이 되었다.

인간은 이 거대 기계 덕분에 처음으로 자신의 생물학적 한계를 초월할 수 있게 되었다. 보편성, 질서, 예측 가능성 등의 원리는 지속적인 지식 확장의 가능성을 열어놓는 것이었다. 이 최초의 거대 기계가 낳은 도시를 중심으로 한 사회 융합은 인간 세계의 상호 작용에 있어서 새로운 지평을 열어놓았고, 고립된 소규모의 신석기 시대 주거에서는 꿈꾸기 힘든 엄청난 창조성의 물꼬를 틀어냈다.

하지만 그러한 긍정적인 힘이 뻗어나오게 된 것은 그러한 거대 기계가 본래 목적한 바도 아니었고 또 가장 중요한 결과도 아니었다. 멈포드에 따르면 크게 보자면 인간을 조직하는 궁극의 목적은 옛날에도 또 지금에도 사회적 권력을 행사하는 것이다. 물리적 힘의 사용은 그저 복종을 얻어내기 위한 수단이기만 한 것이 아니다. 그것 자체가 바로 권력 문명의 현현 형태이다. 인신 희생은 왕정 시대 이전에 시작되었는데 사람들이 점점 더 거기에 몰두하게 되면서 서서히 제도화되고, 비록 의식한 것은 아니었지만 결국 전쟁이라는 형식으로까지 나아가게 된다. 멈포드의 주장에 따르면, 아주 극단적인 형태의 왕정 사회는 "사람 잡아먹는 기계 장치"였으며, 그 초기의 제왕들에게서 종종 보였던 인육에 대한 욕망은 그후에 나타난 사회적 거대 기계의 여러 형태에서 되풀이하여 다시 나타나곤 했다고 한다.(Mumford 1967: 184) 심지어 오늘날에도 부(자본, capital)와 사형 제도(capital punishment)는 동일한 어원, 즉 인두(人頭, caput)에 뿌리를 두고 있는 것이다.

요약해 보자. 멈포드는 그러한 거대 기계의 권력 지향적 성격과 신석기 사회의 민주적인 특징을 날카롭게 대비시킨다. 거대 기계가 나타나면서 신

석기 시대의 분산된 촌락 대신 권력으로 집중된 사회가 형성되었고, 생태
계와 어우러진 생산 대신 기계화가, 전문화되지 않은 노동 대신 일생에 걸
친 노동 분업이, 제한된 국지적 폭력 대신에 제도화된 전면전이, 공동체의
협동 대신에 착취 · 강제 노동 · 노예제가 나타났으며, 평등주의적 사회 대
신에 계급적 사회 구조가 나타나게 되었다는 것이다.

부활한 거대 기계: 정상적 수익률

비옥한 삼각주 지역에 나타났던 거대 기계들은 종국에는 스스로의 무게
를 견디지 못하고 무너지고 말았다. 외부적으로는 천하무적이었지만 내부
적으로 취약함을 드러냈던 것이다. 거기에서 나타난 비인간화와 순종의 강
요 때문에 성원들의 창조적 자발성은 질식당하고, 권력이니 죽음이니 하는
것들에 그토록 정신을 팔다보면 체제의 정당성도 무너져가게 마련이었다.
그리하여 '기계의 신화'가 죽어버리면—즉 권력 구조가 더 이상 '삶, 번
영, 부'라는 파라오의 약속을 지키지 못하게 되면—그 사회적 피라미드는
흔들리지 않을 수 없는 것이다.

하지만 멈포드에 따르면 '기계의 신화'는 그 전의 신석기 문화나 마찬가
지로 그 최초의 역사적 현현 형태가 사멸한 뒤에도 살아남는다. 그리하여
16세기가 되면 다시 한 번 중앙 집중화된 권력이 출현하여 인간의 의식을
지배하게 된다. 가장 의미심장한 신호가 된 현상은 하늘의 신들이 다시 부
활하여 갈릴레오의 기계적 세계상이 점점 일반적인 상식이 되었다는 사실
이다. 이러한 세계관의 변화가 영향을 미치지 않고 그냥 놓아둔 분야는 없
었다. 베네치아의 음악에서 프랑스의 외교, 뉴튼 물리학, 홉스의 정치학에
이르기까지 인간 만사는 점점 더 이 새로이 나타난 기계적 합리주의에 물

들게 되었다. 급기야 몇 세기가 채 지나지 않아 기계화의 원리가 다시 한 번 세계를 완전히 지배하게 되어, 1933년 시카고에서 열린 세계 박람회에서는 다음과 같은 큰소리가 자신만만하게 터져나오기에 이른다. "과학은 폭발적으로 발전하고, 기술은 그것을 실행하고, 인간은 거기에 자신을 순응시킨다." 이 구호와 '진보의 세기'라는 그 박람회의 표제가 '기계의 신화'가 어느만큼이나 다시 세상을 지배하게 되었는지를 증명하는 지표가 된다.(Mumford 1970: 213)

멈포드의 사상을 확장하여, 이러한 현대의 거대 기계가 사실상 옛날의 거대 기계보다 더욱 강력한 것이라고 우리는 주장한다. 멈포드의 저작에서는 새로 부활한 왕정 그리고 그 후예인 주권 국가에 초점이 맞추어지고 있다. 하지만, 그러한 표면의 밑에서 꿈틀거리고 있으며 곧 모습을 드러낼 아마도 더욱 강력한 권력 구조를 멈포드는 간과하고 있는데, 그것은 바로 자본이다. 우리가 보기에 자본은 거대 기계의 모든 특징을 다 갖추고 있다. 자본이란 '정상적 수익률'이라는 기본적인 믿음에 기반하는 것으로서, 소수의 인간들―부재 소유자들―이 대규모 인간 조직에 대해 행사하는 권력을 상징을 통해 표현한 결정체인 것이다.

참으로 이상한 일은, 사회 구조가 이렇게 혁신적 방식으로 기계화되는 과정을 관찰한 이들 중 많은 수가 이를 자본―그들은 이것을 기계와 동일한 것으로 잘못 놓았다―의 쇠퇴 과정이라고 믿었다는 점이다. 그 중 하나가 갈브레이스(Galbraith 1967; 1983)로서, 그는 거대 기계가 다시 나타난 현상을 새로운 종류의 사회 조직, 즉 '기술적 구조'(technostructure)라고 잘못 해석하였다. 재산으로서의 기업과 기업 조직은 구별되는 것이라고 전제한 다음 그는 오늘날 자본가들이 기술에 의존적이 된 탓에 기술자들에게 의사 결정 권한을 빼앗기고 말았다고 주장한다. 하지만 갈브레이스 자신은 그 주장을 뒷받침할 현실적 증거를 전혀 제시하지 못하고 있다. 물론 수많은 이들이 벌리와 민스(Berle and Means 1932)의 『현대 주식회사와 사적 재산』(*The Modern Corporation And Private Property*)이나 번햄(Burnham 1941)의 『경영자 혁명』(*The Managerial Revolution*) 같은 책들에 근거하여 소유가 점차 통제와 분리되고 있다는 추론을 그냥 사실인 양 받아들여 온 것이 현실이니 갈브레이스만 탓할 수도 없는 일이기는 하다.

이 '소유와 통제의 분리 이론', 그리고 거기에서 도출되는 자본의 쇠퇴라는 결론은 대단한 대중적 인기를 누리고는 있지만, 그 근거가 심히 박약하다. 자이틀린(Zeitlin 1974)이 아주 설득력 있게 보여주었듯이, 그러한 주장이 근거로 들고 있는 증거들—벌리와 민스의 연구도 마찬가지이다—은 출발점부터 아주 의심쩍은 것들이며, 소유와 통제의 분리라는 것도 대부분 '사이비 사실'(pseudofact)이라는 것이다. 그러한 것이 실제로 벌어졌다는 것은 옛날의 자료로도 또 그 이후의 연구가 제시하는 자료로도 증명할 수가 없다고 자이틀린은 주장한다. 바란과 스위지(Baran and Sweezy 1966)나 또 스끄레빵티(Screpanti 1999)와 같이 덜 적대적인 비판자들은 소유가 점차 통제와 '분리' 되었다는 것은 인정하지만, 이는 주식회사를 더욱 효과적인 '이윤 기계' 로 전환시켰을 뿐이라고 주장한다.[1]

그림 6.1은 이러한 비판을 간접적으로나마 아주 강력하게 입증하고 있다. 만약 자본이 정말로 사양길에 들어선 것이라면 자본 소유주들의 소득은 상당한 정도로 감소했어야 한다. 그런데 실제의 증거는 정반대의 사실을 보여주고 있다. 역사적 자료를 체계적으로 구해 볼 수 있는 미국의 경우에서 나타나는 사실은, 국민 소득 중에 세금 전(前) 이윤과 이자를 합친 것

---

1) 이 논쟁에 대한 더 깊은 논의로는 Moore (1983)와 Scott (1997)를 보라.

이 차지하는 몫은 1920년대 이후로 상승하는 추세였다는 것이다.(우리가 이자와 이윤을 모두 자본 소득으로 다루고 있음을 상기할 것.) 그러니 갈브레이스의 그 기술적 구조라는 개념이 한때 반짝했다가 사라져버렸던 것(적어도 학계 바깥에서는)도 당연하다. 생산 기술에 대한 지식이 없어도 생산 조직의 복종을 얼마든지 끌어낼 수가 있다. 최종적인 분석에서 보면 조종석에 앉아 있는 것은 엔지니어들이 아니라 소유자들이며, 이들이 추구하는 목표는 저 '경영자주의자들'(managerialists)들이 주장하는 '연속성', '안보' 또는 '매출 성장' 등이 아니다. 그 목표는 자본 축적이다.

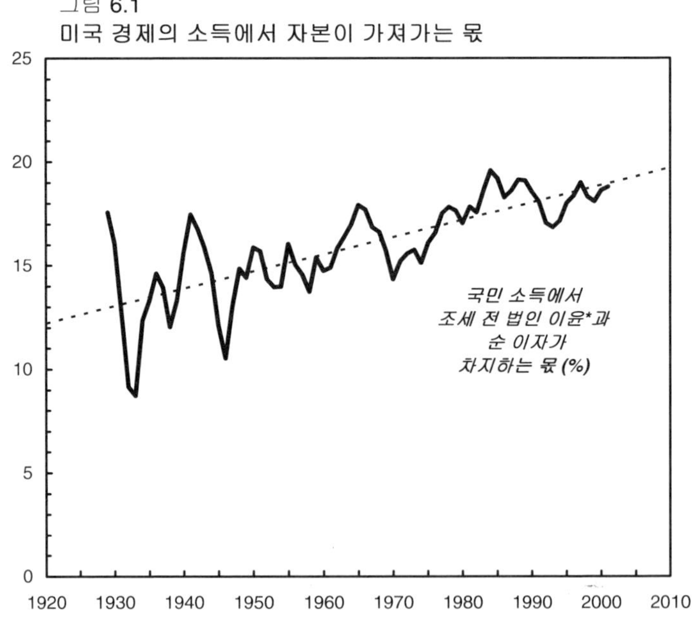

그림 6.1
미국 경제의 소득에서 자본이 가져가는 몫

* 자본 소비 수당 (capital consumption allowance) 과 재고 평가 조정
(inventory valuation adjustment) 을 포함.
출처: U.S. Department of Commerce; DRI.

대규모 영리 조직을 떠받치는 원동력은 고대 왕국 또 근대의 주권 국가를 추동하는 힘과 근본적으로 다르지 않다. 이것들 모두는 권력 구조들로서 자연 그리고 궁극적으로는 인간을 조종하는 것을 목적으로 한다. 하지만 자본이라는 이 새로운 거대 기계는 옛날의 거대 기계들보다 더—징기스칸의 기동전 기계보다, 또 오웰의 『1984년』에 나오는 일당 독재 국가보다, 그리고 아마도 헉슬리의 인간 재생산 라인보다 더—강력한 잠재력을 가지고 있다. 거기에는 몇 가지 이유가 있다.

보편성 비록 자본은 복잡한 투입/산출의 연쇄 그리고 조각조각 나누어진 소유권 배분 등으로 파편화된 모습을 띠고 있지만, 사실은 대단한 보편성을 가지고 있다. 고대의 거대 기계들에서 작동했던 권력의 상징은 대부분 그 사회의 문화에 고유한 것이며, 공공 근로, 군대, 인신 공양, 깃발, 향료 같은 다종다기한 상징들을 물리적으로 과시하는 것에 의존하였다. 반면 자본의 경우엔 오로지 하나의 상징만을 가지고 있으니, 그것은 수익률이다. 실로 21세기에 들어선 오늘날 이 수익률이라는 상징은 점멸하는 전기 신호, 컴퓨터 비트와 바이트로까지 추상화되었는데, 이는 전 세계의 사람들이 그 신호의 보이지 않는 명령에 따라 일사불란 행진하게 만들 만큼 효과적인 것이다.

헤게모니 이렇게 수익률이야말로 사회적 행동의 궁극적인 척도라는 믿음은 국가, 재계, 대중 매체와 문화에 속속들이 파고들어 마침내 그 각각의 영역들이 접합되고 발전되는 방식마저 장악해 버린다. 서로 다른 영역의 엘리트들에게 공통의 언어를 제공함으로써 완전히 하나는 아니지만 그래도 상당한 내부 결속력을 가진 부재 소유자 지배 계급으로 단결시키는 것이다. 그렇게 되면 수익률의 신앙에 대한 반항은 더욱 힘들어진다.

확장 가능성 자본주의하에서의 권력은 고대 왕국이나 근대 주권 국가와는 달리 매매가 가능하다. 자본을 사고 파는 것이 가능하다는 사실은 곧 권력이 한없이 큰 규모로 확장될 수 있다는 것을 의미한다. 인간 역사에서 처음으로 권력 축적의 한계가 사라진 것이다. 트래븐(Traven)의 『하얀 장미』(*White Rose*)에 나오는 석유왕 콜린스 씨(Mr. Collins)의 표현대로 "이 세상 어디에서도 내가 원하는 땅은 가질 수 있다.…… 그 땅이 목성에 있다고 해도 나는 확실하게 그것을 취할 것이다."(1979: 34)

권력의 집약도 자본가들은 이윤에 초점을 두기 때문에 자신들의 권력을 확장할 뿐만 아니라 더욱 집약적으로 만들 수 있게 된다. 고대의 거대 기계라는 조직은 비교적 그 성격이 명확한 것이었다. 권력이 행사되는 범위는 그 조직 자체 내인 까닭에, 권력이란 즉 그 '조직 키우기'를 뜻하였다. 그래서 권력을 더 가지려면 더 큰 조직을 가지는 수밖에 없었다. 그런데 자본주의의 거대 기계는 훨씬 더 범위가 넓은 구성체이다. 그 거대 기계의 구성 요소는 주식회사가 아니라 자본주의적 생산 전체인 것이다. 나중에 상술하겠거니와, 그러한 총체로서의 생산 전체에 대해 어떤 자본이 어느만큼의 통제를 가지는가를 비례적으로 나타내는 것이 바로 다양한 수준의 이윤 규모이다. 개별 자본가 집단은 기업 조직의 크기를 확장함으로써 그 몫을 직접적으로 증가시킬 수도 있다. 하지만 스스로의 '조직 단위' 당 이윤을 증가시켜 '군살 빼고 비용 절감'(lean and mean)을 이루는 간접적인 방법 또한 가능하다.

흡수성 예상되는 이윤의 흐름에 체계적 영향을 주는 형태의 권력이라면 모두 그 즉시 자본화된다.(예상 이윤 흐름에 결과를 미치는 요인이라고 해도 그 것이 체계적인 성격을 띠지 않는다면 투자자들은 보통 무시한다.) 그러한 사회 권력의 자본화라는 방식을 통하여 다종다기한 사회 권력—여성의 임금을 낮추는 남성 지배, 환경 오염의 법적 처벌을 완화시키는 종류의 환경 정책 들, 원자재 가격에 영향을 끼칠 군사력의 사용, 노동자들의 순응성에 텔레 비전 문화가 끼치는 영향, 선교사들을 통해 원주민의 반항을 잠재우는 것 등등 모두가 이윤의 흐름에 영향을 미치게 되는 것이다. 이 모든 종류의 사 회적 권력은 일단 '체계화' 되면 즉시 현재 가치를 나타내도록 '할인' 되어 자본으로 변한다.

탄력성 자본은 지금까지 본 보편성, 헤게모니, 확장 가능성, 집약성, 흡수 성 등의 성격을 갖는 덕분에 사상 유례없이 탄력적인 권력 구조가 될 수 있 었다. 예전의 거대 기계들이 주로 폭력, 테러, 처벌, 억압 등에 의존했던 것 에 반하여, 자본은 그것들에 덧붙여 보상이라는 동기에 더욱 크게 의존한 다. 이렇게 당근과 채찍을 모두 쓸 수 있다는 점에서 자본은 고대 왕국이나 민족 국가보다 훨씬 더 높은 가소성을 갖게 되었다. 대규모의 자본은 비록 손실이나 파산으로 파괴된다고 해도 합병과 제휴 등으로 다시 부활하는 것 이 보통이다. 사실상 애초부터 '자본 축적' 이라는 것이 가능해지는 것은 이러한 탄력성 덕분이다. 그러한 유연성이 얼마나 중대한 의미를 갖는 것 인지는 아무리 강조해도 지나침이 없다. 만약 주류 경제학이 옳아서 정말 로 자본이란 '기계' 또는 '생산 라인' 의 물질적인 융합물에 불과하다면 그 물질적 속성의 고정적 성격에 묶이게 되기 때문에 축적이 될래야 될 수가 없는 것이다. 반면 자본을 인간으로 이루어진 거대 기계, 즉 사회적 통제의 구조로서 취급해야 비로소 영리 조직이 변하는 현실에 적응하여 자본화 및 재자본화하는 것이 가능해진다. 자본이 축적될 수 있는 핵심적인 이유 하나는, 글자 그대로 그것이 물질적 실체가 아니라는 데에 있다.

이렇게 멈포드의 논지를 확장하면, '기계의 신화'는 고대 왕국-근대 주권 국가-자본으로 진화하면서 점점 더 높은 수준의 추상적 존재가 되었다고 말할 수 있다. 기계화가 사회 조직의 양식으로서 받아들여졌다는 사실은 오늘날에는 '정상적 수익률'이라는 관념에 반영되어 있는데, 이는 곧 권력의 확장이 '자연적인' 사물의 질서라는 믿음에 다름 아닌 것이다. 그리고 권력 추구 행위는 본질적으로 상징적 행위로 이해되어야 한다는 점을 상기한다면, 자본은 가장 추상 수준이 높은 형식의 권력이니까 그런 의미에서 가장 고도로 발전한 권력 형식이라고 말할 수 있는 것이다. 그러므로 권력 개념에 기반한 자본 이론을 구축하기 위한 첫 단계는 자본 축적의 정의 자체에 권력 개념을 통합시키는 작업이 될 것이다.

자본 자체가 국가인가

하지만 그러한 작업을 시작하기에 앞서 먼저 짧게라도 논의해야 하는 문제가 있으니, 자본과 국가의 연관이 그것이다. 이 주제는 물론 아주 광범위한 것이다. 국가라는 말은 자본만큼이나 많은 문제를 안고 있는 개념이며, 이에 대한 연구 문헌의 양 또한 실로 방대하다. 이 주제를 제대로 다루려면 또 한 권의 책이 필요할 것이므로, 여기서는 이 문제에 대한 대안적인 사유 방식을 제안하는 정도에서 그쳐야 할 것이다. 우리는 자본과 국가를 서로 '마주보고' 서 있는 것으로도 또 '함께' 움직이는 것으로도 보지 말고, 자본 자체가 새로 출현하고 있는 국가 형태라고 이해하자고 제안한다.

국가를 '명령'과 '권력'에다, 또 시장을 '생산'과 '안락'에다 연결짓는 통속적인 관념은 지난 몇십 년간 점차 설득력을 잃어왔다.[2] 심지어 보수주의자들마저 이러한 구별에 불만을 갖게 되었는지라, 혹자는 그 두 개념의 의미를 다시 정의하여 문제를 완화시키려 하게 되었다. 그 좋은 예는 미국의 지도적인 현실주의 국제정치학자 로버트 길핀(Robert Gilpin)이다. 대학의 전당에서 국가주의의 물결이 높았던 1970년대에 길핀은 국가와 시장을 그 각각의 목표를 기준으로 구별하였다. 전자는 권력을 추구하고, 후자는 부를 추구한다는 것이다.(Gilpin 1975) 그런데 1980년대에 들어서서 정부의 권력이 상당히 약화되자 그는 생각을 바꾸어 국가와 시장 모두는 권력과 부라는 두 가지의 목표 모두를 공유한다고, 그래서 국가와 시장의 차이점은 주로 그 목적을 달성하기 위해 사용하는 수단에 있다고 주장하게 된다.(Gilpin 1987) 하지만 이러한 '전환' 자체만으로 문제가 해결될 수 없다는 것은 분명하다. 어떻게 그토록 기본적인 개념의 정의가 그렇게 쉽사리 바뀔 수 있단 말인가? 길핀은 단지 자신이 일찍이 범했던 오류를 바로잡은 것인가, 아니면 정말로 국가와 시장이 그의 첫 번째 책과 두 번째 책 사이의 시간에 그렇게 본질적인 변화를 겪었던 말인가? 그리고 만약 국가와 시장의 본질이 정말 그렇게 '유동적'인 것이라면, 그러한 유동적 변화를 설명해 줄 사회 세력과 사회적 과정은 어디에 있는가?

이러한 질문들에 대한 가장 흥미로운 분석을 제공해 주는 것은 마르크스주의자들이다.[3] 여기에서 국가는 사회와 분리된 것이 아니라 사회에 묻어

---

2) 국가와 사회를 연구하는 문헌에서 종종 '자본'과 '시장'을 똑같은 말인 양 사용하는 경우가 있다. 물론 그 두 개념은 근본적으로 다른 것이지만, 여기서는 논의를 단순화시키기 위해 그러한 관행을 따르고자 한다.

들어가 있는 것으로 간주된다. 게다가 그 사회가 자본주의적 성격을 갖는다면 국가는 거의 필연적으로 자본가를 옹호하는 편향을 갖게 된다. 그런데 일단 이 지점을 지나면 마르크스주의자들 내에는 심각한 불일치가 시작된다. 논쟁의 하나는 국가 관료들이 자본 축적의 전반적 '논리'로부터 그리고 특정한 이익 집단들이 행사하는 압력으로부터 어느만큼이나 '자율적'인가 하는 문제이다. 국가나 자본이 취하는 특정한 형태의 성격을 놓고서도 상당한 논쟁이 벌어지고 있다. 예를 들어 국가는 강탈과 사회적 억압을 통한 폭력적 착취와 재분배를 추구하는 '약탈적인' 방향을 취할 수도 있지만, 좀더 호의적인 '발전 국가'의 길을 택하여 경제 성장을 통해 잠재적 사회 갈등을 완화시키는 방향으로 나아갈 수도 있다. 자본의 경우도 마찬가지로 '생산적'이고 유용한 자본도 있지만, '투기적'이고 낭비적인 자본도 있다. 게다가 이러한 특징 중 어떤 것도 고정적인 것이 아니며 시간이 흐르면서 진화하고 변화하는 것으로 간주된다. 하지만 국가와 자본의 성격에 대해 그렇게 무수한 해석들이 있다고 해도 그 두 가지를 기본적으로 별개의 것으로 보는 생각은 변함없이 유지된다. 그 두 개의 실체가 어떻게 변한다고 해도 그리고 그 두 가지가 어떤 식으로 상호 작용을 한다고 해도, 자본은 생산과 경제에 뿌리박고 있으며 국가는 정치와 권력에 뿌리박고 있는 것이라는 점은 불변이라는 것이다.

지오바니 아리기(Giovanni Arrighi)와 그의 동료들은 이렇게 정태적인 이분법을 넘어서기 위해 좀더 세련된 접근을 시도한다.(Arrighi 1993; 1994; 또 Arrighi and Silver 1999) 베네치아의 도시 국가에서 현재에 이르

---

3) 마르크스주의 진영 내에서의 대립되는 견해들과 그 논평은 Poulantzas (1967; 1969), Miliband (1969; 1970), Clarke (1991), Jessop (1990) 등을 보라.

기까지 국가와 자본이 어떻게 진화해 왔는가를 살펴본 후, 아리기는 국가와 같이 영토에 기반한 조직에서 자본과 같이 자원을 보유하는 조직으로 점차 권력이 이동해 왔다고 주장한다. 그러한 권력 이동 자체는 대단히 변증법적인 것이다. 아리기, 바, 히사에다(Arrighi, Barr and Hisaeda, 1999: 98)에 따르면 그 두 개의 실체 사이에는 기본적인 '모순된 의존 관계'가 존재하며, 영리 조직들은 영토적 성격에 얽매이지 않는 까닭에 "헤게모니 국가의 권력에 점점 더 의존하게 되면서도 점점 더 그 권력에 대해 전복적인 성격을 갖게 되었다"는 것이다. 17세기와 18세기에 걸쳐서 처음에는 네덜란드가 주식회사를 인가하였고 나중에는 영국도 그 예를 따르게 되었는데, 그러한 주식회사들은 절반은 영리 조직의 성격을 또 절반은 정부의 성격을 갖는 조직들이어서 국가와 자본의 성격을 동시에 가진 채 활동했던 것이다. 하지만 19세기에 들어와 네덜란드 대신 영국이 헤게모니를 갖게 되고 또 영국 제조업이 점차 세계를 지배하게 되면서 영토에 기반을 둔 권력과 자원에 기반을 둔 권력 사이에 좀더 효율적인 분업이 확립되었다는 것이다. 이 새로운 기업 조직은 정부 형태를 갖추어야 했던 예전의 부담에서 '풀려나' 이제 그 돈벌이의 기량을 마음껏 부릴 수 있게 된 것이다. 하지만 이렇게 부담에서 풀려난 필연적 결과의 하나는 새로운 형태의 기업들이 국가 권력에 의지해야만 보호를 받을 수 있고 또 확장을 노릴 수 있게 되었다는 것이다. 게다가 이 기업 조직들은 서로 치열한 경쟁 관계에 있다 보니 그들이 공히 의존하는 국가 권력을 강화시키는 데에 실패하게 되고, 결국 미국과 독일에서 더 큰 규모의 영리 조직 융합체들이 출현하기 시작하면서 영국적인 체제는 밀려나게 되었다는 것이다. 20세기 초가 되면 새로운 미국식의 국가 및 영리 조직 형태가 지배적이 되지만, 아리기에 의하면 그 새로운 형태의 기업도 국가에 대한 모순적인 의존 관계를 갖기는 마찬가지이며, 오히려 그 전 형태보다 더 심하게 나타났다고 한다. 미국식의 다국적 기업들은 한편으로는 세계를 (자신들의) 영리 활동에 개방시키는 미국 국가 권력에 의존하고 있지만, 다른 한편으로는 동일한 그 권력을 활발하게 전복해 왔다는 것이다. 이 다국적 기업들의 지구적인 축적, 특히 금융 분야에서의 축적은 미국 패권이 창출했던 전후 경제 질서 자체를 불안정하게 만들도록 작용하였고, 그럼으로써 자신들의 번영을 가능케 했던 바로 그 기반 자체를 침식하고 있다는 것이다.

모순된 의존 관계라는 이런 장기적인 역사 경험은 국가와 자본 모두의 기본 성격이 겪게 되는 '시대적 비약'을 이해하는 데에 도움이 된다고 아리기는 주장한다. 최초에 새로이 나타난 헤게모니 국가는 자신이 거느린 영리 조직 제도들을 지지하고 밀어주는 전형적인 모습을 보인다. 그러나 조만간에 그 헤게모니의 권력과 그 기업들의 독점적 이윤이 외부의 경쟁자들을 끌어들이게 되며, 또 내부적으로는 불평등과 반목을 낳게 된다. 게다가 영리 활동은 항상 공간적 장벽을 깨뜨리고자 하게 마련이어서 점차 그 활동 자체가 의존하는 기반인 영토적 권력을 '전복'하게 되는 사태가 나란히 벌어지게 된다. 역사적으로 보면, 이렇게 각종 모순이 산더미처럼 쌓이게 되면 그 결과로 지구적인 불안정이 나타나게 되고, 마침내 '체제적인 혼돈'(systematic chaos)이 벌어지게 된다. 최소한 지금까지의 경험으로 보면 그 체제적인 혼돈을 해결하는 과정에는 항상 새로운 헤게모니가 나타나는 것이 포함되어 있었지만, 아리기에 따르면 이는 그 자체로는 중요성이 덜하다고 한다. 이 이행 과정에 있어 좀더 결정적으로 중요한 특징은, 질적으로 새로운 국가—영리 활동의 형태가 출현하여 이전의 모순들을 해결하고 그 가운데에서 권력의 소재는 점차 영토성에서 축적으로 이동하도록 작용하는 과정이라는 것이다. 이러한 주장은 실로 흥미로운 것이고 또 역사

속에서 국가와 자본의 상호 작용에 관한 대부분의 설명보다 한결 더 앞선 혜안을 보여주는 것이 사실이다. 하지만 이러한 설명에서조차 국가와 자본이라는 이분법이 계속 남아 있다. 비록 상호 작용 속에서 끊임없이 변화하는 것이라고는 하지만 국가와 자본은 여전히 근본적으로 구별되는 것으로 간주되고 있는 것이다.

그러한 이분법을 극복하는 데 있어 최상의 출발점은 아마도 마르크스일 것이다. 앞에서 보았듯이 그는 자본주의의 출현과 발전에서 생산의 우선성을 강조한다. 하지만 『자본론』 1권 끝부분의 「산업 자본가들의 탄생」이라는 제목이 붙은 부분에 이르면 우리는 놀랄 만큼 다른 해석이 나오고 있음을 볼 수 있다. 국가는 자본주의가 이미 발전되어 있는 상태에서 나타나 자본주의에 보편적인 형식을 부여한다는 식의 상향식 접근이 보통 마르크스의 입장인 듯 보지만, 여기에서는 그 반대로 베블렌과 다르지 않은 하향식 접근을 취하여, 자본 축적이란 국가의 내부로부터 출현하는 것으로 그려지고 있다. 마르크스는 그 부분에서 자본주의의 탄생은 본원적 축적이라고 서술하며, 계속해서 본원적 축적이란 대개는 국가의 사업이라고 주장하고 있는 것이다.

본원적 축적의 여러 다른 계기들은 대략 시간적인 순서로 보아 특히 스페인, 네덜란드, 프랑스, 영국의 역사적 경험에 각각 배당할 수 있다. 17세기 끝무렵의 영국에서 그 여러 계기들은 식민지, 국가 부채, 근대적 양식의 조세 체계, 보호주의 경제 체제 등을 아우르는 체제로 결합된다. 이러한 여러 축적 방법들은 식민 체제의 경우에서 보듯 부분적으로는 물리적 폭력에 의존한다. 하지만 이 방법들은 공통적으로 국가 권력을 활용하고 있으니, 그 국가 권력이라는 사회의 집중된 조직적 힘을 온실로 활용하여 봉건적 생산 양식을 자본주의적 생산 양식으로 전환하는 이행의 속도를 단축시킨다. 국가 자체가 경제적 권력인 것이다.(Marx 1909, Vol. 1: 823~824)

마르크스는 나아가 이러한 정황을 배경으로 하여 신용의 중심 역할을 확인하는 점에서 또 한 번 베블렌과 유사점을 보인다. 또한 이 과정에서도 국가는 최고의 중요성을 갖는다.

> 공공 신용 체계, 즉 국가 부채는 일찍이 중세기부터 제노바와 베니스에서 그 기원을 찾을 수 있는데, 공장제 수공업(manufacture)의 시기에는 전 유럽이 거기에 장악되기에 이른다. 국가 부채는 즉 국가─전제 국가이냐 입헌 국가이냐 공화제 국가이냐에 관계없이─의 양도를 뜻하는 것인바 자본주의 시대의 중심적 특징이 된다.…… 근대의 여러 민족들의 이른바 국부(國富)라는 것 중 그 민족들의 집단적 소유로 실제로 들어오는 유일한 부분이 이 국가 부채이다. 이에 필연적인 결과로서 어떤 나라의 빚이 클수록 그 나라는 부유한 나라라는 주장이 근대에 나타나게 된다. 공공 신용은 자본의 신앙 고백이 된다. 그리고 국가적인 부채 발행이 출현하면서, 성령에 대한 신앙 부족보다도 국가 부채에 대한 신앙 부족이 더욱 용서 못할 신성모독으로 여겨지게 된다.(ibid.: 827)

부르주아 질서에서는 자본이란 부와 같은 말이라는 점, 또 자본화라는 것이 처음으로 등장한 것은 공공 부채를 제도화하는 과정이었다는 점을 생각해 볼 때 '국가의 부'라는 말이 '국가의 부채'라는 말과 같은 뜻이 되어 버린 것은 너무나 당연하다.(물론 전자는 자본가들이 소유(own)하는 것이며, 후자는 나머지 인구가 빚으로 떠안게 되는(owe) 것이라는 단서를 달아야겠다. 이는 너무나 자명한 사실이지만 대부분 말없이 은근슬쩍 넘어가는 듯하다.) 그러한 과정의 뒷면에는 물론 그 부채를 갚기 위해 세워진 근대적 조세 체계, 즉 마르크스가 말한 "국가적 대부 체계에 필수적인 보완물"이 있다. 그리고 이게 전부가 아니다. 마르크스에 의하면 사실상 공공 부채는 단지 "본원적 축적의 가장 강력한 도구의 하나"일 뿐만 아니라, 좀더 광범위한 근대 금융 제도의 기초이기도 하여, "주식회사, 모든 종류의 양도성 증서의 거래, 환전업을 발생시켰다. 한마디로, 주식 시장의 도박과 근대의 은행 권력은 여기에서 생겨난 것이다."(ibid.) 요컨대 최소한 여기에서 보이는 마르크스의 주장은, 국가란 역사적으로 나중에 등장한 것도 아니고, '순수' 한 자본의 개념에 추가되어 여러 복잡한 문제를 낳는 존재도 아니라는 것이다. 국가는 축적 과정의 본질적인 측면의 하나이며, 최초부터 그러했다는 것이다.

이러한 통찰력 있는 관찰을 한 걸음 더 발전시키면, 자본과 국가라는 두 개의 제도는 분리해서 볼 것이 아니라 동일한 권력 과정의 다른 현현 형태로 보아야 한다는 주장이 가능해진다. 최초에 그 두 제도의 융합은 정부 공채의 형태로 공식화되었는데, 정부 공채란 사실상 최초의 체계적인 권력—조세를 징수하는 정부의 권력—의 자본화를 나타내는 것이었다. 물론 그러한 조세 권력 자체는 오래된 것이어서, 군대를 동원하여 농산물을 공물로 거두어들이던 시대까지 거슬러 올라간다.[4] 세월이 흐르면서 조세 징수가 관습과 법으로 정당화되어 물리적인 폭력 사용의 필요성은 줄어들었다. 하지만 그러한 권력이 '금융 자산' 으로 포장되고 공개 시장에서 판매 가능한 채권으로 일상적으로 할인되기에 이른 것은 오로지 자본주의의 출현과 함께 일어난 현상이다.

---

4) 오늘날 국가 수입이 더 이상 현물 형태로 징수되는 것도 아닌데 회계 연도는 여전히 4월에 시작되고 있다. 이는 봄이 되면 조세 징수 원정을 떠나던 고대의 관행을 상기시킨다.

이러한 자본-국가의 '유대'를 찾아내는 일은 어렵지 않다. 17세기 들어 베스트팔리아(Westphallia) 국가 체제가 출현한 이래 군사적 갈등이 심화되고 전쟁이 점차 기계화되었으며 봉건적 농노 대신에 용병이 쓰이게 되었다. 이에 따라 '현금의 흐름'은 국가의 통치자들에게는 생사가 걸린 문제가 되었다. 이 통치자들은 물론 조세를 통하여 화폐를 얻을 수 있었지만 이는 시간이 걸리는 일이고, 반면 전쟁 물자의 조달은 긴급을 요하는 것이었다. 현대적 용어로 표현하자면, 이들이 고민했던 문제는 유동성의 문제이지 지급 능력의 문제는 아니었던 셈이다. 이 문제를 풀어주었던 것이 큰손 금융(high finance)이었으니, 이들은 많은 양의 화폐를 신속하게 동원할 능력이 있었던 것이다. 다음의 일화가 그 과정을 전형적으로 예시해 줄 것이다. 나폴레옹 전쟁의 도중이었다. 웰링턴 공작이 지휘하는 영국 원정군은 포르투갈에서 그들을 포위한 '지독한 자금 부족'에 발이 묶이고 말았다. 봉급을 받지 못한 군인들은 민가를 약탈하는 수밖에 없었고, 부상당한 장교들은 진료를 받기 위해 의복까지 팔아야 했다. 군대 전체가 돈이 떨어졌는지라 주민들을 프랑스 통치에 등을 돌리도록 하는 공작도 지리멸렬하였다. 웰링턴도 결국 포기하기 직전에 이르렀는데, 모든 희망이 사라져버린 그때에 로스차일드(Rothschild) 집안이 구원을 베풀었다. 그 조금 전에 이들은 영국의 동인도 회사로부터 80만 파운드 어치의 황금을 싼값에 구입한 적이 있었는데, 그래서 이제 영국 정부에게 그 돈을 다시 기꺼이 빌려주려 했던 것이다. 그 대가로 충분히 할인된 가격으로 공채를 받았던 것은 물론이지만. 또 이들은 그 황금을 영국에서 유럽 대륙으로 옮기는 일도 떠맡았다. 물론 다시 한 번 적당한 수수료를 받고서 말이다. 이들은 몇 년에 걸쳐 이 사업을 계속했는데, 그들이 영국군에게 보내준 돈의 액수는 자그마치 200만 파운드에 달하였다.(Elon 1996: 166~171) 어째서 런던은 그 자신의 영국 동인도 회사에게서 직접 황금을 사지 않고 로스차일드 집안이 일단 그 황금을 가진 후 물리적으로 그 돈을 수송하도록 하는 길을 택했는 가는 의문인 채로 남아 있다. 하지만 자본가들이 조세를 담보로 발행된 공채를 받고서 정부에 돈을 대주는 기본적인 패턴이 보편적인 것이었음은 이 예에 분명히 나타나고 있다.

그리고 시간이 지나면서 그 자본과 국가의 공생 관계는 사실상 더욱더 견고해져 갔다. 정부 공채는 근대 금융의 심장부를 차지하게 되었다. 그것은 가장 크고 또 가장 유동성이 뛰어난 채권 시장을 형성하였고, 정부의 재정 정책과 금융 정책 모두를 집행하는 주요 수단이 되었으며, 그 수익이 벤치마크가 되어 보편적인 정상적 수익률을 반영하는 기능도 수행하였다. 하지만 국가 권력의 자본화는 그를 훨씬 뛰어넘는 것이었다. 정부는 조세 징수 이외에도, 몇 개만 들어보아도, 군사 예산 지출, 보조금, 산업 정책, 관세, 사적 소유 보호, 특허, 이념적 선전, 노동법, 거시 경제 정책, 경찰 등과 같이 무수한 종류의 권력을 가지고 있으며, 그 권력들은 모두 자본가들의 소득에 관계를 맺는 것들이다. 사실 근대 국가의 권력에서 자본가들의 소득에 영향을 주지 않는 측면이 있으리라고는 상상하기 어렵다. 그리고 국가의 그 다양한 종류의 권력들이 모두 '자본에 대한 수익'에 영향을 주는 것인 까닭에, 그것들은 암묵적으로 기업의 주식과 채권 가격으로 할인되어 나타나게 된다. 다른 말로 하자면, 모든 사유 재산의 상당한 부분은 사실상 '국가를 자본화'한 것이다. 물론 그 부분이 어느만큼인가를 정밀하게 결정하는 것은 불가능하다. 하지만 그게 불가능하다는 것 자체가 국가와 사유 재산이라는 두 개의 제도가 얼마나 불가분으로 뒤엉켜 있는가를 보여주는 증거가 된다.

이 모든 사실이 함의하는 바는 실로 의미심장하다. '국가'라는 개념은 종종 사회 조직의 근간이 되는 중심적인 정치적 · 법적 제도의 집합을 가리키는 것으로 느슨하게 사용되고 있다. 하지만 자본주의의 논리가 점차 지배적인 것이 되면서 점점 더 많은 정치적 제도들이 자산 가격의 모습으로 '자본화' 되기에 이르면서, 자본 자체가 점차 국가의 한 형태가 되고 말았다. 그렇기 때문에 그 두 개의 권력 제도들이 이렇게 '하나의 그물에 엮인' 사실을 충분히 염두에 두지 않는다면 자본주의 발전 과정은 결코 제대로 이해할 수 없게 되었다.

3부 권력의 축적

이길 수 없다면 한편으로 만들어라.

—격언

7장 차등화 축적

주류 경제학도 마르크스 경제학도 이윤과 축적을 서로 연관되어 있지만 다른 개념으로 보고 있다. 이윤은 축적의 잠재적인 원천이지만 축적은 오로지 이윤이 새로이 생산된 시설과 장비에 '투자' 될 때에만 벌어진다는 것이다. 우리는 이러한 해석을 기각한다. 축적이란 권력이 결정화된 것으로서, 소위 '실물 투자' 라는 것과는 별 상관이 없다. 앞에서 보았듯이 자본화란 미래를 지향하는 과정이다. 축적은 이윤을 전혀 벌지 못한 상태에서도 벌어진다. 축적되고 있는 것은 미래의 이윤 흐름에 대한 청구권이기 때문이다. 따라서 축적의 속도는 두 개의 요소가 좌우한다. ① 이윤에 대한 기대에 영향을 끼치는 제도적 장치들과 정치경제적 과정들. ② 그러한 제도적 장치들을 현재 가치로 할인하는 데에 쓰이는 정상적 수익률. 생산 설비의 증가가 이 두 요소에 끼치는 효과는 대단히 복잡하고 비선형적일 가능성이 크며, 게다가 그 영향의 방향도 플러스인 만큼 마이너스이기도 하다.

자, 이제 우리의 주장대로 자본은 '만질 수 있는 것' 이 아니라고 해보자. 그렇다면 그것의 축적은 어떻게 측정되는가? 단순한 화폐 가치의 증감이라는 지표로는 우리가 축적의 본질이라고 주장했던 권력을 제대로 드러낼 수가 없음이 분명하며, 이러한 결점은 특히 인플레이션이나 디플레이션 상황에서는 더욱 두드러진다. 결국 대답은 권력의 상대적인 성격에서 찾아져야 한다는 것이다. 부재 소유자의 권력은 사회적 과정의 일부를 마음대로 통제하는 권력인바, 이는 무엇보다도 다른 소유자들의 권력과 견주어볼 때에 의미를 갖게 되는 것이다.

권력의 상대적 성격은 물론 자본주의에만 나타나는 것은 아니다. 군주들과 국가들은 다른 군주들과 국가들에 견주어서 자신들의 권력을 가늠했었다. 하지만 이러한 예전의 거대 기계에서는 권력의 비교가 거의 주관적인 것이었고, 또 그렇게 비교를 한다고 해도 그 사회적 중요성은 훨씬 더 제한되어 있었다. 자본주의에 들어서면 자본 축적이라는 화폐적 단위를 통해 권력을 '객관적으로' 수량화하는 일이 가능해졌으며, 권력의 상대적 본질이라는 것도 비로소 중심 무대에 등장하게 될 수 있었던 것이다.

부재 소유자들이 행사하는 권력은 물론 사회 전체를 범위로 하는 것이지만, 그 각각의 권력이 준거점으로 삼는 바는 그 범위가 훨씬 더 구체적이다. 자본가들의 권력은 다른 자본가들에 대해 상대적—적어도 그들의 마음속에서—으로 측정된다. 보울스, 고든, 와이스코프(Bowles, Gordon and Weisskopf 1986; 1990)와 같은 일부 마르크스주의자들은 자본가들의 권력을 재는 척도를 좀더 폭넓게 제안한 적이 있었다. 그들이 제안한 많은 것들 중에서 몇 개만 들자면 노동자들, 외국의 생산자들, 나라의 시민 권력 같은 것들에 대한 상대적 관계로 자본가들의 권력을 나타내자는 것이다.(서평으로는 또한 Kotz 1994) 이러한 권력의 측정 지표들은 다음의 두 가지 점에서 우리의 견해와 차이가 있다. 첫째, 이러한 지표들은 자본가들끼리의 권력 배분 상태에 대해서는 별로 말해 주는 바가 없다. 둘째, 이것들은 자본 축적을 측량하는 데에는 직접적인 관계가 없다. 우리는 권력이 바

로 축적의 본질이라고 보는 데에 반하여 이들은 권력과 축적을 별개의 범주로 다루고 있는 것이다.[1]

개별의 부재 소유자들에게 있어서 축적률이란 무엇보다도 일정한 벤치마크와의 비교에서 의미를 가진다. 경제학자들—마르크스주의자들도 예외가 아니다—은 그러한 벤치마크로 가격 지수를 사용하는데, 그 목적이란 축적을 '실물'적인 것으로 표현하려는 것임이 명백하다.[2] 의식적으로건 아니건 이러한 절차에서는 이윤의 궁극적 목적이 쾌락적 만족이 되어버린다. 자본가들은 아무리 많이 소비(혹은 나중에 소비하기 위해 저축)해도 결코 만족하는 법이 없으며, 더욱더 많은 효용을 얻으려고 인정사정없이 이윤을 극대화하기 위해 몰아붙인다고 우리는 배웠다. 이러한 주장에는 두 가지 문제가 있다. 첫째, 자본가들도 물론 소비에 관심이 있는 사람들이지만, 그들의 부가 어느 정도를 넘어서면 축적률과 그들의 소비 성향의 변화는 별 관계가 없어진다. 더욱이 이윤에 의해 유발되는 소비란 보통 과시적인 성격, 즉 자신들의 차등적인 지위를 뽐내는 것이 목적이다. 이 점이 중요한 이유는, 일단 과시적 소비의 영역에 일단 들어서면 '실물적인 이윤'이라는 말은 전혀

---

1) 아주 지각 있는 관찰자들마저도 이렇게 권력과 축적을 별개의 것으로 구별하는 오류에 빠진다. 예를 들어 헨우드(Henwood 1997: 4)의 경우는 다음과 같이 말한다. "미국 인구의 상위 1/2퍼센트가 하위 90퍼센트보다 국부의 더 큰 몫을 차지하고 있으며, 상위 10퍼센트가 차지하는 몫은 전체의 4분의 3에 해당한다." 그는 계속하여 말하기를, 이러한 부와 함께 "특별한 사회적 권력이 따라오게 된다. 정치가들, 지식인들, 교수들을 매수하여 공공 정책과 기업 정책 모두를 좌지우지할 수 있는 권력 말이다"라고 말한다. 다시 말하자면 먼저 '부'의 축적이 벌어지고 그 다음에 그 부로 '권력'을 산다는 말이 되는 셈이다.
2) 예를 들어 샤이크와 토나크(Shaikh and Tonak 1994)는 마르크스주의적인 대안적인 국민 계정을 고안하려 노력하지만, 노동 생산성을 '측량', 즉 노동자 1인당 '실물' 산출을 계산할 적에는 여전히 생산적 노동자의 화폐 표시 산출을 국민 총생산 가격 지수로 나누는 방법을 쓴다.(Appendix J: 337~343) 4장에서 보았듯이 가격 지수는 마르크스주의자들이 거부하는 신고전파적인 주관적 효용 이론에 기초를 두고 있기 때문에, 그러한 계산의 결과로 나오는 수치는 명확한 의미를 가질 수가 없다.

다른 의미를 갖게 되기 때문이다. 비싼 물건을 소비하는 짓은 공리주의 관점에서는 분명히 그로 인해 실제 소득이 떨어지게 된다는 것을 뜻하겠지만, 과시적 소비자에게는 정반대의 의미를 갖는다. 그 비싼 가격으로 인해 그 비싼 가격을 무릅쓰는 과시적 소비자들이 차등적인 신분을 얻게 되기 때문이다. 두 번째 문제점은, 이 '이윤 극대화' 라는 말은 학계의 끝없는 논쟁에도 불구하고 그 의미가 아직도 불투명하다는 것이다. 자본가들이 '가능한 한 최대' 를 벌어들이고 싶어한다는 것은 물론 말할 것도 없겠지만, 그 달성 가능한 최대의 이윤이 얼마인가는 영원히 알 길이 없으므로 이 이론은 이론적으로 문제가 있을 뿐만 아니라 실제에서는 아무 의미도 없게 된다.[3]

---

3) 이 이윤 극대화라는 철칙은 전통적인 경제 이론의 찬양을 받아온 이론이지만, 도대체 왜 그런 찬양을 받는지 이유조차 불분명하다. 우선 이 개념은 현실 세계에서는 제대로 설명하는 것이 거의 없다. 이미 반세기 전에 홀과 히치(Hall and Hitch 1939)가 밝혔듯이, 최대의 이윤이라는 게 도대체 얼마이며 또 그만큼을 얻어내려면 어떻게 해야 하는지를 알고 있는 자본가란 거의 없다. 결국 자본가들은 그 대신 '목표 수익률' 을 달성하기 위한 '원가 가산 가격 산정' (mark-up pricing: 이는 이윤을 극대화하려는 자본가들이 한계 수입과 한계 비용이 일치하는 점에서 생산량을 결정하고, 그것이 수요 곡선과 만나 가격이 결정되며, 최종적으로 이윤 극대화가 실현된다는 신고전파 가격 이론과 괴리가 있다—옮긴이)이라는 원칙으로 행동한다는 것은 홀과 히치 이전이나 이후에나 많은 연구가 지적하고 있는 바이다.(몇 가지 예만 들자면, Brown 1924; Kaplan, Dirlam, and Lanzillotti 1958; 그리고 Blair 1972) 신고전파 한계론자들은 이러한 이단을 용납할 수가 없었다. 매클럽(Machlup 1946)의 지휘 아래 이들은 반격을 시도하여, 사업가들이 뭐라고 말하든 궁극적으로 따져보면 원가 가산 가격 설정이라는 행태도 실제 세계에서 이윤 극대화를 달성하는 기술에 다름 아니라고 주장한다. 물론 이들은 여전히 그 '최대 이윤' 이 정확히 얼마인가를 보여줄 수는 없었다.(Robinson 1966: 78~79) 물론 이론이라는 순수한 천상의 세계에서 노닐던 이론가들은 대부분 이런 흙탕물 속의 현실적 문제에 대한 논쟁에서 무참히 박살이 난다고 해도 이론만 다루는 교과서로 숨어버리면 그만이라고 생각할지 모르지만, 안됐지만 그 '이론' 에서도 상황이 별로 나을 게 없다는 것이 문제다. 극대 이윤이라는 개념은 완전 경쟁이나 단일 독점과 같은 극단적 경우에만 '작동 가능' 한 것으로 밝혀졌다. 하지만 그 두 개의 (존재할 수 없는) 이념형들 사이에 펼쳐진 '불완전' 의 전 영역에서는 어떻게 되는 것인가? 꾸르노(Cournot 1838)가 처음으로 밝혀낸 바, 과점 상태의 기업들이 상호 독립적으로 행동하는 상황이 바로 문제이다. 이때는 '제약 조건이 없는' 형국이기 때문에 극대 이윤의 값을 정할 수가 없어서, 이론적으로도 계산할 수가 없게 된다. 물론 이 과점 상황에서의 극대 이윤의 문제를 게임 이론을 빌어서 풀어낸 연구가 무수히 많지만, 그러한 풀이는 물론 미리 정해진 일정한 규칙을 과점 기업들이 따른다고 전제했을 때에만 가능했던 것이다. 슬프게도 현실의 기업들은 그런 규칙 따위는 멋대로 무시하는 판이니, 안타깝지만 이윤 극대화라는 이론은 여전히 수수께끼로 남아 있는 것이다.

현실에서 축적에 바쁜 이들은 이미 아르키메데스적인 절대치를 버리고 뉴튼적인 상대치를 받아들인 지 오래이다. 현대의 자본가들은 가격 지수가 아닌 자기들 내부의 평균 축적률에 벤치마크를 둔다. 이들이 노리는 것은 이윤 극대화가 아니라 평균을 뛰어넘는 것이다. 이들이 사용하는 잣대는 '정상적 수익률'이며, 목표는 그것을 넘어서는 것이다. 불황 속에서는 5퍼센트의 성장률도 성공이라 할 수 있다. 하지만 다른 이들이 30퍼센트씩 성장하고 있는데 15퍼센트로 성장했다면 이는 실패를 뜻한다. 요컨대 이들에게 진짜 문제는 축적이 아니라 차등적 축적이다. 그 도저히 손에 잡히지 않는 '극대 이윤' 따위의 개념과는 달리, 이러한 '정상'과 '평균' 수익률을 준거점으로 삼는 행태는 도처에서 행해지고 있다. 큰 회사들이 스스로의 실적을 가늠할 때에는 『포춘』(*Fortune*), 『비즈니스 위크』, 『파 이스턴 이코노믹 리뷰』(*Far Eastern Economic Review*), 『유로머니』(*Euro-money*), 『포브스』(*Forbes*) 등의 정기 간행물에 발표된 기업 순위를 참조한다. 펀드 매니저들은 각자에 해당되는 벤치마크를 넘어서느냐 처지느냐에 따라 고용되고 해고된다. 그리고 실적을 주식 가치로 평가하는 것도 전체 주식 시장이나 동종 업계를 표현하는 지수와 비교하지 않으면 의미가 없다. 사실상 이렇게 정상적 상태가 어떠한가를 경쟁 상황에서의 실적 평가의 벤치마크로 삼는 사고 방식은 자본주의 사회에 아주 전적으로 받아들여지고 있기에, 오늘날 비즈니스와 무관한 무수한 영역들, 교육, 스포츠, 예술 심지어 외교 관계에서까지 그러한 사고 방식이 지배하고 있는 것이다.

축적을 좇는 차등적 투쟁이란 곧 권력을 좇는 투쟁, 즉 자본주의 체제 내에서 사회 변동의 과정을 통제할 권력을 더 많이 얻기 위한 투쟁이다. 이러한 틀 안에서 생각해 보면 전체 경제의 자본화된 총 화폐 가치를 자본주의 권력 전체로 보았을 때 그 자본화 총량에서 어떤 기업이 차지하는 일정한 부분은 그 전체 권력—이 권력의 덩어리는 어디를 떼어내도 동질적이다—에서 그 기업에 해당되는 만큼의 권력을 표현하는 것이라고 볼 수 있다. 개별 자본가 또는 자본가 연맹은 그러한 권력에 대한 청구권을 확보하기 위해 자신들의 고유한 조직과 제도를 활용하게 마련이므로, 그들의 권력은 내용에 있어서 항상 질적으로 다양하게 되어 있다. 하지만 이러한 권력은 전체 사회를 대상으로 하여 행사됨으로 해서, 그들의 권력은 그 형식의 차원에 있어서, 사회가 재구조화되는 전체 과정에 대한 청구권인 화폐라는 보편적인 단위로 수량화가 가능하다. 이 화폐 단위로의 수량화(자본화 과정〔capitalization〕을 말한다—옮긴이)야말로 바로 축적의 질적 측면과 양적 측면을 이어주고, 또 권력과 관계 있는 다양한 사회적 과정 및 조건들을 권력을 측정하는 단일한 단위와 이어주는 중심적 '연결 고리'일 것이다. 과정들을 그 권력을 측정하는 동일한 단위와 이어주는 중심적인 '연결 고리'일 것이다.

질적인 권력을 양적인 권력으로 '전환'시키는 이 연결 고리 자체는 객관적인 과정이 아니라는 점에 주목해야 한다. 우선 자본화라는 것 자체가 비록 객관적인 양인 것처럼 취급되고는 있지만 사실은 사회적 통념에 기반한 것이며, 따라서 사회와 독립적으로 존재하는 그 무엇이 아니다. 둘째, 그냥 사회적 과정을 관찰한다고 해서 곧바로 자본화 과정을 도출할 수 있는 것도 아니다. 예를 들어 어떤 기업이 특허권을 얻었다거나 정부를 한 편으로 끌어들였다거나 신기술을 도입했거나 경쟁 회사를 인수했거나 하는 등등의 사실 자체만으로는 그 기업이 어느만큼의 차등화 축적을 달성했는가에 대해서 알 수가 없다. 그 연결 고리를 이해하려면 사실 그 반대 방향으로 생각하는 수밖에 없다. 즉 차등화 축적의 양적 과정에서 출발하여 제도, 조직, 또 그것들을 끌어안는 사회적 과정 등과 같은 질적인 차원으로 초점을 움직이는 것이다. 요컨대 차등화 축적 과정에서 출발하여 그런 축적이 벌어진 원인을 짚어 나아가는 방향으로 움직여야 한다는 것이다.[4] 물론 이런 식으로 질적인 세계와 양적인 세계를 마구 넘나드는 시도가 엄격한 의미의 과학적인 것이라고 주장할 수는 없음이 분명하다. 하지만 자본주의가 사회적 제관계를 수량화하고 있음 또한 분명하다. 그렇다면 비록 정황적 증거밖에는 들 수 없지만 한번 우리가 제안하는 방법을 따라 그러한 수량화가 벌어지는 과정을 이해해 보는 것도 시도해 볼 만한 일일 것이다.

먼저 그 첫 번째 단계로 차등화 축적에 대한 간단한 조작상의 정의를 제시하고자 한다.

1. 특정한 소유자들 집단이 갖는 '자본의 차등적 권력'(differential power of capital, DPK)은 그 소유자 집단 전체의 자본화를 평균적 자본 단위의 자본화와 비교하는 상대적인 방식으로 측량되어야 한다. 평균적 자본 가치가 500만 달러일 때 50억 달러의 가치를 가진 자본은 1,000의 DPK를 표현하는 것이라 할 수 있다. 이는 그 자본을 소유한 소유자들의 집단이 평균적인 자본의 소유자들보다 1,000배의 권력을 갖는다는 것을 뜻한다.

2. 이러한 정의하에서, '차등화 축적'(differential accumulation, DA)의 속도는 DPK의 변화율, 즉 그 집단의 자본화 가치 성장률에서 평균적 자본화 가치 성장률을 뺀 것으로 결정된다. DA의 비율이 플러스, 마이너스, 영(零)이라는 것은 각각 차등화 권력의 증가, 감소, 불변을 의미한다.

---

4) 이러한 점에서 우리의 논리는 칼레츠키(Kalecki)의 '독점도'(degree of monopoly)와 비슷하다.(1943) 이는 독점력을 가진 제도와 세력의 상대적 이윤 마진의 결과를 측량하는 개념이다. 우리가 제안하고 있는 방법은 단지 독점 대 경쟁이라는 좁은 문제가 아니라 자본주의하에서의 권력 역동 전체를 반영하고 있다는 점에서 칼레츠키와는 차이가 있다.

3. 엄격하게 말해서 '축적'을 하고 있는 것은 오로지 DA가 영보다 큰 자본가들뿐이라고 할 수 있다. 따라서 자본 축적을 연구하려면 이런 자본가들을 그 연구의 중심에 놓아야만 한다.

그렇다면 그 다음 질문은 이 '차등화 축적을 하고 있는 자들'은 누구이며 이들을 어떻게 분류할 것인가 하는 물음이다. 우리가 선호하는 바는 개인 소유자 대신 소유자 집단에 초점을 두는 것이다. 왜냐하면 자본이 매매 가능하게 되면 원심력과 구심력의 두 계기 모두가 생겨나기 때문에 개별 자본가의 권력은 결국 제한될 수밖에 없기 때문이다. 주식회사라는 형식이 바로 그 원심력에 맞서는 초기의 형태로 나타났던 것이며, 나중에는 마침내 기업 연합(명시적 또는 암묵적인)이라는 형태까지 나타나게 되었다. 앞에서 본 대로 소유와 통제의 분리라는 주제에 대해서 많은 논쟁이 있었지만, 우리는 운영을 누가 하든 간에 주식회사라는 제도 자체는 역사적으로 자본주의의 생존에 필수적인 것이라는 베블렌의 견해에 동의한다. 이 제도는 마르크스에게 있어서도 "자본주의적 생산의 틀 내에서 사적 재산으로서의 자본의 폐지"가 임박했다는 신호였던바(1909, Vol. III: 516), 그 제도가 없었다면 경쟁이라는 원심력과 과도한 생산 능력이 이미 오래 전에 부르주아 질서의 목숨을 끊어놓았을 것이다. 그러므로 자본주의를 연구하려면 반드시 주식회사의 개념을 그 중심의 주춧돌로 삼아야 한다.

개별 자본가들이 주식회사로 뭉치고 또 주식회사들이 기업 동맹으로 뭉치는 데에 근간이 되는 목적은 다른 자들을 배제하는 것이다. 비자본주의 사회의 경우 보통 농노는 아무리 커도 왕이 될 수 없고 노예는 주인이 될 수 없으며 불가촉 천민은 브라만이 될 수 없다는 식의 상대적으로 고정된 관습에 이 배제의 메커니즘은 묻어 들어가 있다. 자본주의에는 이런 관습이 없다. 상품화로 인하여 신분 상승은 완전히 가능하게 되었고, 돌팔이 약장수의 아들이 뉴 저지에서 스탠다드 오일(Standard Oil) 회사를 세워 주인이 될 수도 있고 대학 중퇴생이 마이크로소프트의 주인이 될 수도 있다. 하지만 그렇다고 해서 자본주의가 사회적 배제의 기제를 철폐했음을 뜻하지는 않는다. 그 반대이다. 사실상 존 라커펠러와 윌리엄 게이츠가 그들의 권력을 얻는 과정에서 다른 이들은 권력을 내놓아야만 했다. '기회 균등'이 사회적으로 제도화된 이상 언제 또 누군가가 기존 권력에 도전해 올지 모르는 상황이므로, 자본주의에서는 올슨(Olson)의 표현대로 "분배를 위한 연합"으로 매정하게 이합집산해야만 그러한 도전자들을 효과적으로 배제할 수가 있게 된다.(1965; 1982) 결국 자본주의 사회와 비자본주의 사회에 차이가 있다고 해봐야 배제가 행해지는 형식의 문제일 뿐이다. 비자본주의적 권력 체제에서의 배제는 대부분 사회적 규율로 확립되어 신분 집단들의 위계가 상대적으로 안정적인 모습을 띠는 정태적인 것이었다. 반면 자본주의에서의 배제는 영원히 이합집산을 거듭하는 동맹들을 통해 역동적으로 재창출되는 것이라는 점이 다를 뿐이다.

그 귀결은 자본 전체의 축적이 중심부의 자본 축적에 좌우된다는 것이다. 자본 축적 과정의 중심에 있는 가장 크고 가장 큰 이윤을 올리는 기업 연합들인 이 '지배적 자본'(dominant capital)이야말로 결정적인 중요성을 갖는다. 그 바깥에서 무수한 자본들이 포진하고 있는 주변부는 사실상 자본주의 전체 발전의 미래에는 항시적인 위협일 뿐이다. 이 주변부의 자본들은 경쟁이라는 강력한 원심력에 휩쓸리지 않을 수 없는데 이들의 행태는 공모 담합이라는 영리 활동 '깽판 놓기'의 본질을 항상 위태롭게 할 수밖에 없다. 그리하여 그 공모 담합을 통한 깽판 놓기가 불가능하게 되면 축적 일반 자체도 불가능해지는 것이다. 그 지배적 자본이 다른 소규모 자본들을 '판 밖으로' 몰아낼 배제적인 권력을 유지하고 또 증가시킬 수 있는 만큼에 따라 소유를 자본화시키는 과정도 유지될 수 있다. 요컨대 차등화 축적과 기업의 집중화 현상은 동일한 과정의 두 측면인 것이다.

하지만 동일한 자본가 집단이 모든 과정을 지배한다는 가정은 없다는 점에 주목하라. 오히려 권력의 그물망과 사회적 재생산의 패턴을 함께 재구조하려는 자본가들 내부의 투쟁이야말로 차등화 축적의 본질이다. 이러한 투쟁은 조직적 의식적인 권력적 과정으로서 상대방을 짓밟기 위한 목적 의식적 활동으로 점철되어 있다. 따라서 그 결과가 어떻게 될지는 아무도 알 수 없다. 여기에서 중요한 사실은 그 과정에서 대사업 자본 집단은 비록 그 구성은 바뀌어도 전체로서는 점차 차등화적 성장을 하게 된다는 점이다. 조지 오웰(George Orwell)이 멋지게 표현한 것처럼, "지배 집단은 그 후계자를 지명할 수 있는 한 여전히 지배 집단이다.…… 권력의 위계 구조가 똑같이 유지되기만 한다면, 누가 권력을 휘두르는가는 중요하지 않다."(1948: 211)

그렇다면 연구 조사를 위해 우리는 차등화 축적을 '지배적 자본'의 자본화된 소득이 전체 경제의 평균과 비교하여 팽창해 가는 비율이라고 정의할 수 있다. 자본 소득에는 이윤과 이자 모두가 들어가므로, 제대로 총계를 내기 위해서는 총 자산의 총계(소유자들의 주식의 총계가 아니라)를 사용해야 한다. 자본이 자본화될 적에 미래에 대한 예측으로 이루어진다는 점을 감안해 보면, 그 총 자산의 총계는 자기 자본과 부채 모두의 발행된 시장 가치로 측량하는 한 방법이 될 수 있다. 하지만 그 시장 가치는 종종 투자가들의 '과대 평가'(hype)로 '오염'된다. 즉 미래 수익과 '정상적 수익률'의 추이에 대한 냉정한 이성적 평가가 아니라 그저 돈을 잃거나 딸 가능성에 이리저리 휩쓸리는 비관주의와 낙관주의에 한 번씩 휘둘리게 마련인 것이다.(Nitzan, 1995; 1996) 게다가 그 역사적 데이터를 구할 수 없을 때가 많다는 것도 문제이다. 시장 가치 대신 쓸 수 있는 척도는 기업의 재무제표에 나타나는 '장부 가치'(book value)이다. 이것은 자본화를 나타내는 데에 쓰기에는 조금 '시간적으로 뒤쳐진' 지표이다. 이것이 표현하는 미래 수익의 예상이 그 자산들이 처음으로 장부에 기입되던 시점의 지배적 예상을 반영하기 때문이다. 그래도 차등화 축적이라는 우리의 연구 주제에서 중요한 것은 절대적 가치가 아닌 상대적 가치라는 점을 감안한다면 이 척도가 금융 시장의 변덕에서 비교적 안정되어 있다는 장점으로 자본화 가치 표현에 시간적으로 뒤쳐진다는 단점을 충분히 상쇄할 수 있으며, 특히 장기적인 시간 지평에서는 더욱 그러하다.

　미국 경제의 경우에 이러한 차등화 축적의 정의를 적용시켜 연구해 보자. 그림 7.1은 '지배적 자본' 집단의 '전형적' 기업과 전체 경제에서 보아 평균적인 기업에 대한 지표들의 향배를 보여주고 있다. 여기서는 일단 '지배적 자본'을 미국에 기지를 둔 500대 산업 회사들, 즉『포춘』지가 1954년 이래 선정해 온 500대 기업들과 같은 것으로 본다. 이 500대 기업은 주식이 공개된 회사들로서 매출의 50퍼센트 이상이 제조업과 광산업에서 나오는 기업들로 제한되어 있다. 다각화된 기업들 중 제조업과 광산업 이외의 활동에 좀더 의존하는 회사들 그리고 주식이 공개되지 않은 사적 기업들은 제외되는 것이다.(1994년부터는 포춘 500도 주식이 상장된 기업 전부를 다루게 되었다. 이 그림에서는 일관성을 유지하기 위해 1993년까지의 흐름만을 다룬다.) 이러한 자료들에 입각하여, '지배적 자본'의 평균적인 자본화 소득은 포춘 500대 기업의 총 자산을 500으로 나눈 것으로 주어진다. 전체 경제의 평균을 나타내기 위한 두 개의 대리 지표(proxy)는 전체 기업 자산을 법인세를 환불받은 기업의 숫자로 나눈 것으로, 먼저 전체 경제에 대하여 하나를 뽑고 제조업과 광산업을 합쳐서 또 하나를 뽑았다. 두 경우 모두 미국 국내 세무 관청(The US Internal Revenue Service)의 자료를 사용하였다.(비교를 의미 있게 하기 위하며, 모든 지표들은 1954=100을 기준으로 하여 다시 정리하였다.)

그림 7.2는 평균적인 포츈 500대 기업이 가지고 있는 차등화적 자본 권력(differential power of capital, DPK)을 보여주는 두 개의 다른 척도들이 보여지고 있다. 하나는 평균적인 미국 기업과의 비교에 기반한 것이고, 다른 하나는 제조업 및 광산업의 평균과의 비교에 근거하고 있다. 로가리듬(logarithm) 스케일로 그려져 있는 두 개의 DPK 계열의 기울기는 '지배적

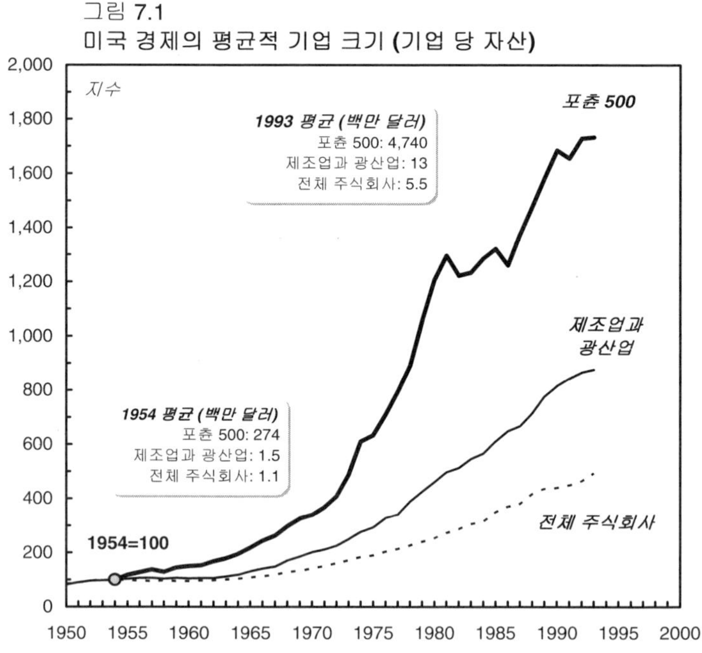

출처: *Fortune*; U.S. Internal Revenue Service.

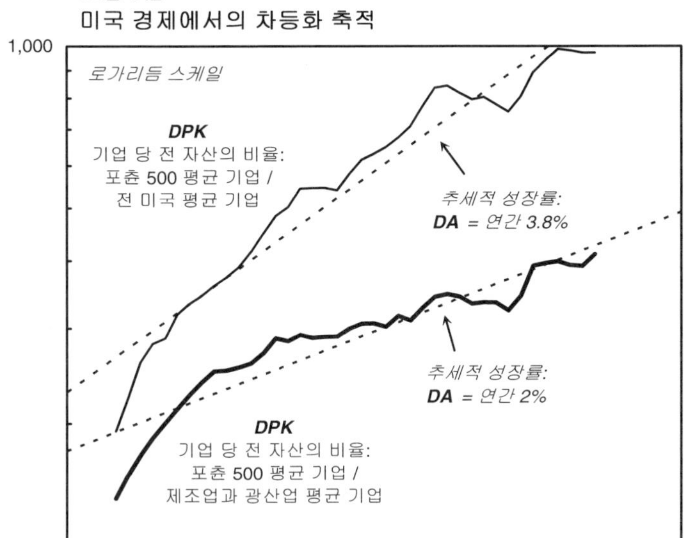

출처: *Fortune*; U.S. Internal Revenue Service.

자본' 집단의 전형적 기업의 축적률과 재계 전체의 평균 축적률 사이의 차이를 나타낸다. 따라서 이 두 개의 기울기 값은 미국 경제의 '지배적 자본'의 차등화 축적(DA)을 나타내는 대리 지표가 되는 것이다.

이 그림들이 말해 주고 있는 바는 무엇인가? 가장 일반적으로는, 미국 경제에서의 차등화 축적이 지난 40년간 아마 그 이상의 기간 동안 큰 중단 없이 진행되어 왔음을 말해 준다. 제조업 및 광산업에서의 평균과 비교해 보면 미국 '지배적 자본'은 연평균 2퍼센트(추세선의 경사)의 차등화 축적을 이루어왔다는 것을 알 수 있다. 전체 경제의 평균과의 비교에서 보면 그 축적률이 3.8퍼센트로 훨씬 빠르다는 것도 알 수 있다. 하지만 이 3.8퍼센트라는 숫자도 사실상 차등화 축적의 속도를 과소 평가한 숫자로 보아야 할 것이다. 두 가지의 이유가 있다. 첫째, 우리가 '지배적 자본'을 드러내기 위해 사용한 포춘 500대 기업이라는 대리 지표는 제조업과 광산업에 심하게 편중되어 있는데, 이들은 3차 산업에 비해 그 비중이 계속 떨어져왔던 것이다. 그 결과 보통 더 빠르게 성장하는 서비스 계통의 회사들이 우리의 '지배적 자본'의 지표에서 빠져버렸고, 게다가 비교의 대상이 되는 전체 경제 평균으로 들어가 버린 것이다. 또한 시간이 지나면서 포춘 500대 기업들 중 '너무나' 다각화되어 명단에서 탈락해 버린 기업들이 있는데, 개념상으로 보면 그 기업들은 여전히 '지배적 자본'의 일부분을 이룬다. 이러한 이유들로 하여, 만약 오로지 자산의 크기에만 근거한 대리 지표로 '지배적 자본'을 표현할 경우엔 차등화 축적의 비율이 훨씬 더 빠른 것으로 나타날 것이다.

권력 과정으로 보자면 미국의 차등화 축적은 전후 기간 대부분에 걸쳐 아주 안정적이었던 것으로 보인다. 이러한 결론은 굳이 우리의 '차등화 축적 이론'의 힘을 빌리지 않고도 그냥 직관적으로 얻어낼 수 있는 것이 아닐까? 결코 그렇지 않다. 사실 조절 이론 학파와 사회적 축적론 학파(SSA) 같은 경우엔 바로 같은 전후 기간, 특히 1960년대에 미국 경제가 축적 위기를 겪었다고 보고 있다. 어떻게 이토록 완전히 다른 분석이 나올 수 있는가? 우리가 보기엔 그 이유가 자본의 정의라는 골치 아픈 문제에 있는 것 같다. 이윤에만(자본 소득 전체가 아니라) 초점을 두는 전통적인 관념으로 보면 정말로 축적의 위기가 있었던 것처럼 보이게 된다. 그림 7.3은 조절이론이나 사회적 축적론이 주장하듯이 국민 소득에서 순이윤이 차지하는 몫이 감소 추세에 있음을 보여주고 있다. 그리고 이윤은 투자 융통의 주요한 원천이며 또 주요한 동기 부여를 제공한다는 점을 생각해 본다면, 축적(권력

이 아닌 물질적 차원에서)도 이윤과 마찬가지로 감소 추세에 들어간다는 것
은 너무나 당연하며 또 그림도 명백하게 이를 확인해 주고 있다.

축적과 그 위기를 이런 식으로 관념하게 되면 차등화 축적 이론에 입각
한 증거들과는 날카로운 대립을 보이게 된다. 그림 7.4에 나타나듯이 총 자
본 소득은 제2차 세계대전 이후로 이윤과는 반대로 사실상 증가 추세를 보
여왔으며, 1980년대에는 기록적인 높이에 도달하였던 것이다. 이 자료에

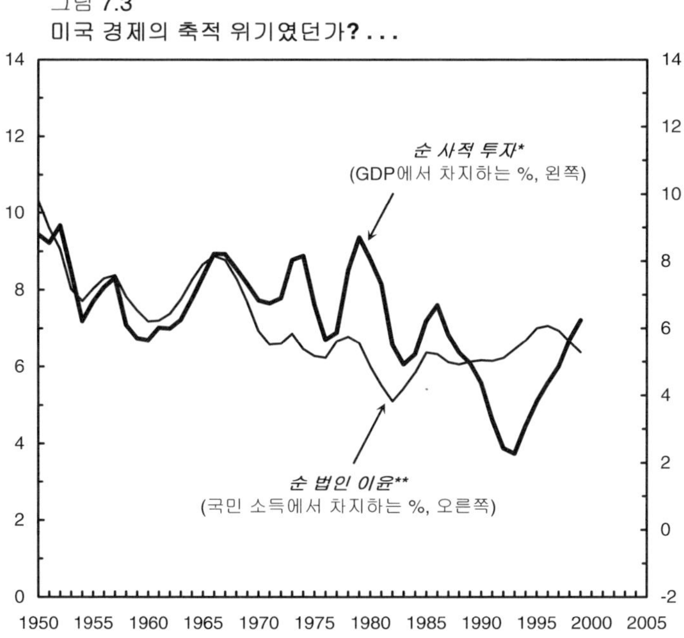

그림 **7.3**
미국 경제의 축적 위기였던가? . . .

*사적 총 자본 형성 (private gross capital formation) 에서 감가상각을 뺀 것.
** 조세 후 법인 이윤(자본 소비 수당 (capital consumption allowance) 과
재고 평가 조정 (inventory valuation adjustment) 을 포함).
주의: 계열들은 3년의 이동 평균으로 그려져 있다.
출처: U.S. Department of Commerce; DRI.

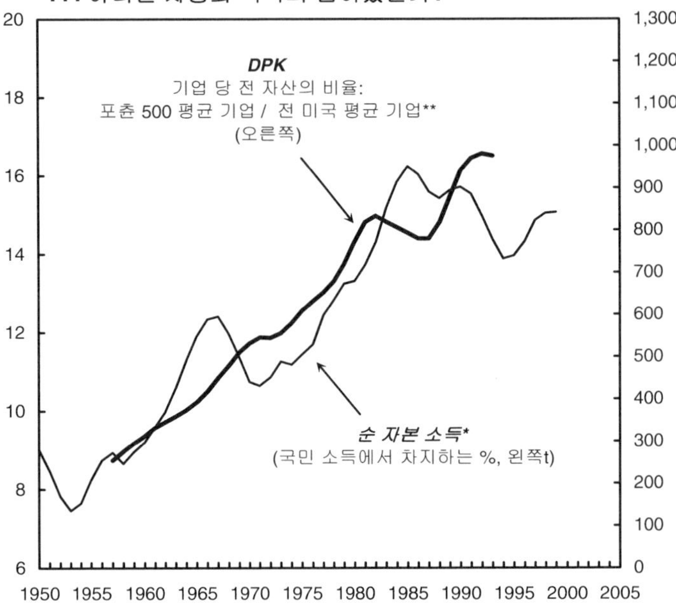

* 순 자본 소득은 조세 후 법인 이윤(자본 소비 수당 (capital consumption allowance) 와 재고 평가 조정 (inventory valuation adjustment) 을 포함.
** 전 미국 평균은 모든 주식 회사를 포함.
주의: 계열들은 3년 이동 평균으로 그려져 있다.
출처: U.S. Department of Commerce; U.S. Internal Revenue Service; *Fortune;* DRI.

서 보면 위기의 증후는 보이지 않는다. 오히려 거기에서 읽어낼 수 있는 게 있다면, 그것은 자본 소득이 점점 더 풍부해져 왔다는 사실이다.

전통적인 관점에서 보면 이러한 증거는 심각한 이론적 모순을 불러일으키는 것이다. 자본 소득이 현실적으로 증가해 왔는데 어째서 그로 인한 '실물' 투자 호황이 촉발되지 않았단 말인가? 한편 베블렌적인 관점에서 보면 그러한 두 가지의 발전 경향은 아무 모순이 없는 것이다. 베블렌에 따르면 자본 소득은 산업의 성장에 의존하는 것이 아니라 산업을 전략적으로 통제하는 것에 달려 있기 때문이다. 만약 산업이 '고삐가 풀려' 마음껏 그 생산 능력을 가동하게 되었더라면 과잉 설비가 나타나게 될 것이고, 자본이 자치하는 몫이 감소하기 십상이었을 것이다.(그림 5.2를 보라.) 이러한 관점에서 보자면 '실물' 투자가 감소하였다는 바로 그 이유 때문에 자본 소득의 몫이 증가 추세를 보였다는 것은 얼마든지 가능한 일이다.

논지를 완결 짓는 의미에서, 전후에 나타난 자본 소득 몫의 증가 추세가 '지배적 자본'의 차등화 축적이 증가해 온 경로와 함께 움직여왔다는 것을 주목하기 바란다.(그림 7.4) 이러한 관계는 최소한 주류 경제학의 입장에서 보면 골치 아픈 문제를 일으키는 것이다. 예를 들어 신고전파 이론에서 보자면 수확 체감의 법칙이 존재하는 까닭에 축적(노동자 1인당 자본재의 양이 늘어나는 것으로 정의)이 계속되면 낮은 수익률과 따라서 자본 소득 몫의 하락 압력으로 이어져야 말이 된다. 마르크스주의적 분석은 이 문제에 대해 아주 애매한 입장에 서게 된다. 한편으로는 분배가 권력에 좌우된다는 것을 인정하지만, 다른 한편으로는 자본의 유기적 구성이 증가하면 이윤이 떨어지게 된다는 노동 가치론에 여전히 볼모로 붙들려 있기 때문이다.

하지만 베블런적인 관점에서 보자면 자본 소득 몫이 축적과 그 등락을 같이하는 이런 관계야말로 예상했던 바이다. 축적은 권력적 과정이지 물질적 과정이 아니다. 축적은 차등화라는 관점에서 정의되는바, 이는 사회의 주도적 영리 집단들의 상대적 권력 증가를 의미하며, 또 이는 다시 자본 소득 몫 전체의 크기가 유지·확장된다는 것을 의미한다. 이는 우리가 5장에서 주장했던 다음과 같은 명제와 일치한다. 즉 부재 소유자들 사이의 자본 소득의 분배(즉 차등적 축적률)는 대체로 그들이 서로에게 사업상 손해를 입힐 수 있는 세력 균형과 관계되어 있으며, 한편 전체 부재 소유자들의 소득 몫은 그들 사이에 벌어지는 전쟁에서 비롯되는 전체 산업에 대한 손상이 어느만큼이냐에 좌우된다.(그 관계는 선형적인 것은 아니다.)

따라서 우리는 잠정적으로 다음과 같이 주장한다. 장기적으로 보면 자본 축적은 다음 두 개의 핵심적 조건에 좌우되며, 이 두 가지 전부 혹은 하나라도 빠지게 되면 자본주의적 위기의 위협이 나타난다.

1. '지배적 자본' 집단의 차등화 축적률이 마이너스로 떨어지지 않을 것. 이 조건이 의미하는 바는 가장 큰 부재 소유자들의 상대적 권력이 안정적이거나 증가한다는 것으로서, 축적에 함축된 권력의 동기와, 그것을 실제로 행사해 산업을 영리 활동의 효과적 지배하에 두는 것 모두를 반영한다.

2. 자본 소득의 몫이 일정하게 유지되거나 증가할 것. 물론 이는 부분적으로는 첫 번째 조건의 간접적 결과이지만, 또한 자본가들과 다른 사회 집단들 사이의 전체적인 권력 균형을 반영하는 것이기도 하다. 이 조건이 충족되지 못하면 사회 체제의 '자본주의적' 성격 자체가 문제될 수도 있다.

8장 차등화 축적의 여러 양식들

차등화 축적은 변화의 과정이며, 반대를 짓밟으면서 사회를 재구조화하는 역동적인 권력 투쟁이다. 이 과정은 소유의 양적인 재분배라는 형식으로 모습을 나타내지만, 그 내용은 사회 제관계를 질적으로 변환시키는 것이다. 자본주의의 특징인 끊임없는 혁신은 이 내용적 측면의 산물인바, 이것은 차등화 축적이 비록 '객관적'인 외양을 띠지만 본질적으로 예측을 허락하지 않는다는 것을 의미한다.[1] 이것은 '균형'(equilibrium) 따위를 향해 움직이는 것이 아니다. 여기에는 무슨 '운동 법칙' 같은 것도 없다. 이것은 심지어 현실에서는 전혀 벌어지지 않을 수도 있다. 요컨대 이 차등화 축적이라는 것은 사회의 다른 모든 것과 마찬가지로 그 끝이 어떻게 될지 모르는 여행인 것이며, 주인공들이 계속해서 다시 고쳐 쓰는 이야기인 것이다.

---

1) 게오르게스큐-뢰겐(Georgescu-Roegen 1979: 321)은, "경제적 과정에서 가장 중요한 측면은 바로 계속 새로운 것들이 출현한다는 점이다. 물론 그러한 새로운 것들의 출현도 예측할 수 없는 것이기는 하지만, 이것은 동전의 앞면 뒷면이 나오는 것을 예측할 수 없다는 것과는 사뭇 다른 의미이다.…… 〔그것은〕 시간의 흐름 속에서 오로지 한 번만 일어나는 독특한 사건이며, 나아가 항상 질적인 변화를 표현하고 있는 것이다. 그러므로 분석적 모델로는 새로운 것들의 출현을 다룰 수 없음은 당연하다. 분석적 모델로는 오직 양적 차원의 변화들만을 다룰 수 있기 때문이다. 또 그 모델의 기초 전제에 이미 함축되어 있는 것만 연역해 낼 뿐이지 새로운 어떤 것을 얻을 수는 없다"고 말한다.

그렇지만 이것은 특정한 경로를 따르게 되어 있으며 광범위하기는 하지만 구체성을 갖는 일정한 조건들로 제한된다는 점에서 특이한 이야기이기도 하다. 그 경로와 제한 조건들, 즉 임시 '게임 규칙들' 자체가 인간들이 만들어낸 것이며, 그렇기 때문에 얼마든지 바뀔 수가 있다. 그렇지만 그런 게임 규칙의 변화는 본성상 더 근본적인 것이기 때문에 아주 빠르게 일어나는 법도 없고, 또 일어날 경우엔 상당한 고통을 수반하는 것이기도 하다. 마르크스의 말을 빌려 다르게 표현한다면, "인간은 스스로의 역사를 만들며, 그 역사가 펼쳐지는 환경 또한 만들어낸다. 하지만 그 후자는 전자보다 훨씬 바꾸기 어렵다." 그리고 그 환경, 즉 '구조'가 그 일반적 형식을 유지하며 계속 존속한다면, 그 영향으로 인간의 활동은 제약당하게 되며, 페르낭 브로델(Fernand Braudel 1985)이 말한 '가능한 것의 한계'(limit of the possible)가 생겨나게 된다. 바로 이러한 의미에서, 상품화와 자본화가 진행되면 차등화 축적의 추구라는 원리가 점차 사회적 행동을 규정하는 가장 주요한 한계이자 이데올로기와 인간들의 행위 모두를 형성하는 구조가 된다고 할 수 있다. 그리하여 차등화 축적을 추구하는 것이 현실화되는 것— 즉 지배적 자본의 평균 이상의 성장율이 보장되는 것—은 그 팽창이 항상 일정한 테두리 안에서 일정한 경로를 따라가는 경향이 있음을 뜻하게 된다.

　일반적으로 말해서 지난 20세기 동안 차등화 축적이 역사적으로 진화해 온 방향을 보면 상호 연관된 세 가지 특징을 볼 수 있다. 첫째, 장기적으로 나타난 특징으로서, 차등화 축적의 원리가 자본주의적 발전의 주요 동력으로서 점차 공간적으로 확산되었다는 것이다. 그러한 공간적 확장은 한 사회 내에서도 나타났지만 매매 가능한 자본이 나타난 적이 없는 처녀지로도 벌어진 바 있다. 두 번째 특징도 장기적인 것으로서, 따로따로 벌어지던 별개의 차등화 축적 과정들이 점점 통합되었다는 것이다. 자본의 매매 가능성이 점점 더 커짐에 따라 그것을 사고 파는 행위도 그 자본이 원래 뿌리박고 있는 산업이나 부문을 넘나들게 되었고, 마침내 국적까지 초월하게 되었던바, 결국 부문·나라·산업에 따라 서로 달랐던 이윤율의 벤치마크도 점점 하나로 수렴되는 일이 벌어졌다. 그 근저에는 영리 활동의 원칙이 점점 통합되고 표준화되는 사회적 과정이 있으니, 그 덕에 모든 사회 및 집단들은 세계 다른 곳에서라도 차등화 축적의 심한 등락이 나타날 때에 동시에 반응할 수 있게 되며, 또 그리하여 모든 곳에서 정상적 수익률이 거의 균등하게 수렴되면 거기에도 동시에 반응하게 되는 것이다. 그 마지막 특징은 순환적이라는 것에 있다. 차등화 축적은 '넓이 지향성'과 '깊이 지향성'이라는 두 개의 다른 축적 양식의 사이에서 장기적 진자(振子) 운동을 하는 경향을 보인다. '넓이 지향성' 축적 양식에 특징적으로 나타나는 바는 무산 계급의 창출, 경제 성장, 기업 병합 등으로, 사회 구조 전체가 역동적인 성격을 띠며 보통 사회 갈등이 덜 나타나는 경향이 있다. 한편 '깊이 지향성' 축적 양식의 두드러진 특징은 스태그플레이션으로서, 기존의 제도와 구조가 바뀌지 않고 공고해지는 경향을 보이며, 보통 심한 사회 갈등을 낳아 종종 폭력적인 수준에 이르기도 한다. 차등화 축적의 이 세 가지 특징들(확산, 통합, 축적 양식의 교체)은 서로 밀접하게 연결되어 있다. 처음의 두 가지는 서로를 강화시키는 관계에 있고 이것들이 발전되어 나아갈수록 다른 부문과 사회의 축적 양식들의 상호 의존도 심화되어 마침내 그들 사이에 넓이-깊이 축적 양식의 교체가 동시에 이루어지는 경지에 이르는 것이다.

이러한 과정과 표리를 이루는 것은 계급의 문제이다. 차등화 축적이 계속된다는 것은 곧 지배적 자본 집단이 갈수록 큰 결집력을 가지게 되고 권력을 상품화시켜 자신들의 손에 집중시키게 된다는 것을 의미하며, 한편 그 과정에 내포된 공간적 통합은 그 지배 집단이 점점 초국적인 집단이 되어간다는 것도 의미한다. 그러므로 차등화 축적 양식들에 대한 연구는 곧 자본가 계급 형성의 연구라 할 수 있다. 그를 통해 자본가 계급이 어떻게 형성되는가, 그 권력을 일으키고 공고화하기 위해 무슨 방법을 쓰는가, 또 당연히 그 계급이 궁극적인 헤게모니를 잡아나가는 과정에서 어떤 모순과 갈등에 직면하는가를 이해할 수 있게 된다.

이 장의 나머지 부분에서는 그러한 과정들의 전체적인 범위와 경로를 대충 살펴보고 그 각각의 특징을 개괄한 뒤 그들간의 상호 작용을 간략히 살펴본다. 그것들이 지구적 정치 경제에 대해 갖는 폭넓은 함의는 다음 장들에서 좀더 자세히 관찰·평가될 것이다.

지배적 위치를 점한 자본가들은 어떤 방법을 통해서 차등화 축적을 달성하는가? 대규모 기업에 있어서 이윤의 수준은 피고용자의 수와 피고용자 1인당 평균 이윤의 곱으로 나타낼 수 있다. 이 기업이 이윤을 올릴 수 있는 방법은 따라서 두 가지이다. 첫째는 우리가 '넓이 지향'이라고 부르는 것으로, 피고용자의 수를 늘여서 조직을 확장하는 것이다. 둘째는 우리가 '깊이 지향'이라고 이름 붙인 것으로, 현존하는 조직을 좀더 효과적으로 작동시켜 피고용자 1인당 평균 이윤을 끌어올리는 것이다.[2]

---

2) 이윤의 구성을 우리처럼 피고용자의 수와 피고용자 1인당 이윤의 곱으로 분석하는 것은 이윤을 판매 수입에 이윤 마진을 곱한 것으로 보는 보통의 관점과는 다르다는 점에 주목하라. 두 가지 다 '옳지만', 후자의 두 요소는 우리가 시도하는 기업의 '크기'와 일정량의 화폐를 지배하는 '단위 제품의 권력'이라는 두 요소와 정확하게 대응되지는 않는다. 예를 들자면, 판매 수입이라는 요소는 고용을 늘려 더 많은 산출을 생산하는 방법(우리의 요소로는 '크기'이다)으로 증가시킬 수도 있고 가격(즉 우리의 요소인 '단위 제품의 권력'이다)을 올려서 증가시킬 수도 있다. 또한 우리의 요소인 노동자 1인당 이윤(이는 우리들의 관점에서는 '단위 제품의 권력'을 표현한다)도 마찬가지로 가격 상승을 통한 매출 신장으로써 올릴 수도 있지만, 이윤 마진을 높게 책정하여 올릴 수도 있다. 정식화시켜서 말하자면 '넓이'는 시장 점유에 영향을 끼치기는 하지만 시장 점유에 항상 '넓이'의 변화가 수반되는 것은 아니다. 마찬가지로 이윤 마진은 '깊이'에 영향을 주지만 '깊이'가 반드시 이윤 마진에 영향을 주는 것은 아니다.

마찬가지의 논리를 기업들간의 차등화라는 문제에 적용한다면, 대기업은 ① 평균보다 빠르게 고용을 확장함으로써, ② 평균보다 빠르게 피고용자 1인당 평균 이윤을 증가시킴으로써, 혹은 ③ 이 두 가지를 모종의 방법으로 결합시킴으로써, 다른 기업들에 대한 차등화 축적을 달성한다고 볼 수 있겠다.[3] 넓이 지향성, 깊이 지향성 각각은 '내부적'과 '외부적'이라는 기준으로 다시 나누어져서 네 개의 범주를 낳는다.

	외부	내부
넓이	신규 설비 투자	인수 합병
깊이	스태그플레이션	비용 절감

차등화 축적의 여러 양식들

외부적 넓이 지향: 신규 설비 투자(green field investment) 기업은 신규 설비를 건설하거나 새 인력을 고용함에 있어서 평균적인 속도를 앞지름으로써 차등화 축적을 달성할 수 있다. 이러한 방법을 '외부적'이라고 이름 붙인 것은, 사회 전체의 입장에서 보면 고용된 이들의 수가 순(純) 증가를 보이기 때문이다.[4] 그 상한선은 무산 계급 창출이 이루어지는 정도에서 결정되지만, 좀더 직접적인 한계로 작동하는 것은 그것이 '깊이'에 미치는 부정적인 영향이다. '과도한' 신규 설비 성장이 벌어지게 되면 가격 하락

---

3) 엄밀하게 본다면, 어떤 기업의 차등화 축적에 요구되는 바는 그 기업의 성장율이 양(+)이어야 한다는 것이 아니라 다른 기업들의 성장률과의 차이가 양(+)이어야 한다는 것이다. 따라서 지배적 자본들은 그 이윤 자체가 감소하는 상황이라 해도 다른 기업들의 평균 이윤이 더 빠르게 감소하기만 한다면 차등화 축적을 이루고 있는 셈이다. 이 글 전체를 통틀어 이러한 점이 전제되고 있다.
4) 물론 신규 설비 투자는 꼭 신규 고용만이 아니라 기업간의 인사 이동을 통해 이루어질 수도 있다. 하지만 총계적 관점에서 보면 기업간의 노동 이동은 내부적 넓이 지향성으로 분류하는 것이 적합하다.

의 압력이 생겨나게 되어 노동자 1인당 이윤도 하락 압력을 받게 되기 때문이다.

내부적 넓이 지향: 인수 합병 엄밀하게 말해서 내부적 넓이 지향에는 기업 간 노동 이동을 통한 차등적 수익 창출도 포함된다. 이는 어떤 기업이 설비와 고용을 추가하고 다른 어디에선가 그에 상당하는 만큼의 감축이 벌어지는 경우이다. 그러한 변화는 기업들의 크기를 재분배(작은 기업에서 큰 기업으로의 노동 이동)하는 것이라기보다는 산업의 재구조화(부문간 노동 이동)와 좀더 관련된 것이기는 하다. 이 상황은 인수 합병을 통한 기업 융합(여기서는 신규 설비가 창출되지 않는다)과는 다르다. 인수 합병의 경우는 기업이 다른 회사를 인수함으로써 그 이윤을 두 기업의 평균(이 자체는 인수 합병이 벌어진다고 변하는 것이 아니다)보다 높게 만드는 것이다. 이는 기존의 설비와 고용에는 변화가 없이 그저 그에 대한 통제권만이 재분배되는 사태이므로 우리는 이러한 방식을 '내부적'이라고 부른다. 인수 합병은 아마도 일석이조의 효과를 갖는다는 점에서 가장 효과적인 차등화 축적 형식이라 할 것이다. 즉 인수 합병을 하는 기업은 그 차등적인 '넓이'를 직접 증가시키는 동시에 간접적으로는 차등적인 '깊이'(다른 기업들에 비해 가격을 결정하는 상대적인 권력)도 보호하고 또 모름지기 향상시킬 것이기 때문이다. 하지만 이러한 방식에는 인수의 대상이 될 기업의 수가 제한되어 있다는 점, 또 사회적·정치적·기술적으로 일정한 장애가 있다는 점 등의 한계가 있다.

내부적 깊이 지향: 비용 삭감 여기서의 관건은 다른 기업들보다 더 빠르게 효율성을 증대시키거나 더 큰 폭으로 투입물들의 가격을 삭감하여 생산 비용을 평균보다 빠른 속도로 절감하는 것이다. 이는 가격이 고정된 상태에

서 소득만 새로이 재분배함으로써 이루어진다는 점에서 '내부적'이다. 대기업들이 가차없이 비용을 삭감하려 드는 것은 사실이지만(직접적으로 또 아웃소싱을 통해 간접적으로), 새로운 기술을 계속 독점하는 것도 투입물 가격을 계속 통제하는 것도 한계가 있다는 점을 생각해 볼 때 이 방식의 실질적 효과는 아무래도 평균을 앞지르는 전술이라기보다 평균에 뒤쳐지지 않고 따라잡는 데에 있다고 하겠다.

외부적 깊이 지향: 스태그플레이션 여기서 인플레이션이 아니라 스태그플레이션에 강조를 두는 데에는 이유가 있다. 통념과는 반대로 인플레이션은 원래 일정한 경제 침체를 가져오기 쉬우며, 그러한 연관 관계가 필연적일 때가 많다. 개별 판매자에게는 보통 가격 상승이 그로 인한 판매 감소를 상쇄하고도 남는 효과를 가져오지만, 판매자 연합에게 있어서는 사정이 다르다. 독점력을 가진 지배적 자본의 경우 가격이 상승할 경우 제품 단위당 상대적인 이윤 수익이 판매량의 상대적 감소를 능가하게 되어 있기 때문에 서로 협조만 이루어진다면 일정한 수준까지는 이익을 볼 수 있다.[5] 물론 이것이 연속적인 과정(즉 개별 제품들의 가격 상승이 아닌 인플레이션)이 되려면 다른 기업들도 이 물가 상승의 연쇄 과정에 동참해야 한다. 하지만 작은 회사들은 정치적 영향력이 거의 없고 보통 자기들끼리 뭉쳐 공모(共謀)를 벌일 능력도 없기 때문에 결국 그럴 능력이 있는 큰 회사들만 이득을 보는 방

---

5) 주식회사가 중심이 되는 자본주의에서 기업들이 항상 분쟁과 갈등 속에 있기는 하지만 기업들이 '가격 수용자'가 될 지경의 경쟁 상태가 벌어지는 일은 거의 없다. 앞에서 우리가 주장했듯이, 이윤이 나오고 있다는 사실 자체가 이미 일정한 권력을 전제로 하는 것이며, 여기에는 보통 노골적이건 아니건 일정 정도의 공모(共謀)와 배제 모두가 반드시 따라오게 되어 있다. 차등적 이윤 마진 또는 칼레츠키(Kalecki 1943)가 '독점도'(the degree of monopoly)라고 부른 것 등이 그러한 공모/배제가 얼마나 성공을 거두는가를 간접적으로나마 반영하고 있다.(경쟁 상태를 나타내주는 다른 개념들 그리고 이윤과의 관계에 대해서는 Ochoa and Glick, 1992)

향으로 소득의 재분배가 벌어지게 된다. 이러한 축적 방식을 '외부적'이라고 부르는 것은 그러한 재분배가 전체 파이의 (화폐적) 크기를 늘임으로써 벌어지기 때문이다.

이러한 분류가 던져주는 함의는 무엇일까? 여기서 꼭 기억해야 할 것은 개별 대기업의 경우와 지배적 자본 전체 집단을 분석하는 경우가 다르다는 점이다. 개별 기업은 깊이 지향과 넓이 지향 양쪽의 여러 측면들을 잘 섞어서 성공을 거둘 수도 있다. 지배적 자본 전체에서는 그것이 불가능하다. 깊이 지향과 넓이 지향을 기업 전략으로 보지 말고 전체 사회의 축적 양식(regime)으로 본다면, 그 둘 중 하나에 도움이 되는 조건들이 다른 하나에는 해로운 것들이라는 점이 분명해질 것이다. 논의를 간략하게 하기 위해 우리의 논점들을 서로 연결된 8개의 명제들로 묶어보았다.

명제 1. 깊이 지향과 넓이 지향은 전체 사회의 축적 양식으로 이해해 보았을 때 서로 성쇠의 주기가 엇갈리는 경향을 가진다. 넓이 지향은 일정 정도의 경제 성장 그리고 정치 경제가 상대적으로 안정되어 있는 것을 전제로 한다. 반면 깊이 지향은 보통 각종 사회적 제약, 사회 갈등, 스태그플레이션 등을 의미한다. 두 축적 양식이 엄밀하게 서로 배타적인 것은 아니지만 서로를 '부정'하는 경향은 갖게 된다. 넓이 지향성 축적 양식이 융성하면 깊이 지향성 축적 양식은 위축되며, 그 반대도 마찬가지다.

명제 2. 두 축적 양식 가운데 넓이 지향 쪽이 사회적 저항이 덜하다. 여기에는 두 가지 이유가 있다. 첫째, 기업들이 공모하여 가격을 올리고 원료 가격을 놓고 투쟁을 벌이는 데에 힘을 쏟는 쪽보다는 각자 조직을 확장하는 데에 골몰하는 쪽이 보통 더 수월하고 갈등도 덜 일어나게 마련이다. 넓은 의미에서는 두 가지 축적 양식 모두가 정치적 성격을 갖는 것이지만, 깊이 지향은 복합적 사회 상태에서 여러 집단간의 동맹을 헐고 재구축하는 것에 크게 의존하고 있지만, 넓이 지향에서는 그런 것들이 반드시 필요하지는 않다. 둘째, 넓이 지향 쪽이 상대적으로 더 안정적이어서 연장하고 유지하기가 더 쉽고, 깊이 지향은 사회적 반목을 고조시키는 경향을 갖기에 모종의 반동이 있을 경우 쉽게 무너지며 또 금세 통제 불능의 상태로 빠진다.

명제 3. 장기적 추세로 보았을 때 인수 합병이 신규 설비 투자에 비해 더 증가하는 경향이 있다. 두 개의 경로 모두가 차등화 축적에 이바지하지만 자본주의가 지리적으로 확산되고 또 지배적 자본의 권력이 공고해짐에 따라 과잉 시설의 위협도 커져간다. 인수 합병의 방식은 이 문제를 완화시키지만 신규 설비 투자의 방식은 되레 악화시킨다.[6] 두 개 사이의 전환이 벌어지면 결과 점차 만성적 경기 침체가 순환적 불안정성 대신 자리잡게 된다.

명제 4. 인수 합병의 상대적 성장은 상하로 진동하지만 장기적으로는 상승 곡선을 그리는 방식이 될 가능성이 높다. 기업 병합에는 대규모 사회 재구조화가 수반되므로 장애에 맞닥뜨리게 되어 있다. 그 결과 파동과 같은 패턴이 되어 장기적인 가속화가 진행되다가 그보다 시간적으로 짧은 하향 추세가 나

---

6) 주로 칼레츠키(Kalecki 1971), 스타인들(Steindl 1952), 바란과 스위지(Baran and Sweezy 1966) 등의 독점 자본 학파와 결부되는 이 과잉 시설의 개념에는 문제점이 있다는 것을 인정해야 할 것이다. 이 문맥에서는 자원을 더 고도로 활용하다 보니 지배적 이윤 마진에 잠재적인 위협을 끼친다는 뜻으로 쓰고자 한다. 예를 들어 GDP에서 이윤과 이자가 차지하는 몫의 합을 통해 제2차 세계대전 이후 미국 경제의 이윤 마진을 측량해 보면 실업률과 양(+)의 상관 관계가 나온다는 점을 들 수 있다.(Nitzan and Bichler 2000a) 이러한 맥락에서, 높던 실업률이 낮아진다는 것은 자원 활용이 증가하여 이윤 마진을 위협하는 것이라고 볼 수 있다.

타나는 식이 될 것이다.

명제 5. 인수 합병의 저변에 깔린 논리는 점진적인 ‘공간적’ 통일, 궁극적으로는 지구화를 내포하고 있다. 기업 융합이 전반적 성장을 앞지르려면 지배적 자본은 연속적으로 그 ‘울타리’를 부수고 개별 산업에서 부문 전체로, 국가 경제 전체로, 궁극적으로 전 세계로 뻗어나갈 수밖에 없다. 이러한 의미에서 차등화 축적은 공간적 통합과 지구화의 원동력이다.

명제 6. 비용 절감은 기업 병합을 대체할 만한 축적 방식이 될 수 없다. 비용을 삭감해야 할 압력은 항상 존재하지만 그 효과는 평균을 따라잡는 것이지 능가하는 것은 아니다. 그 주된 이유는, 생산성 향상이 기업의 크기와 본질적 연관이 있는 것도 아니며, 또 그것을 경쟁자로부터 보호하기도 어렵다는 데에 있다. 마찬가지로 원료 가격을 절감해 보아야 오래 독점하기는 힘들어서 종종 다른 기업들로 확산되게 마련이다.

명제 7. 인수 합병이 쇠퇴하는 것에 훨씬 더 효과적인 대응책은 가격 상승을 통한 이윤 마진의 증대이다. 그 전에 이미 기업 집중이 이루어져 있으므로 이 가격 상승은 훨씬 용이하게 된다. 비록 이 과정이 본래 불안정하고 또 단명할 수밖에 없지만 대단히 큰 차등적 이익을 낳을 수 있다는 점이 매력이다. 하지만 이러한 인플레이션은 본성상 주도면밀한 생산의 제한을 통해서만 가능한 것이어서, 결국 스태그플레이션의 모습으로 나타난다.

명제 8. 장기적으로 차등화 축적은 주로 인수 합병에 의존하게 된다. 하지만 단기적으로는 급성 스태그플레이션 공황에서 혜택을 볼 수도 있다. 차등화 축적의 주된 원동력은 기업 융합이며, 이는 전반적 성장과 또 소유권의 '울타리'를 계속 깨어나가는 것에 기초하여 번성한다. 하지만 그 과정이 간헐적으로 중단당할 때면 지배적 자본은 스태그플레이션을 통한 재분배라는 대안적 축적 양식에 기댈 수밖에 없게 된다. 결과 오랫동안 경제 성장과 낮은 인플레이션이라는 비교적 안정된 정치 경제 상황이 계속되다가 짧은 기간이지만 사회 갈등, 스태그네이션, 인플레이션이 치솟는 상황이 반복되는 진자(振子) 운동이 벌어진다.

이 일반적 명제들을 이론적·역사적으로 충분히 분석하는 일은 너무 광범위한 것이라 여기서는 불가능하다. 그렇지만 지난 20세기에 걸친 미국 경제의 경험을 간략하게 살펴봄으로써 그 의미를 새겨볼 수는 있다. 물론 그 역사란 분명히 미국 경우에 고유한 특수성을 담고는 있지만, 미국과 미국 기업들이 세계 경제에서 갖는 주도적 위치를 생각해 볼 때 미국의 경험에서 다른 나라의 경우나 자본주의 발전의 일반적 성격 등에 대해 혜안을 얻을 수 있을 것이다. 시작하기 전에 한마디 주의 사항이 있다. 미국이 최상의 역사적 데이터를 얻을 수 있는 경우이기는 하지만, 그 데이터가 우리가 시도하고 있는 비(非)총계적 분석에 항상 적합한 것은 아니어서, 간혹 대략적인 근사치나 우회적인 평가 혹은 순전한 추측에 만족할 수밖에 없는 경우가 있을 것이다. 따라서 우리의 결론은 잠정적인 것이고 반론의 여지가 열려 있는 것이어서, 더 많은 연구와 토론을 부탁 드리고 싶다.

9장 넓이 지향성 축적 양식

신규 설비

　고용의 성장은 직접적으로는 외부적 넓이(차등적인 기업당 고용)를 증가
시키지만, 간접적으로는 외부적 깊이(차등적인 가격 책정 권력)를 위협한다
는 점에서 지배적 자본에게는 양날 달린 칼이나 마찬가지이다. 먼저 직접
적인 영향부터 고찰해 보자. 전체 경제의 고용이 증대될 경우 지배적 자본
의 차등적 넓이가 늘어나는 것이 일반적인데, 무엇보다도 기업들이 전체
고용 증대에서 영향받는 방식이 크기에 따라 다르기 때문이다. 큰 회사들
은 대부분 모든 직급의 인원을 늘리는 식으로 대응한다. 반면 작은 회사들
은 (노동자들을 더 고용하여) 크기를 늘리는 것만이 아니라 (새 회사들이
생겨남으로써) 그 숫자 또한 늘어나는 식으로 반응한다. 신생 기업들은 본
성적으로 평균보다 크기가 작을 수밖에 없다는 점에서 이는 더욱 중요하
다. 결국 지배적 자본이나 그 밖의 기업들이나 똑같은 비율로 신규 설비를
증대한다 하더라도 작은 기업들이 많이 생겨나게 되면 기업당 고용의 평균
이 줄어드는 결과가 나오게 되며, 따라서 지배적 자본의 평균에 대한 차등

적 넓이는 더 커질 수밖에 없는 것이다.

미국에서 이러한 과정의 진화는 그림 9.1에 나타나 있다.(연속선들은 비교를 위하여 새로 기준점을 설정하였다.) 이 데이터가 보여주는 바, 1926년 이래 주식회사의 숫자는 전체 고용보다 3.6배 빠르게 증가하여 주식회사당 평균 고용이 72퍼센트만큼 떨어졌다.(로가리듬 스케일로 그려졌음에 또한 주의하라.)[1] 하지만 이 과정이 시간적으로 균등하게 이루어진 것은 아니다. 1920년대 중반과 1940년대 중반 사이의 20년간은 기업의 숫자가 처음에는 대공황 때문에, 그 다음에는 제2차 세계대전 때문에 비교적 안정적이다. 그 결과 전체 고용의 변화는 상당 정도 기업의 평균 크기로 반영되게 되었던바, 이는 대공황 기간에 떨어졌다가 그후에는 빠르게 증가하고 있다. 하지만 장기적 관점에서 보아 이는 특수한 경우였음이 판명되었다. 자본주의에는 강력한 원심력들이 존재하는데, 그 중 하나는 영리 기업들이 활동하는 기업들의 전체 숫자를 통제할 수가 없다는 것이다. 그리하여 전쟁이 끝나고 나면 실제 기업의 숫자가 다시 배가되는 반면, 그 평균 크기는 거의 지속적으로 하강 경향을 보이는 것이다. 같은 기간 대기업 고용이 증대되었으므로, 우리는 전체적 고용 성장은 지배적 자본의 차등적 넓이를 증가시킨다고 결론을 내려도 좋을 것이다.

전체 경제의 고용 증대가 깊이 차원을 통하여 차등화 축적에 끼치는 간

---

1) 여기에서 우리의 측량 작업에는 엄밀하게 보면 문제점이 있다. 주식회사의 숫자와 비교되고 있는 것이 주식회사 피고용자의 숫자(이 데이터는 공표되어 있지 않다)만이 아니라 전체 비농업 사적 부문 고용의 숫자(여기에는 개인 기업과 합명 회사의 고용도 들어간다)이기 때문이다. 각 기업의 수입이 대략 고용 추세와 비례한다고 가정하여 그 수입의 데이터를 비교해 보면 이 기간 동안 주식회사의 고용이 전체 비농업 사적 부문 고용보다 17퍼센트 높게 성장하였다는 것을 알 수 있다. 이것을 감안하여 다시 근사치에 접근해 보면 이 기간 동안 주식회사 당 고용의 평균이 감소한 것은 그림에 나온 72퍼센트가 아니라 67퍼센트라는 짐작이 나온다. 하지만 이 정도는 전체적인 그림에 비추어보면 무시할 만한 숫자이다.

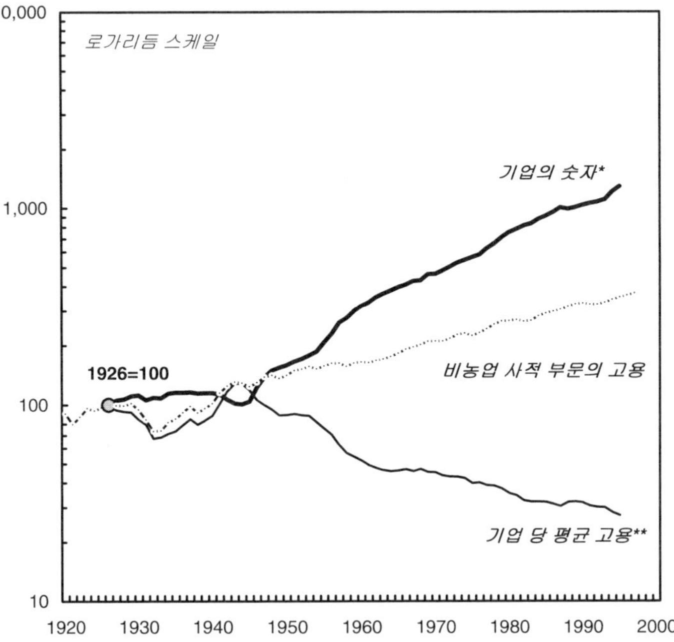

* 주식회사들만 포함.
** 비농업 사적 부문 고용을 주식회사의 숫자로 나눔.
출처: US Internal Revenue Service; US Department of Commerce.

접적인 영향은 더 복합적이고 가늠하기 어렵다. 한편으로 보면 작은 회사들은 그 숫자가 많아 노동자당 이윤이 항상 낮게 되어 있다. 부분적으로는 많은 숫자로 인해 협조하기가 힘들어 시장 가격을 좌지우지할 힘이 줄어들기 때문이며, 또 부분적으로는 집단적·정치적 행동을 하기가 힘들기 때문이다. 이런 점들은 지배적 자본의 차등적 깊이에 긍정적으로 작동하는 점들이다. 하지만 다른 한편으로, 작은 회사들의 숫자가 대책 없이 늘어나면 곧바로 과잉 설비라는 사태로 이어져서 지배적 자본 내부에서조차 협조가 깨어질 위협이 나타나게 된다. 이 두 모순된 힘 사이의 균형이 어떻게 결정 날 것인가는 그리 간단한 문제가 아니다.

요컨대, 신규 설비 성장은 지배적 자본에게 만병통치약이 될 수 없다. 차등적 넓이가 늘어나기는 하지만 차등적 깊이에서의 영향은 불확실하거나 부정적이기 십상이다. 이 후자의 위협에 대처하는 주된 방식이 바로 기업 융합인바, 이제 여기에 대해 살펴보자.

인수 합병

먼저 그림 9.2를 보라. 이 그림에서 우리는 '매수 대 건설'의 지표를 마련하였는데, 이는 인수 합병의 금액을 총 고정 투자 금액에 대해 백분율로 나타낸 것이다. 우리가 앞에서 제시한 범주적 분류에서 보면 이 지표는 내부적 넓이 지향과 외부적 넓이 지향의 비율에 상응한다.(이 그림의 지표의 데이터 출처와 계산 방식에 대해서는 부기를 참조하라.)

이 그림에는 두 가지 중요한 과정이 나오고 있는데, 그 중 하나는 장기적 과정이며 다른 하나는 순환적 과정이다. 첫째, 이 표에서 보면 장기적으로 인수 합병이 신규 설비 투자에 비해 그 상대적 중요성이 증가하는 경향이 실제로 나타났음을 알 수 있다.(앞장의 명제 3) 19세기 끝무렵 기업 융합에 들어간 돈은 신규 설비 투자의 1퍼센트가 채 되지 않았다. 한 세기가 지난 뒤 그 비율은 200퍼센트에 육박하고 있으며 계속 올라가고 있다. 이 장기적 추세의 성장률은 해마다 인수 합병이 신규 설비에 비해 대략 3퍼센트씩 증가하고 있음을 보여준다.

신규 설비와 연결된 고용 증대의 경우 대기업이나 소기업이나 다 고용을 늘리게 되지만, 기업 융합이란 그 본성상 거의 필연적으로 지배적 자본의 직

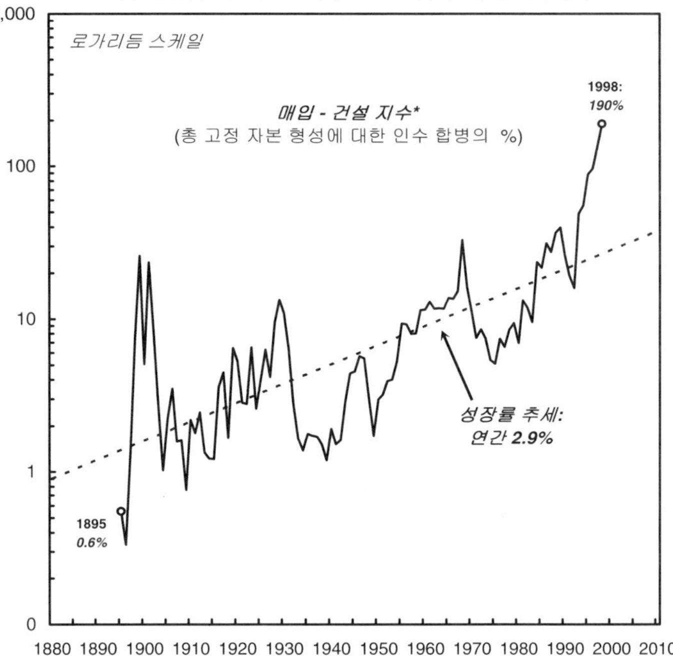

*별개의 계열들을 이어붙여 계산하였다.
출처: 인수 합병에 관한 테이타 부록 참조.

원들이 주로 늘어난다는 것을 뜻한다. 따라서 이렇게 인수 합병이 더 빨리 성장하는 장기적 추세는 대기업의 차등화 축적에 큰 보탬이 되는 셈이다.[2]

이러한 경향이 나타나는 이유는 도무지 쉽게 떠오르지 않는다. 어째서 기업들은 다른 기업들과 합병하거나 인수하려 드는 것인가? 기업들의 합

---

2) 상대적인 고용 증대에 미치는 효과는 아마 금액으로 표시된 것보다는 좀 적을 것이다. 첫째, 합병이 끝나면 어느 정도 머릿수의 노동자들을 떨구어버리는 경우가 많기 때문이다. 둘째, 인수 합병 데이터에는 기업 탈취(divestitures)의 경우도 들어가 있는데 이 경우엔 고용이 늘어나는 게 아니라 줄어들기 때문이다. 하지만 이런 것들을 고려하여 정정해 본대도 전체적 추세는 바뀌지 않을 것이다.

병 욕구는 왜 시간이 지날수록 점점 더 거세어져온 것일까? 전체 정치 경제에 이것이 던지는 의미는 무엇인가?

기업 융합이라는 현상이 주류 경제학자들에게 있어서 실로 골치 아픈 문제였다는 것은 말할 필요도 없다. 이들의 모델은 보통 원자적인 개별 기업들의 경쟁이라는 전제에 의존하고 있기 때문이다. 마샬(Marshall 1920)은 이 문제를 풀어보려고 기업이란 아무리 크다고 해도 결국 숲 속의 나무와 같아서 결국에는 생명력이 떨어져 더 활기찬 젊은 것들과의 경쟁에서 죽어 없어지게 되어 있다고 주장한다. 하지만 이 숲과 나무의 비유는 아무래도 설득력이 없다. 기업들은 통합을 통해 영원히 존재를 연속시킬 수 있기 때문이다. 그러니 우리같이 의심 많은 자들을 위하여 마샬은 좀더 설명을 덧붙여야만 했다. 큰 기업들이 죽지 않고 주식회사라는 새 특권 신분을 창출하기는 하지만, 그래도 거기에 따르는 사회적 비용은 여전히 용납할 수 있는 것이라고 그는 주장한다. 첫째 그 주식회사라는 신분은 사회에 혜택을 가져오는 경향이 있는데다가, 둘째 영리 기업의 크기가 늘어나면 그 사회적 비용을 압도할 만큼의 더 큰 효율성을 가져다주기 때문이라는 것이다.

코스는 기업의 크기란 주로 거래 비용의 문제라고 주장하여, 이 두 번째 논점에 엄밀성을 더해 주었다. 기업 사이의 거래야말로 시장 기율에 지배를 받기 때문에 가장 큰 효율성을 가진다는 것이다. 하지만 그러한 거래는 무료로 이루어지는 것이 아니기 때문에, 거래하는 기업들을 맺어주는 비용보다 시장 기율을 통한 효율성 증대가 클 때에만 합리적이 된다. 그렇지 않다면 기업 내 활동의 형태로 내부화해 버리는 쪽이 낫다. 이 계산법을 사용하면 기업의 적절한 '경계선'을 결정할 수 있을 것이며, 코스에 따르면 이는 "새로운 거래를 하려고 할 때 그것을 기업 내부에서 조직하는 비용과 공개된 시장 교환을 통해 다른 기업과의 거래로 조직하는 비용이 동일하게

되는" 지점에서 결정된다는 것이다.(Coase 1937, p. 96)

이 이론은 엄청난 이데올로기적 위력을 발휘한 것으로 드러났다. 이 이론이 함축하는 바는 만약 제네럴 일렉트릭, 시스코(Cisco)나 엑슨(Exxon) 같은 회사들이 다른 회사들과의 거래를 '내부화'하기 위해 집어삼키기로 결정한다면 이는 사회적으로 효율적인 일임에 틀림없으며, 그렇게 하여 늘어난 크기는—아무리 크더라도—반드시 '최적의' 크기일 수밖에 없다는 것이다.(예를 들어 Williamson 1986, 1985를 보라.) 이렇게 하여 완전 경쟁이 현실에 존재하지 않는다는 이유로 신고전파 이론이 궁지에 몰리는 일도 없게 되었다. 오히려 경쟁의 편익과 기업의 크기 사이에 올바른 '균형'을 결정해 주는 것이야말로 시장 자체이며, 게다가 자동적으로, 한계주의의 영원한 원리에 맞도록 달성시켜 주는 것이다.

물론 이러한 주장은 논박이 힘들다. 그런데 그 주장이 논리적으로 탄탄해서 그런 것이 아니니, 자랑할 일도 못 된다. 그 한계 거래 비용이라는 것이 한계 생산성이나 한계 효용이나 마찬가지로 관찰이 불가능한 것이기 때문에, 이 주장 자체가 현실에 맞는지를 애초부터 전혀 알 길이 없도록 만들어진 명제이기 때문이다. 예를 들어 이 거래 비용이라는 개념을 써서, 나치 독일이나 옛 소련과 같은 '내부화된' 명령 경제가 역사적으로 출현했다는 것 자체가 이미 이들이 그 이전의 시장 경제보다 더 효율적 경제라는 증거라고 주장할 수도 있는 것이다. 물론 당장에 다음과 같은 반론이 나올 것이며 그게 옳을지도 모르겠다. 그런 체제들은 '위에서 아래로' 강제된 것이며, 효율성이 아니라 권력을 추구하는 동기에서 나왔다고 말이다. 그런데 그 권력 추구의 논리야말로 과점적 자본주의의 진리가 아닌가?[3]

---

3) 권력과 효율성을 대조시키는 주장에 대해서는 Knoedler (1995).

사실 효율성만 놓고 보면 기업들은 커지는 것이 아니라 작아져야 한다. 코스의 이론에 따르면 기술적 진보, 특히 정보 통신에서의 진보로 거래 비용은 낮아지게 되므로, 시장적 거래가 점점 매력적인 것으로 떠오르고 큰 덩치의 기업은 갈수록 짐스러운 것이 되어야 한다. 그리고 실로 후쿠야마(Fukuyama 1999)가 바로 그 논리를 그대로 써서 최근 '위계의 죽음'을 선언하였고, 한편 '이-랜스 경제'(E-Lance Ecomony. 프리랜스와 비슷한 의미에서)의 대변인들은 현재의 공룡 기업들은 비정상적 현상이며 조만간 작은 '가상' 기업들로 대체될 것이라고 주장한다.(Malone and Laubacher 1998) 하지만 이런 예언들은 아직 형편없이 빗나가고 있다. 기업 융합은 계속되고 또 가속화되고 있으며, 이는 거래 비용이 가장 크게 떨어졌다고 이야기되는 소위 하이테크 부문에서조차 그러하다.

어찌 이럴 수가 있단 말인가? 어째서 기업들은 시장 거래의 이점을 외면하고 훨씬 더 비싸게 먹히는 내부화에 더욱 매진하는 것일까? 이들은 비용 절감에 관심도 없단 말인가? 이 수수께끼는 앞의 5장에서 설명한 베블런의 '산업'과 '영리 활동'의 구별을 활용하면 쉽게 풀린다. 기술 진보는 분명히 효율적 생산의 최소 규모(the minimum efficient scale of production, MES)를 줄이게 되며, 실제로 오늘날의 가장 큰 시설물(공장, 사업 본부 등등)들도 100년 전에 비하면 그 크기가 줄어든 경우가 허다하다. 반면 기업이란 영리 활동의 단위로서 무수한 시설을 소유할 수가 있기 때문에 생산 자체의 논리로 그 크기가 좌우될 이유가 없다. 기업의 크기에 있어 정말 중요한 문제는 효율성이 아니라 차등적 이윤이며, 따라서 기업 융합이 특정 기업들이 평균을 능가하는 데에 도움이 되는가 아닌가, 된다면 어떻게 그러한가가 핵심 문제가 된다.

전통적 견해는 인수 합병이 '기업 통치'(corporate governance)의 기율이 발현되는 형식이라는 것이다. 만(Manne 1965), 젠센과 루바크(Jensen and Ruback 1983), 젠센(Jensen 1987) 등에 따르면 경영자들은 종종 모순되는 목표에 충성을 바쳐야 하는 상황에 처하고, 이로 인해 이윤 극대화라는 본래의 임무가 위태로워지는 사태가 벌어진다고 한다. 기업 인수의 위협은 이들이 다시 본래의 자리로 돌아가서 효율성을 개선하고, 나아가 그 효율성을 더 높은 이윤과 주가로 연결시키도록 강제한다는 것이다.

이런 식의 주장은 1940년대 이후 처음으로 미국 주식의 수익이 장기 채권의 수익을 밑돌게 된 1980년대에 대중화되었고, 그리하여 최근까지 이어진 기업 '사냥꾼들'의 인수 합병 물결에 학문적 정당화를 제공하였다.(그 사냥꾼들이 그런 학문적 정당화 따위를 필요로 했는지는 물론 확실치 않다.) 하지만 이런 주장은 논리에 문제가 있다. 이윤 추구가 합병의 원동력이라 해도 그 자체는 생산성 증가와 별 상관이 없다. 우선 합병이 촉발된 원인이 비효율성 때문이었다는 증거, 그리고 합병 덕분에 더 효율적이 되었다는 증거가 별로 없다.(Ravenscraft and Scherer 1987; Bhagat, Shleifer, 또 Vishny 1990; Caves 1989) 후술하겠지만 사실상 합병의 잠재적 기능이란 효율성을 제고하는 것이 아니라 전체 경제의 생산 설비 증대에 제동을 걸어 효율성에 고삐를 당기는 것이다. 게다가 합병에 참여한 회사들이 따로 있을 때보다 더 채산성이 높아졌다는 뚜렷한 증거도 없다. 물론 이 경우는 좀더 자세히 논의할 필요가 있다.

첫째, 방법론적으로 심각한 문제가 있다. 합병이 채산성에 어떤 결과를 낳는가에 대한 대부분의 조사는 합병된 회사들과 합병되지 않은 회사들의 실적의 비교에 근거하고 있다.(예를 들어 Ravenscraft and Scherer 1989; Ravenscraft 1987; Scherer and Ross 1990, Ch. 5) 개별 기업의 경우라면 이런 방법이 도움이 될지 모르겠지만, 지배적 자본 집단 전체에게 적용될 경우에는 빗나간 짓이 된다. 하지만 병합과정이 채산성에 끼치는 영향을 평가하기 위해서는 '가만히 앉아 있는 경우' (즉 기업 병합을 하지 않는 경우)가 아니라, 신규 설비 투자라는 대안적 전략의 경우와 비교해야 한다. 그런데 불행하게도 인수 합병의 목적 자체가 신규 설비 창출을 회피하는 것이기 때문에, 그러한 비교는 이루어질 수가 없다. 즉 기업 융합은 그것의 성공 여부를 평가하는 데에 척도가 될 주된 증거를 없애버린다고 할 수 있다.

다음의 가설적 질문들에 답하는 것이 '비과학적'일지는 모르지만 이 문제에 대한 좀더 좋은 접근법이 될 것 같다. 만약 자본을 3분의 1은 신규 설비로, 3분의 2는 인수 합병으로 투자하는 대신 전부를 신규 설비에 투자할 경우 미국의 지배적 자본의 채산성은 어떻게 될 것인가? 베블렌(Veblen 1923)이 올바로 예언했던 대로, 그렇게 "생산을 풀어놓고 돌리는" 일은 벌어지지 않을 것이므로 확실하게는 알 길이 없다. 하지만 그런 일이 벌어지지 않았다는 사실, 게다가 한 세기에 걸쳐서 그 반대 방향, 즉 신규 설비 투자에서 기업 융합으로 이동하는 경향이 있어 왔다는 것 자체가 이미 그 대답이 무엇인지를 암시하고 있지 않은가.[4]

두 번째의 중요한 점은 이러한 맥락에서 '채산성'이라는 것의 의미에 관련된 것이다. 수익-주가 비율(earnings to price ratio), 주식 배당, 매출에 대한 이윤율 같은 관습적인 척도들은 투자가에게는 의미 있는 것들이겠지만, 자본의 권력을 나타내는 지표로서는 너무 협소하며, 특히 자본 권력을 행사하는 것이 개인이 아닌 주식회사일 경우엔 더욱 그러하다. 그런 권력을 측량하는 데에 더욱 적합한 척도는 그 기업의 분배와 이윤이 평균에 대하여 어느 만큼의 차등적 성장을 이루었는가이며, 그렇게 본다면 인수 합

---

4) 5장의 주 8을 보라.

병은 아주 큰 차이를 만들어내는 장치이다. 기업 융합은 전통적 의미의 수익률의 증가 여부를 떠나서, 그 전에 별개였던 수익의 흐름들을 하나로 합치는 것을 통해 지배적 자본의 조직적 권력에 이바지한다. 우리가 보기엔 모든 기업 합병에 공통적인 이 '수익 흐름 합치기' 야말로 합병이 벌어지는 궁극적인 이유이다. 미국 및 여타 나라들에서 주식회사 자본주의가 마르크스가 지적했던 신규 설비 투자 사이클의 파괴적인 영향을 누그러뜨리고 나아가 더 큰 규모로 재생산과 공고화를 이루어냈던 것은, 사실상 이렇게 시설 건축에서 시설 매입으로, 경쟁에서 공모(共謀)로, 사적인 동맹에서 국가 권력을 등에 업은 동맹으로 기업 활동의 강조점을 옮겨온 덕분이었다. 자본주의는 자신의 무게에 눌려 무너지기는커녕 점점 더 강해져 왔던 듯하다. 그렇게 강조점이 옮아가면서 나타난 좀더 총체적인 결과가 바로 잠복적 스태그네이션이었지만(앞의 명제 3 참조), 이미 베블렌이 100년 전에 암시했듯이 대규모 축적을 이루는 자본가들은 이 스태그네이션을 자신들의 목적에 맞게 '잘 다루는' 법을 익혀왔다.

울타리를 부수고

그렇지만 이렇게 일반적인 차원에서의 합병의 논리만 가지고는 기업 융합이 걸어온 구체적인 역사적 궤적을 설명할 수가 없다. 인수 합병은 증가하는 경향을 갖지만, 일관된 증가세를 보이는 것은 아니다. 사실상 그림 9.2에서 뚜렷이 보이는 두 번째 특징은 그 계열이 순환적 패턴을 보인다는 점이다.(명제 4를 보라.) 지난 20세기 동안 우리는 네 번에 걸친 기업 융합의 '파동'을 확인할 수 있다. 첫 번째 파동은 19세기에서 20세기로 넘어가는 도중에 벌어진 것으로서, 흔히들 '독점' 파동이라고 칭하는 그것이다.

두 번째는 1920년대 대부분의 기간에 지속되었던 것으로 '과점' 파동이라고 알려져 있다. 세 번째는 1950년대 후반과 1960년대에 걸쳐 생겨난 것으로 '복합 기업'(conglomerate) 파동이라고 일컬어왔던 것이다. 네 번째 파동은 1980년대 초에 시작된 것으로서 아직 인기 있는 제목을 얻지는 못했지만, 그 전면적인 성격에 비추어 이를 '지구화' 파동이라고 이름 붙여도 무방할 것이다.

이렇게 파동과 같은 패턴이 나타나는 이유가 지금까지 일종의 미스터리로 남아 있었다. 인수 합병에 특정한 패턴이 나타나게 되는 것 자체가 이상하지 않은가? 인수 합병이라는 게 아주 불규칙적인 현상이거나 아니면 연속적으로 증가해 온 현상이거나 할 수도 있는데, 왜 하필이면 순환적인 패턴으로 나타나는 것인가? 대부분의 연구가 지금까지 기업이라는 미시적 관점에서 접근했던 것들이었는데, 지금까지의 연구가 답도 못 찾고 막다른 골목에서 헤어나오지도 못한 원인은 바로 여기에 있다.

그 중 유명한 설명은 토빈과 브레이나드(Tobin and Brainard, 1968, 1977)의 저작에 기반한 것이다. 요점만 말하자면, 신규 설비 투자가 더 싸게 먹힌다면 기업은 맨땅에다 새로 짓는 쪽을 택할 것이고, 이미 존재하는 설비가 더 저렴하다면 다른 기업에서 매입하는 쪽을 선택할 것이라는 게 그 주장이다. 이런 논리를 전체 경제로 확장한다면, 매입 대 건설의 비율은 시장 가치 대 보전 비용(replacement cost)의 비율, 즉 토빈의 Q (Tobin's Q)라고 알려져 있는 것과 역의 상관 관계를 맺고 있다고 예상할 수 있다. 즉 새로운 자산에 비해서 기존의 자산이 저렴할수록 '실물' 투자에 대한 '금융' 투자의 비율이 높아지게 되어 있고, 그 반대도 마찬가지라는 것이다.

이러한 설명은 대단히 설득력이 있어 보인다. 현실과 정반대라는 점만 빼고. 그림 9.3에는 두 개의 계열이 그려져 있다. 하나는 우리가 말한 매입

대 건설의 비율로서, 총 고정 자본 투자에 대해 인수 합병을 백분율로 하여 측정한 것이다. 다른 하나는 토빈의 큐로서, 주식회사들(농업과 금융 부문 제외)의 보전 비용으로 표현된 순가치에 대한 그 회사들의 시장 가치의 비율에 기반하여 측정하였다.(비교를 쉽게 하기 위해 연속선들은 부드럽게 다듬어졌다.) 이 표에 따르자면 미국 자본가들은 제정신이 아닌 것처럼 보인다. 싼 쪽에다 투자하는 게 아니라 비싼 쪽에다가 아주 체계적으로 돈을 부어 대고 있지 않은가!

이렇게 이상한 결론이 나오는 이유는, 복잡한 권력 과정을 신고전파 미시경제학의 논리로 설명해 보겠다고 덤벼드는 만용에 있다. 신규 설비를 건설하려는 자가 당신 혼자뿐이라면 과연 그렇게 하는 쪽이 더 싸게 먹힐 수도 있다. 하지만 당신의 경쟁자들도 모조리 똑같이 하려 달려든다면 이야기는 전혀 달라진다. 이 경우엔 과잉 생산과 이윤율 저하라는 사태가 터질 수 있으니, 서면상으로 나타나는 것과는 달리 이미 존재하는 자산을 매입하는 쪽이 훨씬 더 싸게 먹히는 것이다. 다음에 설명하겠지만 대기업들은 이 점을 너무나 잘 알고 있으며, 거기에 따라서 움직이는 것이다.[5]

요컨대 인수 합병을 추구하는 것은 개별 기업들이지만 그것이 벌어지는 정치 경제적 환경은 보다 포괄적이고 또 변화무쌍하다. 그러한 재구조화 과정을 분석의 중심으로 놓아야만 기업 융합에 나타나는 일반적 패턴을 이해할 수가 있다.

이러한 방향으로 분석하려는 대단히 흥미로운 시도가 리보윗쯔(Lebowitz 1985)에 의해 행해진 바 있다. 그는 고전적 마르크스주의에서

---

5) 이러한 맥락에서 토빈의 큐는 인수 합병 증가/감소의 원인이 아니라 결과가 된다. 인수 합병으로 자산 가격이 올라가면 거기에 따라 보전 비용에 대한 시장 가치의 비율이 치솟게 되는 셈이니까.

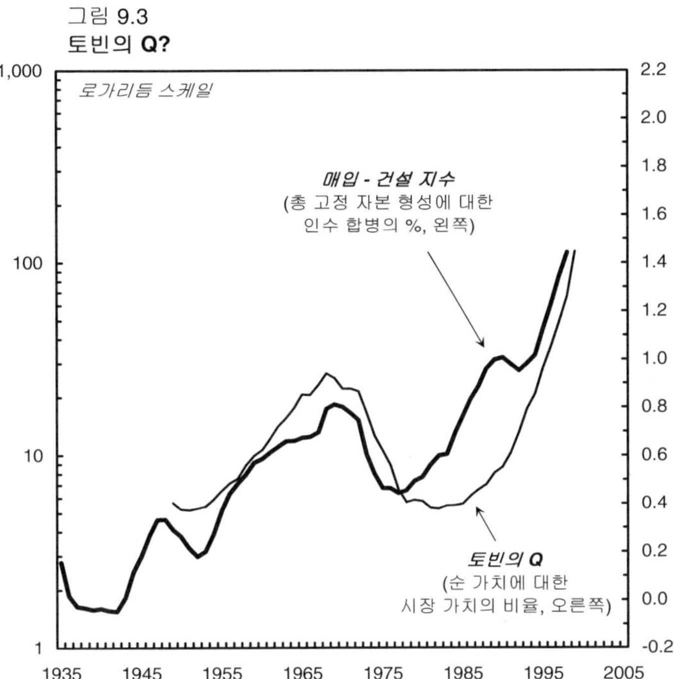

주의: 계열들은 5년 이동 평균으로 완만하게 다듬어졌다.
출처: 토빈의 Q는 농업과 금융업을 제외한 주식회사들을 대상으로
하여 DRI (Flow of Funds codes: 시장 가치는 BS103164003L, 보전
비용으로 본 순 가치는 BL102090005L) 에 나와 있는 Federal Reserve
Board 데이터로 계산하였다. 매입 - 건설 지수에 대해서는 인수 합병에
관한 데이터 부록을 참조.

스위지(Sweezy)가 이해하는 식의 독점 자본을 향한 경향성을 도출하려고
시도한다. 마르크스에 따르면 축적의 핵심은 생산 수단을 수탈―최초에는
노동자들로부터, 하지만 결국에 가서는 대다수의 다른 자본가들로부터―
하는 데에 있으며, 이는 자본이 일자(一者, the One), 즉 한 명의 자본가 혹
은 한 개의 기업이 소유하는 통일적 융합체로 통일되는 날까지 계속 벌어
진다고 그는 주장한다. 나아가 그러한 기업 융합으로 가는 길은 수직적 경

로, 수평적 경로, 복합 기업(conglomerate) 통합 등이 있다고(비록 그림 9.2
에 나오는 정형화된 패턴을 반드시 따르는 것은 아니더라도) 하면서, 핵심적인
과제는 그 세 가지 현상들이 축적의 논리 자체에 본질적으로 내재한다는
것을 증명하는 것이라고 한다. 그러한 연관 관계를 찾기 위해 리보윗쓰는
마르크스를 따라 생산성이 축적을 낳는 내적 연관 관계가 있다고 가정하는
데에서 출발한다. 그 다음엔 이 세 가지 형식의 통합이 모두 효율성을 올리
고, 따라서 축적에 이바지한다고 주장한다. 수평적 통합은 규모의 경제를
만들어내고, 수직적 통합은 더욱 기계화된 우회적 생산 경로를 낳으며, 복
합 기업으로의 통합은 여러 부문간에 걸친 자본 이동을 가능케 함으로써
배분의 효율성을 증가시킨다는 것이다. 이 중 어느 하나라도 제약을 받게
된다면 곧 축적이 방해받는 것이니, 자본은 그 스스로의 장애를 허물어나
간다는 마르크스의 가르침을 따른다면, 이 세 유형의 통합이 모두 불가피
한 것이며 자본주의는 독점 자본주의가 될 수밖에 없다는 운명이 필연적으
로 도출되는 것이다.

이러한 논리는 최초의 전제에서 일관되게 연역되고 있으며 또 대단히 명
징하다는 점도 의심할 바가 없다. 문제는 그 전제가 부분적으로 그릇된 것
일 뿐만 아니라 불충분하다는 것이다. 첫째, 생산의 문제이다. 이 책의 앞
부분에서 이미 보았듯이, 일정한 지점을 넘어서면 산업의 규모와 효율성/
채산성 사이에는 필연적인 연관이 없으며, 따라서 완벽한 생산적 통합을
축적의 내적 법칙에서 찾을 수는 없는 것이다.[6] 둘째 문제는, 권력이 빠져

---

6) 규모의 경제라는 것은 마르크스 시절에는 분명 대단한 현상으로 보였겠지만 초역사적 철칙 따위
가 아니라 역사적 · 기술적으로 특수한 현상인 것이다. 규모의 비(非)경제 또한 마찬가지의 중요성
을 갖고 있으며, 자본주의적이건 아니건 완전히 중앙화된 경제 계획이 가장 효율적이라는 주장은
믿을 이유가 전혀 없다. 우회 생산이라는 것도 마찬가지이다. 생산 경로가 길어지게 되면 효율성이
올라가겠지만 어느 지점을 넘어서면 그 경로의 길이가 조직상의 장애를 만나기 시작하게 된다.

있다는 것이다. 산업 통합이 언제나 더 큰 효율성과 채산성을 가져온다 치더라도, 생산 라인은 별개로 유지한 채 소유권만을 합치는 종류의 합병이 늘고 있다는 사실은 여전히 설명이 불가능하다. 이 문제점은 복합 기업 통합의 경우에서 가장 잘 드러난다. 산업 부문간의 자본 이동이 한 부문의 높은 효율성을 낮은 곳으로 분배하여 그곳의 효율성을 올리려면 오직 그 부문에 신규 설비를 투자하는 방법뿐이다. 그런데 복합 기업으로의 결합이 거의 항상 합병이라는 경로를 통해서 일어나는 것은 어찌 된 일인가? 또 반복하자니 좀 지겹겠지만, 그 이유는 영리상의 조직 통합이 벌어지는 목적은 효율성이 아니라 차등화라는 목표를 위해 효율성을 통제하는 것이라는 데에 있다. 자본은 그 스스로의 축적에 장애가 되는 것을 제거하려고 영원히 노력하지만, 또 동시에 대다수의 다른 자본가들과 타인들을 장애물을 세워 가로막아야만 그 축적 자체가 가능해진다. 합병 활동은 이러한 모순된 요건들을 동시에 만족시키며, 투자가들로 하여금 그들의 제한을 가할 자유를 행사하도록 해준다.

차등화 축적의 관점에서 보자면 기업 융합은 평균을 능가하고 통제권을 재분배하는 것을 목적으로 삼는 권력적 과정이다. 그것이 자본가들에게 주는 최대의 매력은 차등적 넓이에 직접적으로 기여하면서도 차등적 깊이를 잠식하지도 않고 또 때로는 늘려주기까지 한다는 데에 있다.[7] 따라서 다른 조건이 동일하다면 신규 설비를 짓는 것보다는 있는 것을 사는 쪽이 더 이치에 닿는다. 그런데 다른 조건이 동일하다는 것은 현실에 없는 상황이며 있을 수도 없다. 이유는 아주 간단하다. 기업 융합이 벌어지게 되면 그 기

---

7) 합병 활동 자체는 깊이에 아무 영향도 미치지 않는 점에 주목하라. 오직 있다면 기업 집중화로 인한 간접적 영향 정도이지만 그것조차도 단지 촉진 요소에 불과하다. 기업 통합으로 기업들이 공모를 벌이기가 더 용이해지기는 하지만 그렇다고 그 공모가 실제로 벌어지거나 현실화되는 것은 아니다.

초가 되는 조건들 자체도 변환되기 때문이다.[8]

세 가지의 조건 변환을 특히 주목할 필요가 있다. 첫째, 기업 융합은 황금알을 낳는 거위를 잡아먹는 것과 닮은 데가 있다. 일정하게 주어진 기업 세계에서 인수 합병의 대상들을 집어삼켜 버리면 다음에 합병할 대상의 풀(pool)이 점점 고갈되게 마련이다. 그 풀이 어떤 방법으로든 다시 채워지지 않는 한 인수 합병은 종국에 가면 소유할 만한 것들은 모조리 지배적 자본이 소유해 버린 고도로 집중화된 구조가 될 수밖에 없다. 따라서 일정한 점을 지나면 기업 융합은 그 가속도가 떨어질 수밖에 없다. 지배적 자본 내에서 융합이 더 벌어질 수도 있겠지만(대기업들이 서로를 매입), 평균에 대한 그 집단의 차등화 축적에 끼치는 영향은 미미한 것이다. 이 단계에 이르면 지배적 자본이 너무 비대해져서 지배적 자본이 곧 평균이 되어버린다.

신규 설비 증가는 새로운 고용과 기업을 추가하므로 그 인수 합병의 풀을 어느 정도 채워주게 된다. 하지만 여기에 두 번째로 주목할 점이 있는데, 신규 설비의 증가는 고용량에 있어서나 총액 가치에 있어서나 기업 융합의 속도보다 뒤쳐지는 경향이 있기 때문에 그 효과는 기껏해야 그 풀의 고갈을 지연시키는 정도이지 멈추어주는 것은 못 된다는 것이다. 사실상 기업 융합 과정 자체가 신규 설비 투자에 쓰일 자원을 빼내어 경제 성장을 감소시키는 반대 효과를 가지는 만큼, 그 고갈 과정은 다시 가속화하게 된다. 따라서 지배적 자본은 조만간 그 '울타리', 즉 이렇다 할 병합 대상이 거의 없거나 전무해져 버린 기업 세계의 경계선에 부닥치게 되어 있다.[9]

---

8) 이렇게 기업 융합의 조건 자체가 변환된다는 사실로 인해 대부분의 거시경제학적 인수 합병 연구(다음을 보라. Mitchell and Mulheirn 1996, Weston, Chung and Siu 1998 또는 Winston 1998)가 보통 충분치 못한 결과를 낳게 된다. 이들도 경쟁의 증가, 기술적 변화와 탈규제 등의 구조적 변화의 중요성을 인정하지만 이것들을 주로 외적인 '쇼크'로 보고 기업 융합은 그에 대한 '대응'으로서 다루는 것이다.

마지막으로, 기업 융합은 종종 사회적으로 심한 상처를 남긴다. 여기에
는 대규모 사회 혼란뿐만 아니라 중대한 권력 재배치가 따라오는 것이 보
통이다. 새롭게 나타나는 기업 세계의 형성에 국가적인 제반의 제도 장치
가 재빨리 적응해 주지 못하면 제약을 당할 수밖에 없고, 또 기업 관료 조
직도 제대로 받쳐주면서 적응해 주지 않으면 한계에 봉착하게 된다.(이 점
은 Penrose 1959에서 강조되고 있다.) 그 결과 기업 융합에 동력이 붙게 되면
동시에 스스로의 걸림돌, 모순, 반대하는 힘 등도 점점 더 크게 발생시키게
마련이다.[10]

인수 대상 기업의 고갈, 신규 설비 투자의 낮은 수준과 연결되는 성장에

---

9) 이러한 과정의 전형적인 예가 식품업계이다. 1980년대에 걸쳐 이 부문은 신속한 기업 융합을 겪
었다. 1981년 나비스코(Nabisco)와 스탠다드 브랜즈(Standard Brands) 사이에 19억 달러 짜리
합병이 벌어져 나비스코 브랜즈(Nabisco Brands)가 탄생하였는데, 이는 다시 알 제이 레이놀즈
(R.J. Reynolds)와 49억 달러 규모의 거래를 통해 알 제이 알 나비스코(R.J.R. Nabisco)를 창설하
였다. 몇 년 후 이미 그 전에 베아트리스(Beatrice)를 62억 달러에 인수한 바 있는 KKR은 다시 30
억 6천만 달러를 주고 알 제이 알 나비스코를 인수하였으니, 이는 그 당시까지 인수 합병의 규모로
서 최고 기록을 갱신한 것이었다. 이 식품 산업에서는 그 밖에도 네슬레(Nestle)가 카네이션
(Carnation, 29억 달러)과 라운트리(Rowntree, 45억 달러), 그랜드 메트로폴리탄(Grand
Metropolitan)이 필스베리(Pilsbury, 57억 달러)와 기니스(Guinness, 160억 달러), 필립 모리스
(Phillip Morris)가 제네럴 푸즈(General Foods, 57억 달러)와 크래프트(Kraft, 134억 달러), 비씨
아이 홀딩스(BCI Holdings)가 베아트리스(Beatrice)의 일부를(61억 달러), 로네 풀랑스(Rhone-
Poulenc)가 회히스트(Hoechst, 219억 달러)를 인수하였다. 1980년대의 끝무렵에는 이 엄청난 합
병 바람이 시들어버렸다. 『파이낸셜 타임즈』의 최근 기사에 따르면, 식품 회사들은 값이 쌌지만 "주
주들이 식품 산업 주를 외면하였다.…… 그 부분적인 이유는…… 가뜩이나 매출 신장이 최소라
는 골칫덩이를 안고 있는" 산업인 마당에 "정말로 매력적인 인수 대상 기업마저 사라졌다는 것이
다." 1990년대 동안 필립 모리스가 149억 달러에 나비스코를 인수하는 등 몇 개의 대규모 거래가
있기는 했지만 대부분 대기업들끼리 자산을 다시 정리한 것에 불과하였다. 유니레버(Unilever)에
인수당한 베스트푸드(Bestfood)의 한 중역의 다음과 같은 말은 그런 '울타리'에 부닥치는 사태의
경험을 상징적으로 집약하고 있다. "나는 아칸사스(Arkansas) 주의 벤튼 빌(Benton-ville. 여기에
월마트의 사업 본부가 있다)에 갔었다. 그게 세상의 끝은 아니라고 말하고 싶었지만, 그렇다는 게
명확했다." (Edgecliffe-Johnson 2000)
10) 예를 들어 1933년의 글래스 스티걸 법(Glass-Steagall Act) 이래 미국 은행은 산업에 투자하
는 것이 금지되어 왔는데, 이는 오늘날에 와서야 완화되었던 것이다. 마찬가지 효과를 낳은 것들로
전후 일본 재벌의 해체, 1990년대 남아프리카공화국의 지주 회사들의 해체, 또 최근 이스라엘 은행
들의 '비금융' 소유의 박탈 등이 있다.

대한 부정적 영향, 반대 세력의 출현 등을 동시에 고려해 본다면 기업 융합은 절대로 영구적으로 순탄하게 작동할 수는 없는 것이다.(명제 4)

하지만 어째서 기업 융합이 순환적인 모습으로 운동하는 것일까? 즉 그것이 좌초한 뒤에 다시 증가 경향이 나타나는 것은 어째서인가? 지배적 자본의 관점에서 보자면 기업 융합은 너무 소중한 것이라 포기할 수가 없는 것이다. 그리고 비록 자신들의 기업 세계에는 흡수할 만한 가치가 있는 게 없게 되었을지라도 그 세계 바깥에는 아직 인수할 만한 기업들이 우글거린다. 물론 그렇게 좀더 넓은 판을 주름잡으려면 지배적 자본은 자신들 원래의 '울타리'를 허물어야 하는데, 바로 이것이야말로 앞 그림에서 본 바 미국 경제가 하나의 인수 합병 파동에서 다음 파동으로 넘어갈 적에 벌어졌던 점이다.(명제 5)

최초의 '독점' 파동에서 두드러졌던 것은 현대적 대규모 영리 활동이 출현하여 거대한 주식회사들이 그 각각의 산업이라는 범위 내에서 형성되었던 것이다. 일단 이 개별 산업이라는 기업 융합의 원천이 거의 고갈되어 버리고 나니 더 이상의 기업 팽창이란 곧 원래 출발했던 개별 산업의 경계선을 넘어서야만 한다는 것을 의미하게 되었다. 아닌게 아니라 그 다음의 '과점' 파동에서는 수직적으로 통합된 기업 연합체(combines)들이 출현하여 그 통제권은 석유, 기계, 식품 등의 경우에서 두드러졌듯이 점차 전체 부문으로 확장되었다. 그 다음 단계에서는 전체 미국 경제가 인수의 지평으로 개방되어 기업들은 그 원래의 전문 직종의 경계를 넘어서서, 원자재에서 제조업을 거쳐 금융과 서비스까지 사업을 확장한 대규모 복합 기업(conglomerates)들을 형성하게 된다. 마침내 국내라는 장이 거의 통합되기에 이르자 더 이상의 팽창의 주된 활로는 국제적인 경계선을 넘나드는 것이 되었는데, 이리하여 최근의 지구적 합병 파동이 나타나게 되었다.[11]

최근까지 이 지구화 파동의 특징은 상당한 정도의 탈(脫)복합 기업의 경향으로서, 많은 기업들이 이른바 핵심 업종, 즉 자신들이 지도적인 이윤의 지위를 누리는 업종에 다시 초점을 두는 것이었다. 그 이유는 지구화라는 조건 덕분에 동종 산업 내부에서의 추가적인 팽창이 국경을 넘어서서 가능하게 되었고, 동시에 '지구적 차원에서의 경쟁력'이라는 미명하에 국내적으로도 더 심화된 집중화를 정당화할 수 있게 되었기 때문이다. 하지만 종국적으로는 그렇게 초점을 옮겨보는 것도 한계에 봉착하게 마련이어서 지배적 자본은 다시 복합 기업 형태로 돌아가지 않을 수 없게 되며, 이번엔 그것이 지구적 규모로 벌어지게 되는 것이다. 사실 전산, 통신, 교통, 연예 등과 같이 기술 발전이 벌어지면서 표준적인 산업 분류의 경계선이 애매하게 되어가고 있는 업종에서는 이미 이러한 지구적 복합 기업의 출현이 벌어지고 있다.[12]

그리고 사실 합병이 가져오는 가장 본질적인 영향은 생산 구조 자체가 바뀐다는 것보다는 더 넓은 의미의 권력 구조가 바뀐다는 데에 있다. 그 이

---

11) 물론 이러한 과정은 결코 미국에만 나타나는 것은 아니다. 한 예로『파이낸셜 타임즈』의 한 기사에 의하면 "[남아프리카공화국이] 1994년 외환 통제를 점진적으로 완화하기 시작하기 전에는 대기업들이 해외로 팽창하는 것이 불가능하였다. 자본이 국내에 묶여 있다 보니 그 대기업들은 자신들 산업에서 손에 닿는 회사들을 모두 먹어치우게 되었고, 마침내 다른 부문의 회사들도 인수하여 복합 기업으로 팽창하였던 것이다."(Plender and Mallet 2000) 남아프리카공화국과 이스라엘에서의 차등화 축적, 기업 병합, 지구화에 대해서는 Nitzan and Bichler (1996)와 Nitzan and Bichler (2001)을 참조하라.

12) 예를 들어 씨스코(Cisco), 루썬트(Lucent), 마이크로소프트(Microsoft), 에이오엘 타임 워너(AOL-Time Warner), 뉴스콥(NewsCorp), 허치슨(Hutchison), 비방디(Vivendi) 등과 같은 정보·장거리 통신·연예 산업 기업들은 점차 전산(하드웨어와 소프트웨어)·서비스(컨설팅)·기간 시설(케이블과 위성)·콘텐츠(텔레비전, 영화, 음악, 출판)·통신(인터넷과 전화) 등을 통합시키고 있으며, 한편 카니발 크루즈(Carnival Cruise)와 같은 레저 기업은 해운·관광 호텔·항공·스포츠 경기 팀 등을 동시에 소유하고 있다. 제네럴 일렉트릭(General Electric)이나 필립 모리스(Philip Morris) 같은 기업들은 애초부터 한 번도 복합 기업 형태를 포기한 적이 없고 항상 전방위적으로 뻗어나가는 방식을 고집하였다.

유는 기업 융합의 변증법적 성격에 뿌리가 있다. 항상 그 다음의 사회적 '울타리'로—개별 산업에서 부문으로, 민족 국가로, 세계 전체로—몰려가고 또 결국 하나하나 무너뜨리는 가운데 합병의 물결은 올슨(Olson 1982)의 용어를 쓰자면 '관할 구역의 통합'(jurisdictional integration)을 지향하는 강력한 동력을 발생시킨다. 하지만 이 통합 과정 자체에는 지배적 자본이 계속해서 새로운 환경에서 새로운 경쟁자들과 맞서게 되는 일 또한 필연적으로 벌어지기 때문에, 국가의 성격, 국가간 관계, 이데올로기와 폭력 등 사회의 폭넓은 권력 제도들을 끊임없이 재구조화할 필요가 생겨나게 된다. 하지만 정말 이상한 일이 하나 있다. 그러한 합병의 권력 동학이 가장 중요하게 작동하는 데도 그 권력 동학이 거의 연구되고 있지 않은 영역이 있으니, 바로 지구화 과정이 그 영역이다.

기업 융합과 지구화

자본주의적 지구화의 핵심은 축적의 공간적 지평이 확산되고 있으며, 그 주된 경로가 자본 이동이라는 점이다.[13] 대부분의 분석들은 지구화의 이른바 순환성의 성격에 집중하고 있다. 다음과 같은 주장이 통념이 되어 있다. 즉 자본의 흐름이 1980년대 이후 급속히 진전되었지만 그것은 좀더 포괄적인 반복적 패턴의 한 부분일 뿐이며, 그 반복적 패턴의 절정은 사실상 이미 19세기 말과 20세기 초에 걸친 기간에 최고 기록을 이루었다는 것이다.(Taylor 1996) 자본 이동성의 그러한 성쇠 주기에 대한 표준적인 설명은 국제 정치 경제에서 말하는 이른바 '신성치 못한 삼위일체'(Unholy

---

13) 지구화에는 물론 다른 차원의 문제들도 있지만, 여기의 논의에서는 부차적인 것들이다.

Trinity) 같은 접근법이다. 이러한 설명들에 따르면 국가 주권, 자본 이동성, 국제적 통화 가치 안정이라는 세 목표 사이에는 일종의 모순 관계가 내재하고 있어서, 동시에 만족시킬 수 있는 것은 많아야 두 개뿐이다.(Cohen 1993; Fleming 1962; Mundell 1963)[14] 따라서 제1차 세계대전 전까지 유지되었던 '자유주의적' 금본위제 기간에는 국가 주권에 제한을 가하여 자유로운 자본 이동과 국제적인 통화 안정 양자를 얻었다. 그 뒤의 양차 세계대전 사이의 시기에는 강력한 국가 주권과 통제 없는 자본 이동이 등장하여 국제적 통화 안정성을 무너뜨렸다. 제2차 세계대전 후에는 브레튼 우즈 (Bretton Woods) 체제와 같은 준(準) 국가주의적 체제가 나타나 자본 이동성에 제한을 가하여 국제적 통화 안정성을 무너뜨리지 않으면서 국내의 정책 자율성을 허용할 수 있었다. 마지막으로 1970년대 이후에는 신자유주의의 발흥으로 다시 한 번 자본 이동성이 증가하였는데, 그 삼위일체의 나머지 두 가지 중 어떤 것 ─국가 주권이나 국제 통화 안정성─이 희생될지는 아직 분명하지 않다.

어째서 이 세계는 자유주의에서 양차 세계대전의 불안정성, 전후의 국가주의의 시기를 거쳐 다시 (신)자유주의로 회귀하는 식으로 움직이는 것인가? 이것은 모종의 필연적인 순환인가, 아니면 각각의 '단계'를 근본적으로 다르게 만드는 근저의 역사적 과정이 존재하는 것일까? 그 대답은 아주 다양하다.[15] 자유주의적 해석은 기술 발전으로 인하여 장기적으로 더 자유

---

14) 이 논리는 대외적으로는 경상수지의 잔고와 자본수지의 잔고가 일치할 수밖에 없다는 것에 기반하고 있다. 국제 통화 체제를 안정적으로 유지하면서 국가가 자국의 수출과 수입에 국내적 주권을 행사하려면, 그 결과 생겨나는 경상수지의 불균형을 '융통'(accommodate)하기 위해 자본 이동을 통제할 수밖에 없게 된다. 그런 자본 통제가 없을 경우엔 국가들은 그 정책 자율성을 포기할 수밖에 없다. 그렇게 하지 않을 경우 경상 수지와 자본 수지의 불균형으로 인하여 국제 통화 체제의 안정성이 흔들리게 될 것이니까.

로운 무역과 큰 규모의 자본 이동성을 지향하는 경향이 항상 존재하지만 정부의 간섭과 왜곡이라는 달갑지 않은 요소로 인해 그 경향이 간헐적으로 후퇴하게 된다는 점에 강조를 둔다. 이러한 관점에서 보면 소위 '묻어 들어 간 자유주의'(embedded liberalism)로 알려진 전후의 국가주의는 대체로 역사상의 일탈이라고 볼 수 있다. 전후 일시적으로 자본주의가 쇠약해진 틈을 타서 정부가 온갖 종류의 제약과 장벽을 강제하고 말았던 것이다. 하지만 궁극적으로는 저 막을 수 없는 정보 통신의 발전으로 인해 정부가 무릎을 꿇을 수밖에 없었고, 그 결과 다시 자본은 변덕스런 정치적 논리에서 해방되어 수익률에 따라 운동하게 되었다. 이러한 '자연적인 순리' 식 이론을 비판하는 이들은 그 강조점을 거꾸로 뒤집는 경향을 보인다. 헬라이너 (Helleiner 1994) 같은 이들에 따르자면 핵심적인 문제는 기술과 시장의 팽창 경향도 자본의 운동 성향도 아니라 애초에 그런 자본 이동이 벌어지도록 국가가 허용할 의사가 있는가이다. 그러한 관점에 따르자면 국가의 규제는 정상적 상황에서의 이탈이기는커녕 본질적인 결정 인자로서, 정부는 마음대로 그 규제의 스위치를 켰다 껐다 할 능력을 보유하고 있다는 것이다. 그렇게 정부의 의사가 규제와 탈규제를 오가며 변하는 이유의 하나는 변동하는 대외 부채의 정치 경제 때문이라고 프리든(Frieden 1988)은 말한다. 이 관점에 의하면 금본위제가 있던 무렵 영국은 '만기에 달한 채권자' 가 되었던 탓에 세계 경제를 자유화하여 그 채무자들이 수출을 통해 대외 부채를 갚을 충분한 수익을 올리게 하는 것에 이해 관계를 갖게 된다. 1970 년대에 미국도 비슷한 위치에 이르게 되어 거의 비슷한 목적에서 세계 경제의 자유화를 다시 강제하도록 그 패권적 권력을 사용하게 되었다는 것이

---

15) 이에 대한 시각과 논평으로는 Cerny (1993), Helleiner (1994), Sobel (1994), 또 Cohen (1996)을 보라.

다. 굿맨과 폴리(Goodman and Pauly 1995)에 따르면, 이 두 번째의 자유화 물결은 여러 나라의 정부들이 초국가적 생산의 혜택을 자기들 것으로 하려는 욕구 때문에 한층 더 용이해졌다. 그렇게 하려면 초국적인 금융 매개에 대해서도 문을 열어야 하며, 따라서 포트폴리오와 대외 직접 투자 모두가 증가하게 되었다는 것이다.

많이 변할수록 더 똑같아지는 것일까? 그럴지도 모른다. 하지만 그렇게 보이는 이유는 이 논의들이 자본 이동성의 순환적 성격에만 초점을 맞추기 때문이다. 그런데 이렇게 순환적 성격에만 관심을 두는 것은 지구화라는 현상에 회의적인 이들에게는 편리한 것일지 몰라도 근거가 그리 튼튼한 것은 아니다.[16] 첫째, 자본 운동의 만조와 퇴조라는 관점으로 보면 지구화의 속도가 역사적으로 빨라졌다 느려졌다 했던 것이 사실이지만, 지구화가 진전된 수준에서 보면 그 영향은 누적적인 경향을 갖는다.(Magdoff 1969) 따라서 도레무스 등(Doremus et al. 1998)이 대부분의 기업들은 여전히 지구적이라기보다는 일국적 차원에 머물러 있음을 지적한 것은 옳지만, 지구화의 빠른 속도를 생각해 보면 그런 상태가 그리 오래 갈 것 같지 않다.[17] 둘째, 자본 흐름에 대한 대부분의 분석은 순(net) 운동, 즉 유입과 유출의 차액에 집중하고 있다. 그런데 이런 선택은 부적합할 뿐만 아니라 오류를 낳

---

16) 지구화를 둘러싼 논쟁에 대한 더 깊은 논의는 Gordon (1988), Du Boff et al. (1997), Sivanandan and Wood (1997), Burbach and Robinson (1999), Hirst and Thompson (1999), Radice (1999), 또 Sutcliffe and Glyn (1999), Mann et al.(2001-2002) 등을 보라.

17) 세계 투자 보고서(World Investment Report)에 보면, 세계 GDP 전체에서 초국적 생산이 차지하는 몫은 1982년의 5.3퍼센트에서 1990년의 6.6퍼센트로, 1999년의 10.1퍼센트로 늘어왔으며, 한편 세계 100대 초국적 기업의 평균 '초국가성'(transnationality)은 1998년에 54퍼센트에 달하여, 1990년의 51퍼센트보다 더욱 증가하였다.(United Nations Conference on Trade and Development 2000, Table I.1, p. 4 and Table III.2, p. 76) (유엔 무역개발회의[UNCTAD]의 '초국가성 지수'는 전체 자산에 대한 해외 자산의 비율, 전체 매출에 대한 해외 매출의 비율, 전체 고용에 대한 해외 고용의 비율의 평균으로 정의된다.)

을 소지가 있다. 자본주의적 통합과 지구화는 유입과 유출이라는 양쪽 방향 모두로 움직일 수 있기 때문에, 그것을 측량하는 적합한 척도로는 유입과 유출을 합한 것, 즉 총(gross) 운동을 써야 하는 것이다.(Wallich 1984) 자본이 유출되거나 유입되거나 어느 한쪽으로만 운동한다면 순 유량과 총 유량 중 어느 쪽을 척도로 삼아도 상관없을 것이다. 하지만 만약 자본의 흐름이 유출과 유입 모두로 움직인다면 어느 쪽을 척도로 삼느냐에 따라 수치가 아주 달라진다. 그 차이는 그림 9.4에 명백하게 나타나 있는데, 이 그림은 G7 국가들에서의 총 고정 자본 형성과 자본 유량을 비교한 것이다. 그림은 1980년대 이후 사적 자본 총 유량의 상대적인 증가 현상은 강력하고도 장기적인 추세를 유지해 온 반면, 순 유량의 상대적 증가는 제한적일 뿐만 아니라 순환적이라는 사실을 보여준다. 그 결과 1998년이 되면 총 유량의 가치는 신규 설비 투자의 58퍼센트에 이르지만 순 유량은 14퍼센트에 그치고 마는 것이다.[18] 불행히도 총 유량에 대한 역사적 자료가 없는지라 최근에 나타난 발전을 20세기가 시작될 무렵의 지배적 상황과 비교하는 것이 쉽지 않다. 그렇긴 하지만 그 당시 GDP에서 총 투자가 차지하는 몫이 현재보다 일반적으로 더 높았다는 사실, 그리고 쌍방향의 자본 흐름이란 비교적 최근에 생겨난 현상이라는 사실을 함께 고려해 본다면, 최근의 지구화 현상이 그 수준은 물론 진행 속도에 있어서도 훨씬 더 높다고 볼 수 있다.

자본 이동의 지구화에 대한 연구에서 일관되게 나타나는 다른 하나의 경향은 자본 흐름은 무릇 생산과 무역이라는 보다 '원초적인' 힘에 대한 반

---

18) 이 그림의 계열들은 4분기로 작성된 자료에 근거하고 있으므로 3개월보다 짧은 시간 단위의 '투기 자금'(hot money)의 움직임은 반영하지 못하고 있다는 사실에 주목하라. 그것까지 계산에 넣으면 총 유량과 순 유량의 격차는 더욱 커질 것이다.

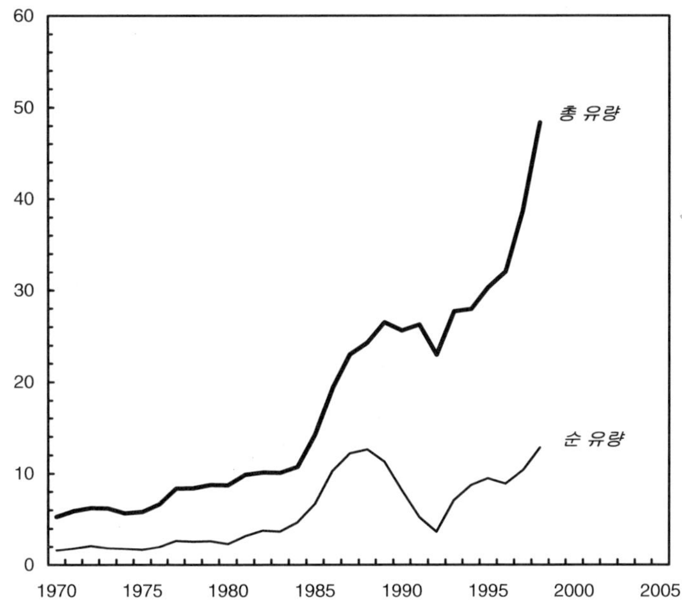

주의: 계열들은 3년 이동 평균으로 그려졌다. 유량은 직접 투자와 포트폴리오
투자로 구성되어 있다. 총유량은 유입과 유출의 합으로 계산 되었다. 순
유량은 유입과 유출의 차액을 나라 별로 개산하여 절대값으로 바꾸어 총계를
내어 계산하였다. 각 계열들은 G-7 전체의 유량을 G-7 전체의 총 고정 자본
형성에 대한 비율을 미국 $로 나타내고 있다. 1977 년 이전의 데이터는
캐나다, 이탈리아, 영국, 미국만을 대상으로 한다.
출처: International Monetary Fund *Balance of Payment Statistics* 와
International Financial Statistics through McGraw-Hill (Online)

응으로서 나타난다는 사고 방식이다. 우리가 보기에 이는 세상을 거꾸로
뒤집어놓는 것과 비슷한 짓이다. 자본의 지구적 운동은 궁극적으로는 소유
권의 문제이며, 따라서 권력의 문제이다. 해외 투자 활동—포트폴리오 투
자이건 직접 투자이건—자체를 구성하는 것은 별다른 것이 아니라 소유권
명의의 창출 혹은 이전일 뿐이다.[19] 소유권 명의의 크기는 그 미래의 기대

수익의 현재 가치와 동일하다는 점에 또한 주목하라. 그 미래의 기대 수익은 산출량의 크기에 따라서 증가할 수도 있지만 감소할 수도 있으며, 그것이 증가하느냐 감소하느냐에는 숱한 '정치적' 요인들이 작동한다는 점을 생각해 보면, 국경을 넘나드는 자본의 흐름에 의해 재구조화되는 것은 지구적 생산이라기보다는 생산을 둘러싼 지구적 정치라는 점이 분명해 보인다.

국제적인 자본 이동성을 소유권과 권력이라는 측면에서 접근했던 최초의 논자는 하이머(Hymer 1960)이다. 그는 소유권을 통해 차등적 권력, 즉 훗날 유명해진 표현으로 '소유권의 이점'(ownership advantage)을 얻을 수 있다면 기업들이 수출이나 사업 인가보다 해외 투자를 훨씬 선호한다고 주장했다. 이러한 해석에 근거해 보면, 그림 9.5에서 보이는 바 미국의 해외 투자가들의 권력이 증가해 온 것이 그 점을 아주 상징적으로 보여주는 것이라 하겠다.

이 그림에는 미국 기업의 지구화를 보여주는 두 개의 대리 지표(proxy)가 나타나 있다. 첫 번째 대리 지표는 GDP에서 수출이 차지하는 몫을 측량한 것으로, 전체 이윤에 무역이 기여한 바를 대략적이나마 나타내주는 지표이다. 그 두 번째 대리 지표는 전체 법인 순 이윤에서 해외 영업이 차지하는 몫을 측량한 것으로 국내 투자가 아닌 해외 투자가 차지하는 비중을 근사치로나마 보여주는 것이다. 1950년대까지는 이윤에 해외의 자산이 기여하는 바가 수출이 기여하는 정도와 비슷하였다.(국내의 판매나 대외 판매에서의 이윤율이 동일하다고 전제하고 있다. 그래서 GDP에 대한 수출의 비율이 전체 이윤에 대한 수출 이윤의 비율과 조응한다고 가정하는 것이다.) 하지만

---

19) '직접' 투자가 새로운 생산 시설을 창출하는 것이며 '포트폴리오' 투자는 단지 서류상의 거래일 뿐이라는 통념이 있는데, 이는 한마디로 그릇된 것이다. 사실 둘 다 서류상의 거래이기는 마찬가지이고, 유일한 차이점이란 그 상대적 크기뿐이다. 투자 대상이 된 회사의 주식 10퍼센트 이상의 금액이 투자될 경우 보통 직접 투자로 분류하며 그 이하 금액의 투자는 포트폴리오로 여겨진다.

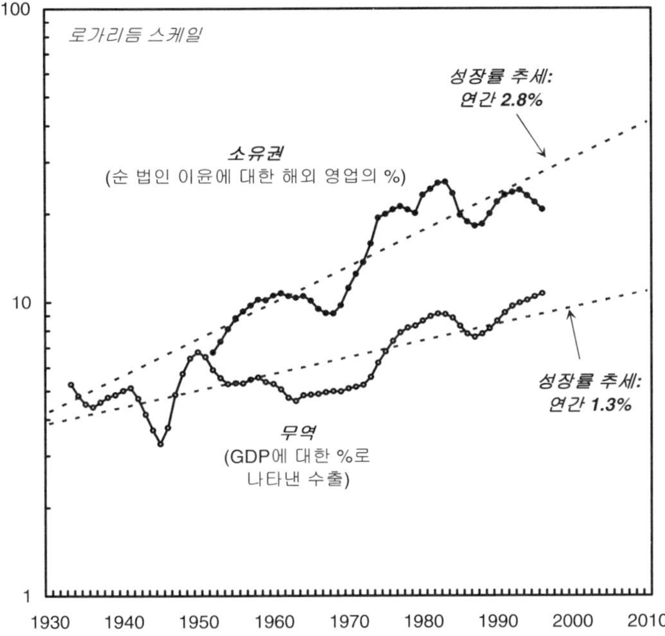

주의: 계열들은 5년 이동 평균으로 그려졌다.
출처: U.S. Department of Commerce.

그때 이후로 해외 투자가 이윤에 대해 갖는 중요성은 무역의 중요성보다
대략 두 배 정도 빠른 속도로 증가하여 근자에는 전체 이윤의 20~25퍼센
트에 달하게 되었다. 그런데, 근자에 자본 이동성이 다시 살아나는 외중에
서도 미국 무역의 거래량이 여전히 자본 유량보다 세 배 가량 많다는 점을
생각해 보면, 해외 투자의 이윤이 더 빠른 속도로 늘고 있다는 사실이 이상
하게 보일 수도 있다. 하지만 투자는 무역과 달리 누적되는 경향이 있기 때
문에 나중에 가면 해외 수익의 증가 속도가 수출에서 나오는 수익의 증가

속도를 앞지르게 되기 쉽다.

　이렇게 격차가 벌어지게 되면 무역 자유화를 지지하는 권력적 제도적 장치들이 더욱 강화된다. 지구적 통합을 옹호하는 자들은 아담 스미스나 데이비드 리카도를 좇아서 자유 무역의 중심적 역할을 강조하는 경향이 있다. 무제한적인 교환이야말로 더 큰 효율성과 가격 인하를 떠받치는 가장 주요한 동력이라는 게 이들의 주장이다. 그리고 현실을 보아도 이들의 주장이 진실로 보일 법도 하다. 사실상 무차별한 탈규제에 대해 지배적 자본이 종종 애매한 입장—이는 특히 탈규제로 인해 경쟁자들이 차등적 이윤을 잠식해 들어오게 될 때 그러하였다—을 보이는 이유의 하나도 바로 이러한 가격 인하의 압력 때문이다. 하지만 이런 위험에도 불구하고 대기업들은 계속해서 무역 자유화를 지지하였던 바, 여기에는 아주 훌륭한 이유가 있다. 대기업들에게 무역 자유화란 무역 자체보다 훨씬 더 중요한 어떤 것, 즉 자유로운 투자—좀더 정확히 말해서 권력을 강제하고 상품화할 자유를 뜻하는 것이기 때문이다.

　현재 구할 수 있는 자료만으로는 확실하게 보이기가 힘들지만, 국제적 투자가 누적적으로(불규칙적이지만) 쌓여온 결과 미국의 지배적 자본의 차등화 축적에 크게 기여했다고 볼 수 있을 것이다. 수출은 큰 기업이나 작은 기업이나 모두에게 이윤을 늘려주지만 해외 투자의 수익은 거의 통째로 가장 큰 기업들에게 돌아가게 마련이다. 따라서 대기업들이 정말로 수지맞는 부분은 무역의 지구화라기보다는 소유권의 지구화인 것이다. 자유 무역이 이루어질 경우 차등화 축적은 부양되는 만큼 침식되기도 한다. 반면 투자의 자유화는 거의 전적으로 차등화 축적을 끌어올리는 경향을 갖는다. 하지만 투자 자유화라는 것은 무역 자유화와 동시에 이루어질 수밖에 없기 때문에, 수입 경쟁과 무역 적자 같은 희생을 치르는 한이 있더라도 무역 자유화를 추진할 만한 이유가 충분하다 하겠다.

해외 투자도 여타의 투자와 마찬가지로 항상 권력의 문제이다. 그런데 이 투자라는 종류의 권력도 그 성격은 역사적으로 상당한 변화를 겪어왔다. 19세기 후반기까지는 자본주의의 신속한 공간적 팽창으로 인해 경쟁자들의 숫자가 함께 늘기는 했지만 그래도 이윤을 높여갈 수가 있었다. 그 결과 자본가들 사이의 공모의 필요는 크지 않았으므로, 실제 대부분의 자본 이동이 주로 설비 확장과 연결된 상대적으로 작은 규모의 포트폴리오 투자였다.(Folkerts-Landau, Mathieson, and Schinasi 1997, Annex VI) 하지만 결국엔 과잉 설비가 나타나기 시작하여 앞절에서 서술한 바와 같이 신규 설비 투자에서 기업 융합으로 점차 축적 패턴이 전환하기 시작한다. 그래도 반세기가 넘게 그러한 전환이 주로 국내적인 차원이었기에, 인수와 합병은 최초에는 국내의 '울타리들'을 무너뜨리는 선에서 진행되었다. 그 과정이 진정으로 지구적인 성격을 갖게 된 것은 1970년대와 1980년대에 와서야 비로소 벌어진 일이다. 하지만 일단 그렇게 되자 자본 흐름의 성격도 변화하게 되었다. 산업의 통제권을 쥐고자 하는 필요로 인하여 '직접' 해외 투자의 확장으로 강조점이 옮겨가는 한편 과잉 설비의 위협이라는 문제가 있으니 신규 설비 확장은 외면하게 되어, 결국 현재 전 세계 총 해외 투자의 75퍼센트가 국경을 넘는 인수 합병의 형태로 나타나게 된 것이다.(United Nations Conference on Trade and Development 2000) 따라서 권력이라는 관점에서 상황을 본다면, 19세기 말 20세기 초에는 자본 이동이 '선택 사항'에 가까웠던 반면 20세기 말엽에 오게 되면 점점 '필수 사항'이 된다고 말할 수 있다. 과잉 설비가 나타나는 데에 겹쳐서 기업들의 크기가 누적적으로 커지게 되면, 그 기업들의 이윤 확장을 위해서는 지구적 규모의 기업 융합이 점차 필수 사항이 되어 해외로의 자본 이동이 하나의 지상 명령으로 되는 것이다.

　요약해 보자. 자본주의에서 차등화 축적, 기업 융합, 자본 이동성으로 이어지는 사이에는 대단히 중요한 연관의 사슬이 길게 걸쳐져 있다.(명제 5) 이 관점에서 보면 오늘날의 지구화 과정은 자본주의의 발전에 본질적으로 내재한 것이며, 따라서 자본주의 자체를 변혁하거나 완전히 폐기하지 않는 한 쉬이 되돌이킬 수 없는 것이다. 또한 통념과는 달리 그 지구화 과정을 떠받치는 힘은 효율성의 개선이 아니라 효율성에 대한 통제이며, 그 목적은 총 이익을 크게 하는 것이 아니라 차등적 이익을 크게 하는 것이다. 역사적으로 특히 1980년대 이래 기업들이 점차 일국적 '울타리'를 부수고 나오는 가운데 해외 투자도 점차 신규 설비 투자에서 초국가적 인수 합병으로 그 중점을 옮겨왔다. 여기에서 크게 이득을 본 자들은, 지배적 자본의 거대한 '분배 연합'이다. 신규 설비 투자에서 기업 융합으로 중점이 점차 이동함에 따라 경제 성장은 후퇴하고 경기 침체가 서서히 나타나게 되면서, 사회 전체는 고통에 빠지게 된다.(명제 3)[20]

---

20) 물론 자본주의 경제의 작동 자체는 원래 경제 성장을 목적으로 삼는 법이 거의 없다. 하지만 그래도 대다수 민중 입장에서 살림살이, 일자리, 인생의 안정성 등에 결정적인 것이 경제 성장이라서 하는 말이다.

10장 깊이 지향성 축적 양식

비용 삭감

인수 합병이 가장 효과적인 차등화 축적의 엔진이기는 하지만, 그것이 언제나 가능한 방법은 아니다.(명제 4) 합병 활동이 침체되면 지배적 자본은 다른 수단에 의존해야 하며, 그것마저 안 될 경우엔 차등화 축적의 감소라는 위험을 안게 된다. 이론상으로는 그 다른 방도로 상대적인 비용 감소(내부적 깊이) 혹은 차등적 스태그플레이션(외부적 깊이) 두 가지가 있다. 하지만 현실적으로 후자가 훨씬 더 효과적이다.(명제 6과 7)

비용 삭감부터 살펴보자. 자본주의가 안고 있는 갈등의 역동성은 독점과 과점 상황에서도 항시적으로 존재하는데, 이는 기업들이 생산성을 올리고 투입 비용을 감소해야 한다는 상시적 압박에 놓여 있음을 뜻한다. 이러한 압력의 존재는 고전파 경제학자들이 처음으로 밝혀낸 이후 보수파, 급진파 모든 학파들이 누누이 말한 바 있기에 반박의 여지가 없는 진리인 듯 보인다. 하지만 차등화 축적이라는 관점에서 보면 비용 삭감이란 기껏해야 '아슬아슬한 현상 유지' 정도의 의미밖에는 없다. 지배적 자본이 평균을 능가하는 방법이 아니라 그 평균을 따라잡으려면 어쩔 수 없이 해야 하는 것 정도에 불과하다는 것이다.

생산성과 투입물 가격의 데이터를 기업 단위로 구할 수 있는 경우가 거의 없기 때문에 이 주장을 직접적으로 시험해 보기는 힘들다. 하지만 간접적인 증거는 잠정적으로나마 우리 쪽의 주장을 지지하는 것 같다.(다음에 나오는 수치들은 『포춘』지, 미국 국내 세무청[the US Internal Revenue Service], 미국 노동 통계국[the US Bureau of Labor Statistics]의 자료에서 계산된 것이다.) 그 논리는 아주 단순하다. '생산성'의 대략적인 지표로서 노동자 1인당 산출량을 사용하자. 이는 노동자 1인당 매출을 그 제품의 단가로 나누어 구한다.(재고량 변동은 사상한다.) 그렇게 해서 보니 지난 반세기 동안 대기업들(『포춘』지 선정 500대 기업)의 노동자 1인당 매출은 평균적 크기의 기업들의 그것과 비교했을 때 거의 변하지 않았다. 1954년의 그 비율은 1.4였는데 점점 떨어져서 1969년에는 1.1이 되었다가, 그 뒤로 꾸준히 늘어 1993년에는 1.7에 달하였다.(그런데 이 최근의 증가는 대기업의 아웃소싱의 증가로 인한 과대 평가일 가능성이 높다.) 그리고 다음 절에서 보겠지만 인플레이션은 역사적으로 대기업에 이익을 주는 방향으로 작동해 왔으므로(이에 관해서도 직접적 증거는 구할 수가 없다), 대기업들의 제품 가격은 작은 기업들보다 덜 하락한다고 가정하는 것이 합리적이라 할 수 있다. 결국 그 두 명제를 합쳐 따져보면, 지배적 자본의 생산성 증가는 대체로 전체 경제의 평균과 동일하다고 볼 수 있다.

안정적으로 차등적 비용 삭감을 계속 이루기 어렵다는 사실은 놀랄 일이 아니다. 첫째, 아무리 큰 기업이라 할지라도 투입 요소들의 가격에 행사하는 통제력에는 한계가 있다. 이는 특히 아웃소싱이 확산되면서 더욱 그러하다. 게다가 그러한 통제력을 행사한다고 해도 그 혜택은 종종 다른 기업들에게도 고루 미친다.(지배적 자본이 임금을 동결시키면 작은 기업들도 자기 회사 임금을 동결시키기 쉬워진다. 자동차 회사들이 산유국 연맹, 즉 OPEC에 압력을 넣어 석유 가격을 낮추면 모든 에너지 사용자들이 혜택을 본다. 한 수입 기업이 관세 인하를 따내면 경쟁 수입 기업은 여기에 무임 승차 한다 등등.)[1] 둘째, 대기업들이 작은 기업들보다 새로운 생산 기술을 개발하는 데에 뛰어날 이유가 없다. 예를 들어 최근의 생명 공학, 정보 통신의 기술 진보는 상당수가 작은 회사들에서 나온 것이며, 그 중 몇몇은 정말 소수로 이루어져 있다. 지배적 자본은 종종 이러한 혁신의 돌풍에 맞설 수가 없어서, 기술 혁신보다 싸게 먹히는 방법에 의지할 때가 많다. 작은 기업들에게 연구 개발 비용을 전가시켜 버리고 나서 이제 막 시작하려는 기업들 중에서 좀더 가능성 있어 보이는 것들을 매입해 버리든가, 아니면 아예 그저 자신들의 기술이 너무 빨리 확산되는 것을 막는 쪽이 더 싸게 먹히는 것이다.[2] 마지막으로,

---

1) '보편적' 비용 때문에 차등화 축적이 도전 받게 되는 상황을 인텔(Intel) 회장 앤드류 그로브(Andrew Grove)가 깔끔하게 요약하고 있다. 그는 묻는다. "당신의 고객이 모든 정보를 다 가지고 있는데다가 당신의 물품 공급자는 당신의 경쟁자에게도 똑같은 조건으로 물품을 댄다. 이런 상황에서 회사를 어떻게 세울 것인가? 당신의 경쟁력을 차등화시켜 줄 게 무엇이 남아 있는가? 당신의 가치의 원천은 무엇인가? 또 거기에다 무슨 그럴듯한 현학적 수사로 치장해 둘러댈 것인가?"(Byrne 2000)

2) 『이코노미스트』지에 의하면, "미국의 대기업들은 성공의 비결이 혁신에 있다는 사실을 두려워한다.—자신들이 혁신의 능력이 없기 때문에." 사실 이들의 '공포'는 "스스로의 내부에서는 혁신이 제대로 이루어질 수 없는 것 같다는 점"에 있으며, 그 결과 "오늘날의 합병 붐은 이런 자들이 새로운 아이디어를 미친 듯이 찾아헤매는 바람에 추동"되고 있어서, 1990년에 150억 달러에 머물던 무형 자산의 매매가 1998년에는 1천억 달러에 이르게 된 것이다.(Anonymous 1999) 1999년 세계 제약 시장의 7.3퍼센트를 지배했던 글락소 스미스클라인(Glaxo SmithKline)의 회장 리차드 사이크스 경(Sir Richard Sykes)은 "이제 기업 합병을 꺼리는 자는 없어졌다"고 말한다. 그런데 그 말을 전한 『파이낸셜 타임즈』의 기사에 의하면, 이는 '효율성 향상'이라는 목표와는 거의 상관이 없다고 한다. 사실 "합병에 조심스러운 자들은 기업 규모가 효율성 향상에 도움이 된다는 증거가 없다고 주장한다. 머크(Merck)의 수석 과학자인 에드 스콜니크(Ed Scolnick)도 그 회사 연구 실험소의 크기와 생산성 사이에 아무런 연관 관계를 찾지 못했다. 작은 생명 공학 회사들이 비교적 더 성공을 거두었다는 사실로 볼 때 연구에 있어서는 규모가 크다는 것이 오히려 불리한 요소일지도 모른다"라고 그 기사는 말한다. 물론 합병하려 드는 이유가 거기에 있는 것은 아니다. 글락소(Glaxo)의 짐 니

생산 기술은 베블렌이 말한 대로 총체적인 사회적 성격을 갖기 때문에 독점되기가 어렵다는 것은 잘 알려진 사실이다. 신제품이 나올 때 특허, 지적 소유권 등의 위협 행위를 통해 자사의 이익을 보호할 수도 있겠지만, 기술은 기본적으로 사회적 생산 조직 전체에 쉽게 확산되는 경향이 있어서 최초로 시행하는 이가 처음에 누리는 우위는 곧 침식당하고 만다.

스태그플레이션

스태그플레이션은 비용 삭감과 달리 차등화 축적의 대단히 효과적인 수단이 된다. 언뜻 보면 이러한 주장이 이상해 보일 것이다. 물가가 오르고 산출은 정체되고 고용은 감소되는 공황의 시기에 스태그플레이션으로 어떻게 대기업들이 혜택을 볼 수 있다는 것인가? 게다가 스태그플레이션이 정말로 그렇게 '축적 친화적'이라면 어째서 무한히 지속되지 않는 것인가? 이러한 질문들을 여기에서 충분히 다룰 수는 없지만 전반적인 논지의 방향은 간략히 요약할 수 있다.(이 주제에 관한 풍부한 논의는 다음을 보라. Nitzan 1992; Nitzan and Bichler 2000b)

물가가 오르고 생산량이 줄어드는 것이 이윤에 미치는 영향은 물론 단선적인 것이 아니다.(물가 변동으로 인한 이윤 변동을 알아보는 데에 중요한 수요 곡선이 아래쪽으로 휘어 있다는 점을 생각해 보라.) 하지만 여기서 우리가 논하고 있는 것이 물가가 아니라 인플레이션이라는 점에 주목하라. 더욱이 우

델(Jim Niedel)이 그 기사에서 지적한 바 있듯이, (합병을 통해) "크기를 두 배로 불리면" 그 결과 '판매력'이 증가하는 것은 물론이고, 생산 기술을 독점하게 될 제약 화학 물질의 가짓수가 두 배로 늘어나게 되는 것이다.(Pilling 2000) 우리의 용어로 하자면 이는 내부적 넓이와 외부적 깊이 모두에 기여하는 것이라 할 수 있다.

리가 관심 갖는 것은 인플레이션이 그냥 이윤이 아니라 차등적 이윤에 끼치는 영향이다. 이 두 개의 제한 조건을 달게 되면 아주 다른 결론이 나오게 된다.

인수 합병이 보통 소수의 기업들(큰 기업들)만이 주로 추구하는 것임에 반하여, 인플레이션을 통한 재분배라는 차등화 축적 전략은 모든 가격이 다 오르는 전 사회적 인플레이션일 때에만 성공할 수가 있다. 그렇게 본다면 인플레이션이란 모든 이들에게 획일적인 결과를 낳는 현상이 결코 아니며, 따라서 '중립적'인 현상도 아니라는 말이 된다. 바로 이 점이 핵심이다. 인플레이션은 재분배의 효과를 가지며, 그것 때문에 현실에 나타나는 것이다. 밀튼 프리드만(Milton Friedman)의 말을 비꼬아서 표현하자면, "인플레이션은 언제 어디서나 재분배적 현상이다"(경제 작동에서의 문제의 근원을 인도적 통화 당국의 방만한 정책에 돌리는 통화주의자의 시조 프리드먼은 "인플레이션은 언제 어디서나 화폐적 현상(monetary phenomenon)이다"라는 말을 남겼다—옮긴이)라고 할 수 있겠다. 여기서 핵심적인 질문은 그러한 재분배에서 혜택을 보는 것이 누구냐는 것인데, 이는 선험적으로 대답할 수 있는 질문이 아니다. 인플레이션의 본질이란 모든 시장적 관계가 총체적으로 불안정해지고 재구조화되는 것이기에 힘이 큰 집단이 다른 이들의 머리를 밟고 올라설 것이라고 예상할 수 있지만, 그게 정확히 어떤 집단이냐는 겉으로 드러나 있지 않다. 분배의 결과가 어떻게 나왔는가에 근거하여 곰곰이 궁리해 보아야만 그 정체를 알 수 있는 것이다.

미국 경제의 경우를 다룬 그림 10.1에 나와 있는 결과를 보면 이득을 본 자가 누구인가는 의문의 여지가 없다. 이 그림의 데이터는 두 개의 계열을 대조적으로 보여준다. 첫째는 인플레이션의 비율로서, 도매 가격 지수의 연간 변화 백분율로 측정된다. 둘째는 노동자 1인당 이윤의 비율로서, 『포

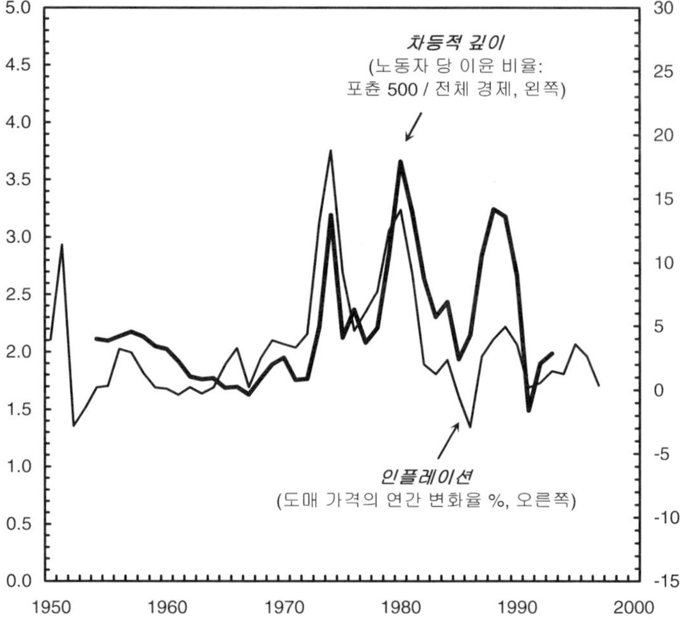

주의: 전체 경제의 노동자 당 이윤은 재고 평가 조정 (inventory valuation adjustment) 과 자본 소비 수당 (capital consumption allowance) 을 포함한 법인 이윤에서 조세를 뺀 뒤 비농업 노동자의 수로 나누어 계산하였다. 포춘의 노동자 당 이윤은 순 이윤을 노동자의 숫자로 나누어 계산하였다.
출처: *Fortune*; U.S. Department of Commerce through McGraw-Hill (Online).

춘』지 선정 500대 기업의 노동자 1인당 이윤의 비율을 전체 경제의 그것으로 나누어 측정된다. 이 후자의 지수는 우리가 사용하는 차등적 깊이의 개념에 해당하는 것으로, 그 등락은 지배적 자본―여기서는 『포춘』지 500대 기업으로 근사적인 접근을 시도한다―이 자신의 노동자 1인당 이윤을 평균보다 빠르게 증가시킬 수 있는 능력을 측정해 준다.

이 그림에서 볼 수 있듯이 지배적 자본의 성공은 전체적인 인플레이션 율과 긴밀한 양(+)의 상호 연관을 맺고 있다.[3] 다시 말하면 높은 인플레이션율이라는 것이 덩치 큰 선수들의 수중에 들어가서 그들로 하여금 작은 기업들보다 더 빠른 속도로 조직 단위당 이윤을 상승시키도록 해준 셈이다.(좀더 깊이 분석해 본 다른 문헌에 따르면, 인플레이션과 차등적 깊이의 연관은 기업의 크기와 양[+]의 관계를 갖고 있다. 즉 큰 기업일수록 인플레이션을 통해 더 크고 더 체계적인 차등적 이익을 얻게 되는 것이다. 다음을 보라. Nitzan 1992) 그런데 이 그림은 지배적 자본이 인플레이션을 통해서 분명하게 혜택을 보았음을 드러내지만, 그것이 인플레이션이 한바탕 치러지는 동안만 계속되는 명이 짧은 것이라는 것도 암시한다. 사실 그런 식의 이익을 계속 거두려면 인플레이션을 지속시키는 수밖에 없다. 그리고 이익을 크게 하고 싶으면 인플레이션에도 가속도를 붙여야 하는데, 그렇게 인플레이션율이 올라가는 바람에 기대한 만큼 차등화 축적이 벌어지기도 하지만, 무한정 지속될 수는 없다. 동서고금에 걸쳐 무수히 증명되었던 바, 인플레이션이란 대단히 위험한 장사다. 이는 '관리하기'도 어렵고, 차등화 축적, 또 크게 보면 자본주의적 권력 전체를 종종 결과를 예측하기 힘든 통제 불능의 악순환의 나선형으로 빠져들게 하고 만다.

이러한 이유 때문에 인플레이션은 지배적 자본이 막간을 때우기 위한 전략으로서의 성격이 더 강하다. 넓이 팽창을 통한 차등화 축적에의 영향은

---

3) 『포츈』지는 1993년 이래로 총 고용을 밝히지 않고 있지만 이 그림에서 나타난 연관 관계는 1990년대가 끝날 때까지 양(+)의 관계를 유지했을 것으로 보인다. 노동자 1인당 이윤이란 노동자 1인당 매출에 마크업(markup)의 비율을 곱해서 얻어진다는 점에 주목하라. 이 장의 앞부분에 나왔듯이 노동자 1인당 매출의 비율은 이 기간 동안 거의 정체 상태에 머물러 있다. 반면 마크업 비율은 1954~1998의 기간을 통틀어 인플레이션과 긴밀한 양(+)의 관계를 맺고 있다. 방금 지적한 이 두 계열 사이의 관계를 생각해 볼 때, 그림에 나타난 인플레이션과 노동자 1인당 이윤의 상관 관계는 1993년 이후에도 계속 양(+)의 관계였으리라는 추론이 나오는 것이다.

아무래도 시간이 좀더 걸리는 반면, 인플레이션에는 '기술적' 상한선이라는 게 없는 만큼 잠재적 가능성으로 보자면 그로 인한 차등적 이익이 엄청날 수가 있다. 하지만 그러한 이익에는 상당한 위험이 수반되는데, 이는 정상적 상황에서는 지나치게 큰 위험으로 평가된다. 그래서 오로지 넓이를 통해 이익을 얻을 여지가 바닥나 지배적 자본의 차등화 축적이 침식당하는 사태에 직면하는 경우에만 마지못해 인플레이션을 통한 재분배의 수단에 의존하는 쪽을 선택하게 되는 것이다.

인플레이션과 권력의 관계는 아무리 강조해도 지나침이 없다. 주류 이론은 경쟁 시장이라는 교리에 기초하여 인플레이션이란 경제 성장에 수반되는 것이라고 주장한다.[4] 이러한 주장은 보통 공급에서 제약이 벌어진다는, 현상을 그대로 원인으로 들이미는 순환론적 주장에 기반하고 있는데, 이는 맞고 틀리고를 떠나서 단기적 시간에서만 의미를 가진다. 긴 시간 지평에서 보면 생산 설비는 필요한 만큼 얼마든지 증가시킬 수 있기 때문에, 주류 이론이 말하는 경제 성장 과정에서 생기는 병목 현상이란 거의 무의미해지는 것이다.

그렇다면 진정한 열쇠는 권력이 된다. 생산 과정에 '자연적' 병목이란 생기지 않는 법이니, 그러한 병목은 제도적으로, 즉 핵심 세력들 사이의 공모 등등의 조치를 통해 창조되어야만 한다. 그러한 조치들은 어떤 형태를 띠건 간에 그 목적은 한결같이 전체 생산 설비가 너무 빠르게 증가하는 것을 막는 것이다. 여기서 전체 생산 설비라는 점이 결정적이다. 지배적 자본은 스스로의 생산을 일정하게 유지하거나 심지어 증가시킬 수도 있다. 하지만 전체 생산의 증가를 제한할 능력을 잃을 경우엔 협조라는 것도 필히

---

4) 공급 측면의 충격으로 스테그플레이션을 설명하는 이론은 이런 의미에서 주류라고 할 수는 없다. 왜냐하면 이 이론은 본의 아니게 시장에서 권력이 작동한다는 것을 인정하는 것이기 때문이다.

무너져서 가격 전쟁으로 이어지고 디스인플레이션, 심지어 완전히 디플레이션까지도 벌어질 위험이 있는 것이다.

결론은 간단하다. 장기적으로 보면 인플레이션과 경제 성장은 역의 관계를 맺게 된다고 볼 수밖에 없다. 장기적 경제 성장은 주류 이론에서 말하듯 인플레이션이 활활 타오르도록 풀무질을 하는 것이 결코 아니다. 오히려 지배적 자본의 공모를 갉아먹음으로써 인플레이션에 찬물을 끼얹는 역할을 하는 것이다. 그런데 이러한 주장을 검증하기 이전에, 스태그플레이션이라는 말의 뜻에 관해서는 여러 가지의 해석이 있음을 짚고 넘어가야겠다. 사뮤엘슨(Samuelson 1974)에서 시작된 '약한' 버전은 스태그플레이션이란 인플레이션과 함께 설비 가동률 저하 및 실업이 나타나는 사태라고 이해한다. 보몰, 블라인더, 스카스(Baumol, Blinder, and Scarth 1986) 같은 문헌에서 발견되는 '중간' 버전에서는 인플레이션과 낮은 경제 성장율 혹은 침체의 결합이라고 정의된다. 마지막으로 파킨과 베이드(Parkin and Bade 1986) 등이 채택하는 '강한' 버전은 스태그플레이션을 산출이 저하하면서 인플레이션이 벌어지는 경우로만 제한하고자 한다.

우리 논의의 맥락에서 이 '약한' 버전은 별 흥미를 주지 못한다. 20세기 자본주의의 특징은 일정 정도의 실업과 유휴 생산 설비가 만성적으로 존재했다는 것, 그렇기 때문에 그 정의를 따르면 인플레이션은 자동적으로 스태그플레이션이 되고 만다는 점 때문이다. 그 '강한' 버전이라는 것도 별 도움이 되지 않는다. 총 산출이 감소하는 일이란 상대적으로 희귀하기 때문이다. 결국 그 세 가지 중 유용한 것은 '중간' 버전이 되며, 여기서 스태그플레이션을 어떤 관계로 이해할 것이냐가 중요해진다. 주류 이론에서 말하듯 경제 성장이 본시 인플레이션과 양(+)의 관계를 맺는 것이라면 스태그플레이션이란 분명히 비정상적 현상일 것이다. 그런데 만약 원래부터 그

둘이 음(−)의 관계를 맺게 되어 있는 것이라고 한다면 스태그플레이션은 오히려 '정상적' 현상으로서, 성장 감퇴 및 인플레이션 상승에 따라 더 심해지고 성장 증가와 인플레이션 하락과 함께 수그러드는 것이라고 이해해야 할 것이다.

판명된 바, 인플레이션과 경제 성장율의 관계는 거의 항상 음(−)의 관계이다. 이를 입증하는, 실로 반론이 불가능한 증거가 있다.(물론 대부분의

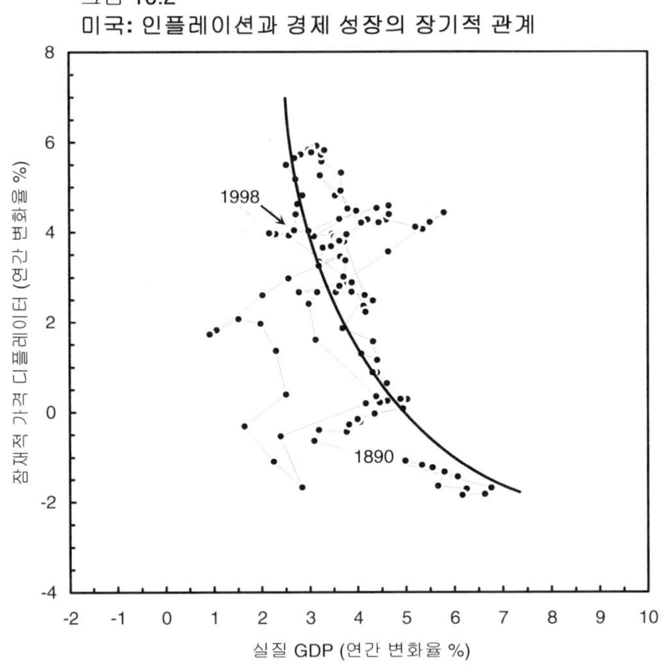

주의: 계열들은 20년 이동 평균으로 그려졌다. 관측치들 한가운데를 지나는 완만한 곡선은 이해를 돕기 위해 손으로 그린 것이다.
출처: U.S. Department of Commerce through McGraw-Hill (Online).

경제학자들은 체계적으로 이를 무시하고 있다.) 그림 10.2와 10.3은 각각 지난 세기 동안 미국의 경우와 1960년대 이후 선진국 전체의 경우를 보여주고 있다. 자료를 통해 인플레이션과 경제 성장이 대조되고 있으며, 양쪽 모두 그 장기적 패턴을 강조하기 위해 20년 단위의 이동 평균으로 완만하게 그려져 있다. 어느 쪽도 아주 긴밀하다고 할 수는 없지만 그 관계가 음(−)이라는 것만큼은 분명하다.(그림 10.2에서는 1990년대 초 이래로 그 관계가 변화

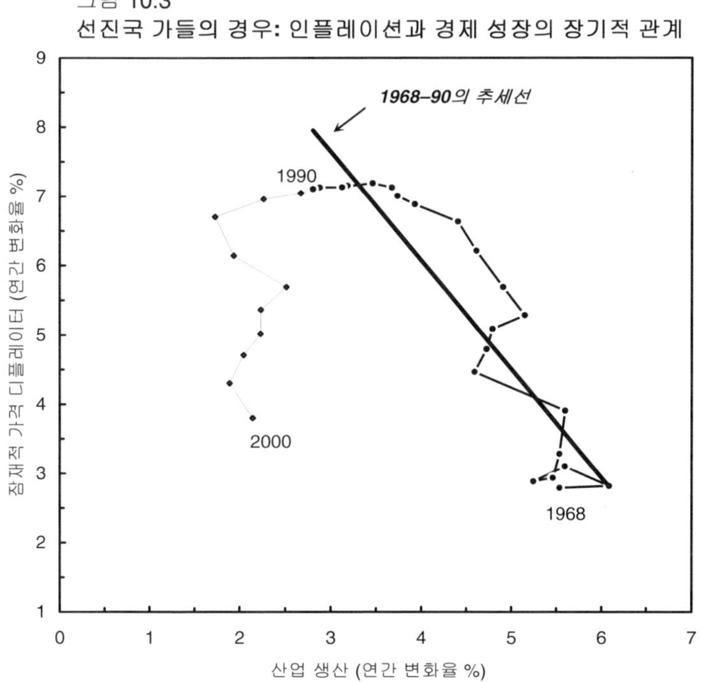

그림 **10.3**
선진국 가들의 경우: 인플레이션과 경제 성장의 장기적 관계

주의: 계열들은 20년 이동 평균으로 그려졌다. 추세선은 1968-90의 기간 동안에 대한 OLS 회귀 분석을 나타낸다.
출처: IMF through McGraw-Hill (Online).

해 온 것으로 보이는데, 이는 아마도 지구적 경제 통합의 영향 때문이라고 생각된다. 나아가 이 그림이 절대로 예외적인 경우가 아님을 강조하고자 한다. 사실상 선진국, 개발도상국을 막론하고 이러한 장기적 패턴이 무수한 나라에서 반복되어 보이고 있기 때문이다.)

이렇게 경제 성장과 인플레이션이 장기적인 음(−)의 관계를 맺는다는 사실은 전후 자본주의 국가들의 정책 입안자들에게 유행했던 이중 인격적 행태를 설명하는 데에도 도움이 된다. 그들은 성장을 촉진하는 동시에 가격 안정을 달성하는 것이 자신들의 지상 과제라고 떠들어댄다. 하지만 이들이 정말 신경 쓰는 목표는 차등화 축적의 유리한 환경 창출이며, 이들은 입을 꾹 다문 채 그 방향으로 슬금슬금 옮겨가고 있었다. 넓이 지향 축적 양식의 기간에는 공언하는 목표나 은폐된 목표 모두가 고도 성장과 낮은 인플레이션으로 일치하였고, 이는 앞의 그림이 폭로하듯이 당연한 조합이기 때문에 정책 생산자들은 사실 별로 하는 것도 없으면서 뭔가 해내고 있는 양 생색을 낼 수 있었다. 문제는 차등화 축적이 깊이 지향 양식으로 바뀌고 거시 경제 상황이 스태그플레이션으로 변해 갈 적에 나타난다. 이 경우엔 그 두 가지 정책 목표가 충돌을 일으키게 되는데, 그때 거의 변함없이 승리를 거두는 쪽은 경제 성장을 희생시켜 인플레이션을 얻고자 하는 지배적 자본이다. 인플레이션을 잡는다는 명분 아래 정책은 긴축 기조로 가게 되지만, 결과는 정반대로 경제 침체가 벌어지게 된다. 이 경제 침체는 흔히 말하듯 인플레이션을 잡는 대책이 아니다. 그것이야말로 지배적 자본이 인플레이션을 지속하기 위해 필수적인 것이다!

이따금씩 긴축 정책이 큰 성공을 거둔 것처럼 떠들어대는 경우도 있다. 이자율을 올리고 난 뒤 여하튼 인플레이션이 잡힌 1980년대의 경우이다. 그렇지만 그때 긴축 정책이 정말로 인플레이션 하락의 원인이었을까? 그림 9.2에서 볼 수 있듯이, 1980년대 초 지배적 자본은 다시 넓이 지향 축적 양식으로 전환하고 있었고, 새로운 인수 합병의 파동이 기세를 올리기 시작하고 있었다. 이러한 상황에서는 인플레이션에 대한 필요도 줄어들고 또 그것을 차등화 축적으로 연결시켜 줄 자본가들끼리의 협조도 사라지는 것은 당연하다. 우리의 해석이 옳다면 인플레이션 하락의 진정한 원인은 다시 시작된 넓이 지향 차등화 축적이며, 오히려 긴축 정책을 하지 않았더라면 사실상 인플레이션이 더 낮아졌을 것이다.

우리의 논의가 지금까지 제시해 온 바를 요약해 보자. 역사적으로 보았을 때 차등화 축적은 결정론적 법칙까지는 결코 아니지만, 그래도 일정한 일반적 패턴 또는 양식을 따라왔다고 볼 수 있다. 그러한 축적 양식의 네 가지 패턴을 확인할 수 있는데 그 중 비교적 더 중요한 것은 인수 합병을 통한 내부적 넓이 지향 축적 양식과 스태그플레이션을 통한 외부적 깊이 지향 축적 양식이다. 나아가 내부적 넓이 지향 축적 양식이 장기적으로 보면 가장 일반적인 반면, 외부적 깊이 지향 축적 양식은 그 잠재된 효과는 훨씬 더 강력하지만 오래 지속될 수가 없다. 마지막으로, 이 두 가지 축적 양식의 기본 논리는 서로 모순적이며, 왕성한 인수 합병이 스태그플레이션 완화로 이어지는 이유는 그러한 모순 관계로 설명할 수 있고, 그 반대의 경우도 그것으로 설명할 수 있다.(명제 8)

내부적 넓이 지향 축적 양식과 외부적 깊이 지향 축적 양식 사이의 역동적 관계는 지난 한 세기 자본주의가 진화하면서 보여주었던 여러 핵심적 양상들을 이해할 새로운 틀을 제공한다. 다음 마지막 장에서는 그 역동적 관계의 몇 가지 측면을 검토하고 그 역사적 발전 과정을 조명한 뒤, 앞으로의 자본주의의 궤적을 짚어보는 데 던져주는 함의를 알아보도록 하겠다.

11장 차등화 축적: 그 역사와 미래

　그림 11.1은 미국에서의 내부적 넓이 지향 축적 양식과 외부적 깊이 지향 축적 양식의 전반적 지형을 보여주고 있다. 우리가 사용하는 기업 융합의 지표(신규 설비 건설과 매입의 비율)를 복합적인 스태그플레이션 대리 지표와 대조하고 있으며, 두 계열 모두 비교하기 쉽게 완만하게 다듬어져 있다. 후자의 대리 지표는 먼저 실업과 인플레이션이 각각의 역사적 평균과 비교하여 나타나는 편차를 백분율로 나타내고 다시 그 두 계열의 평균을 구함으로써, 실업률과 인플레이션이 합쳐진 스태그플레이션의 지표로 삼는다.(물론 인플레이션만 지표로 사용해도 그 패턴은 비슷하게 나타났겠지만, 우리 논의의 중점이 깊이 지향 축적 양식에 전 사회적 위기가 수반된다는 측면을 강조하는 것에 있기 때문에 인플레이션과 실업 양자 모두를 고려하는 것이다.)[1]

　이 그림에서 보여지는 바는, 장기적으로 보아 인수 합병이 사회적 저항이 가장 덜한 경로일 것이라는 점이다.(명제 2) 스태그플레이션이 그 안정

---

1) 인플레이션은 실업보다 훨씬 더 큰 폭으로 등락하기 때문에, 이 복합 스태그플레이션 지표는 인플레이션 쪽의 영향에 거의 지배당하게 된다. 이 복합적 지표의 등락과 그 구성 요소의 하나인 인플레이션의 등락 모두 5년의 이동 평균으로 나타내보면 0.93이라는 높은 상관 계수를 보인다.

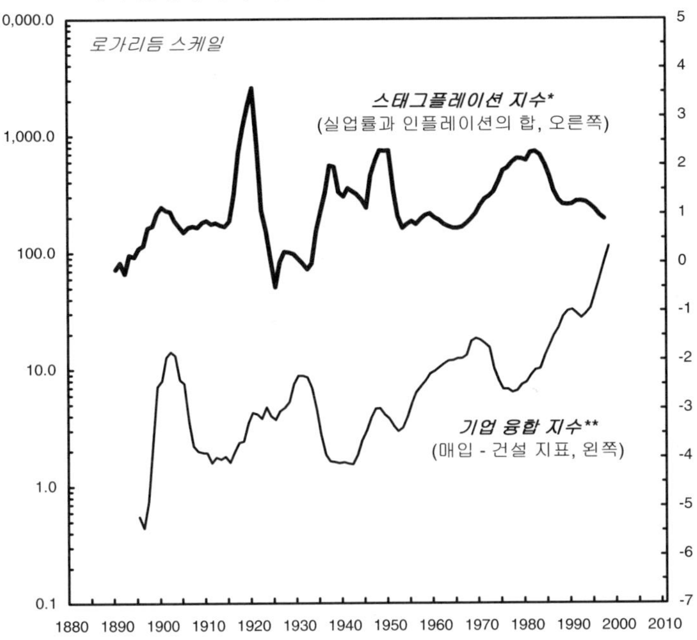

*표준화된 실업율과 표준화된 GDP 디플레이터 인플레이션의
평균(기대치로부터의 분산 %)
** 총 고정 자본 형성에 대한 인수 합병의 %.
주의: 계열들은 5년 이동 평균으로 그려졌다(처음 4년 간의 관측치들은
입수 가능한 데이터들만을 다룬다).
출처: U.S. Department of Commerce through McGraw-Hill (Online), 그리고
데이터에 관한 부록을 참조.

된 평균을 오르내리며 한편에서 진행되는 가운데, 인수 합병은 신규 설비 투자에 대해 지수 함수의 관계로 증가(이 그림이 로가리듬 스케일로 그려져 있음에 주의하라)했음을 볼 수 있다. 또한 이 그림에서 20세기 초 미국의 대기업이 출현한 이래 내부적 넓이 지향 축적과 외부적 깊이 지향은 서로 엇갈리면서 등락하는 경향을 보여왔다는 점도 알 수 있다. 인수 합병이 일시적

으로 줄어들면 스태그플레이션이 날카롭게 증가하면서 그것을 '보상'하는 패턴이 전형적인 모습을 보이는 것이다. 그리고 다시 기업 융합이 시작되고 지배적 자본이 그 이전의 울타리를 부수고 더 넓은 세상으로 진출하게 되면 스태그플레이션은 재빨리 가라앉는다.(명제 1과 8)

이렇게 두 가지 축적 양식이 반대 방향으로 운동하는 경향이 현실에 존재한다는 사실 자체가 상당히 주목할 만한 것이다. 차등화 축적에 관한 한 필연적 법칙 따위는 없고 그 반대의 상황도 얼마든지 벌어질 수 있다고 우리가 누누이 강조해 왔다는 점을 기억해 보라. 또한 의미심장한 사실은, 깊이 지향 축적과 넓이 지향 축적 사이의 역(逆)의 상관 관계가 시간이 지나면서 더욱더 긴밀해져 왔다는 점이다. 이는 아마 지배적 자본의 위치가 공고하게 되어 그들의 차등화 축적이 자본주의 발전의 주된 원동력의 자리를 차지하게 된 결과인 듯싶다.[2] 이러한 방향으로의 진전이 그림에 뚜렷이 나타난다. 대기업이 그 현대적 모습을 막 갖추기 시작하던 19세기의 마지막 10년간에는 그 두 계열이 아직 같은 방향으로 움직이고 있었다. 그런데 지배적 자본이 무대 중심을 차지하게 된 20세기의 첫 10년간이 되면 그 관계가 느슨하게나마 분명히 음(−)의 관계로 뒤집히게 된다. 그리고 1930년대 이후 현재까지는 차등화 축적이 점차 확고하게 자리잡게 되면서 그 음(−)의 관계가 점점 더 긴밀해져 온 것이다.

느슨하던 상관 관계가 점차 긴밀한 상관 관계로 변해 온 것은 당연한 일이다. 차등화 축적은 전 사회의 역사라는 차원에서 보자면 비교적 새로운 현상이며, 주식회사의 규모가 충분히 증가하여 전략적 깽판 놓기가 이루어

---

2) 30년 단위로 본 스태그플레이션과 기업 융합의 지표 사이의 상관 관계(후자는 장기적 추세에서의 편차로 표현된다)는 1927년의 마이너스 0.11에서 점점 증가하여 1998년에는 마이너스 0.9까지 증가하였다.

지는 데에 충분할 만큼 대기업들이 각종 국가 제도들을 장악하기에 이른 19세기 끝무렵에 와서야 그 차등화 축적이 비로소 두드러진 현상으로 나타났던 것이다. 이 과정은 우선 미국과 유럽의 몇몇 특정한 산업에서 중요한 형태로 나타났고, 이후 국내적 국제적으로 확산되어 나아가기 시작하였다. 하지만 당시의 높은 자본 이동성에도 불구하고 그러한 확산이 대단히 불균등하게 이루어져왔기 때문에, 다양한 부문들, 그리고 나라들에서 두 가지 차등화 축적 양식이 교차되는 주기가 서로 엇갈리게 되면서 세계적인 단일한 주기가 보이지는 않았다. 차등화 축적이 현대 자본주의를 인도하는 나침반이 되는 일은 훗날 영리 활동이라는 원리와 이데올로기가 점점 심화 또 확산되고, 산업 부문이라는 울타리도 점차 무너지고, 소유 구조의 지구화가 점차 이루어지는 때까지 기다려야 했다. 이 여러 과정들의 복합적 효과가 현실화되기 시작하는 20세기 중반에 이르러서야 비로소 깊이와 넓이라는 두 가지 축적 양식의 기반이 조성되고 또 동시성을 가지면서 세계 전역에서 나타나게 된다.

이렇게 차등화 축적을 총체적인 사회 변형의 과정으로서 이해하게 되면, 그 특정한 축적 양식들 하나하나가 자본주의의 제도적·구조적 변화의 전체 사회적 성격을 이해하는 데에 큰 의미가 있음을 알게 된다. 그러한 변화들 중에서도 어떠한 유형의 사회적 갈등이 나타나는가가 가장 중요한 문제라고 할 수 있다. 지배적 자본이 다른 자본가들에 비해 더 큰 권력을 얻으려고 안간힘을 다하는 것은 항상 벌어지는 일이지만, 넓이 지향에서는 그것이 직접적으로 이루어지는 반면 깊이 지향에서는 간접적인 경로를 통한다는 점을 상기해 보자. 넓이 지향으로 권력 확장이 벌어지는 경우엔 자본가들 서로간에 현재와 미래의 노동 인구를 놓고 더 많은 통제력을 가지기 위한 아귀다툼이 벌어진다. 보통 이들끼리의 투쟁은 전체 경제의 높은 성장과 지속적인 제도적 변화로 연결되는데, 이는 자본가들과 전 사회의 이익 사이에 존재하는 갈등을 부분적으로나마 은폐시키는 효과를 낳는다. 한편 깊이 지향의 경우 자본가들끼리 벌이는 투쟁은, 자본가들이 나머지 전체 사회로부터 부를 갈취하면서 벌어지는 사회적 갈등의 모습을 통해 '매개' 된다. 게다가 넓이 지향과 달리 깊이 지향의 경우 경제 성장이 아닌 스태그플레이션을 그 주된 재분배 메카니즘으로 해 번성한다. 이러 한 경제 위기를 통한 축적이라는 패턴을 일정 기간 유지하려면 지배적 자 본의 기득권이 철통같이 수호되고 또 권력 기구가 요새화되어 폭력과 강 제가 좀더 적극적으로 행사될 필요가 있다.

지구적 규모의 흐름을 중심부 국가들의 지배적 자본의 관점에서 관찰하 면, 잠정적으로나마 차등화 축적의 몇 개의 대략적인 단계를 확인할 수 있 다. 처음에는 단계들 사이의 경계선이 흐릿하지만 시간이 지나면서 점점 분 명해진다. 넓이 지향과 깊이 지향이 혼재되어 있었던 1890년대와 1910년 대 사이의 기간, 1920년대의 부분적인 넓이 지향 축적 양식, 1930년대의 깊이 지향 축적 양식, 1940년대와 1960년대 사이의 넓이 지향 축적 양식, 1970년대와 1980년대 초 사이에 벌어진 깊이 지향 축적 양식으로의 회귀, 1980년대와 1990년대 사이의 넓이 지향 축적 양식의 재출현 등이 그것이 다. 21세기의 초입에 들어선 현재, 깊이 지향 축적 양식의 지속 가능성이 다 시 의문에 처하였고, 깊이 지향 축적 양식의 부활을 암시하는 증후들이 점 점 뚜렷해지고 있다. 각각의 기간을 좀더 자세히 살펴보자.

1890년대에서 1910년대에 이르는 기간은 경제 성장이 가속적으로 급격 히 벌어지는 동시에 인플레이션은 낮으면서 기업의 초국적화—특히 미국 에 뿌리를 둔 대기업들—가 시작되었던 때였다. 당시 국제적 차원에서 보 면 차등화 축적은 여전히 '국가주의' 라는 외양을 걸치고 있었던지라 미국과 유럽의 기업들은 자체 이익만이 아니라 제국주의의 앞잡이 노릇도 하는 것으로 종종 여겨지곤 했다. 그런데 이 회사들 상호간에 조정의 노력이 없었기 때문에 무제한의 경쟁 상태가 나타나고 말았고, 그 결과 금새 엄청난 양의 과잉 생산 설비라는 불균형을 낳고 말았다. 그러한 불균형을 그냥 방치해 둘 경우 영리 활동 전체가 파멸에 이를 수도 있었기 때문에, 깊이 지향 축적 양식으로 그 궁지를 '해결' 하자는 압력이 점점 증가하였다. 그리하여 드디어 1900년대 중반에 미국 경제의 합병 붐은 무너지고, 1910년대에 들어가면 유럽에서의 전쟁과 세계적인 경제 공황 및 인플레이션이 나타나게 된다.

1920년대에는 짧은 휴지기가 있었다. 미국에서는 스태그플레이션이 신속히 가라앉는 한편 합병 활동이 급속히 증가하였다. 하지만 유럽의 경우 그러한 집행 유예 기간은 짧았고 다시금 긴장의 증후가 쌓여가기 시작하였다. 나라들 사이에 또 일국 경제 내에서도 보호주의의 장벽이 도처에서 나타났다. 몇 개의 작은 공황의 급류에 간헐적으로 휩쓸리는가 싶더니 곧 1930년대의 대공황에 빠져들고 말았던 것이다.

이때에 이르면 합병 활동이 감소하면 스태그플레이션이 동반되는 등 넓이 지향과 깊이 지향이 서로 교차하며 순환되는 패턴이 뚜렷해진다.[3] 이 새로운 깊이 지향 축적 양식의 두드러진 특징은, 정체 상태에 빠져버린 세계

---

3) 엄격히 말하자면 대공황은 깊이 지향 축적 양식의 특징으로 우리가 정식화했던 바와 반대로 인플레이션이 아닌 디플레이션을 가져온 것이었다. 하지만 이는 전체경제(aggregate)라는 차원에서만 그러하다. 그 기간의 미국 경제에 대해 가디너 민스(Gardiner Means 1935)가 행했던 혁신적인 연구에 의하여 그 공황의 성격이 대단히 불균등한 것임이 밝혀진 바 있다. 시장에 대한 권력이 거의 없는 작은 기업들이 공황에 반응하는 방식은 주로 가격만 급격하게 인하시키고 산출량은 크게 줄이지 않는 것이었다. 반면 제품 가격을 비교적 안정적으로 지킬 능력이 있었던 대기업들은 그 대신 산출을 감소시키는 방식으로 대응하여, 어떤 경우 80퍼센트까지 떨어지기도 하였다. 다시 말해서 비록 맹아적 형태로나마 이미 1930년대 당시에 스태그플레이션이 총계에는 잡히지 않았지만 상당히 현실화되어 있었던 것이다.

적인 권력 축적의 문제를 '해결' 하기 위하여 대규모의 군사적 무력을 사용하여 전면적인 전쟁을 벌이자는 것이었다. 그러한 폭력의 사용은 대개 국가주의라는 이념의 틀을 통해 주장되고 또 정당화되었다. 즉 이 전쟁은 주권체들이 영토와 이데올로기를 놓고 벌이는 전쟁의 모습을 띠고 있었지만, 동시에 차등화 축적에서도 대단히 큰 의미를 갖는다는 것이 곧 판명되었다. 이 시기에 일어난 가장 중요한 변화는, 이러한 전쟁을 통해 정상적 수익률 형성의 규모가 지구적 차원으로 확장되고, 또 미국에 기반한 기업들이 상대적인 우위를 점하는 일이 급속하게 이루어졌다는 점이다.

전후의 세계는 다시 넓이 지향 축적 양식으로 옮겨갔다. 깊이 지향과 넓이 지향 축적 양식이 교차하며 순환하는 패턴이 더욱더 확실해지는 한편 인플레이션과 경제 성장의 역의 상관 관계 또한 점차 뚜렷해졌다. 그런데 전후 1960년대 말까지 벌어진 여러 사회 변화는 언뜻 보면 넓이 지향 축적 양식을 잠식했어야 할 성격의 것들로 보인다. 예를 들어 미국과 소련 등 초강대국들의 경쟁, 식민지 해방, 제3세계 비동맹 운동 등은 서구의 지배적 자본의 지리적 팽창을 제한하는 것이니까 말이다. 게다가 예전에는 외국에서 오는 투자에 활짝 열려 있던 수많은 개발 도상국들이 이 시기부터 '수입 대체' 정책을 채택하여 자국의 생산자들을 보호하기 시작하였던 것이다.

그렇지만 1950년대와 1960년대의 대부분의 기간 동안 그러한 장애들을 상쇄하고도 남는 반대 경향 두 가지가 있었다. 첫째는, 전후의 인구 성장을 부추긴 '베이비 붐' 이다. 둘째는 유럽과 일본 경제의 전후 복구로서, 이는 어떤 의미에서 그 사회들 전체에 걸쳐 새롭게 무산 계급을 창출하는 것과 맞먹는 것이었다. 그 결과 넓이 지향 축적을 이룰 강력한 추동력이 생성되었고, 특히 미국의 대기업들이 그 힘을 빌어 그 기간 동안 힘찬 이윤 상승을 얻을 수 있었다. 여기서 나타난 거시 경제상의 결과는, 그 기간 평균 6퍼센트에 달하는 높은 경제 성장과 더불어 3퍼센트에 불과한 낮은 인플레이션이 나타났다는 것이다. 이렇게 높은 경제 성장률과 낮은 인플레이션이 동시에 나타나는 일은 주류 경제학의 통념에서 보면 이상한 일이지만 차등화 축적 이론의 관점에서 보면 아주 정상적인 것임은 이미 여러 차례 말한 바 있다.

1970년대가 되면 이러한 상황이 역전된다. 이때가 되면 독일과 일본의 기적적인 경제 부흥이 이미 힘이 빠지는 가운데 서구 사회의 인구 성장률도 급격히 떨어지기 시작하는 것이다. 해외 투자라도 용이하다면 빠져나갈 길이 있었겠지만, 주변부 국가들이 공산주의나 국가주의적 체제를 취하고 있는 상황에서 투자의 활로는 여전히 막혀 있었던 것이다. 선진국의 지배적 자본 집단들은 이렇게 넓이 지향적 축적의 장애에 부닥치게 되자 다시 한 번 깊이 지향 축적 양식으로 몰려가게 되어, 1970년대에 걸쳐서 평균 인플레이션은 8퍼센트까지 오르고 평균 경제 성장률은 3퍼센트까지 떨어지는 일이 벌어졌다. 그리고 예전과 마찬가지로 이 새 깊이 지향 축적 양식도 폭력과 사회 갈등의 고조를 수반하였다. 하지만 이번에는 그 전처럼 중심부 국가들 사이에서가 아니라 선진국을 에워싼 개발도상국 지역에서 갈등이 벌어졌다는 점이 특이하다. 처음에는 동남아시아 지역이 갈등 분쟁 지역이었지만 곧 중동 지방으로 넘어가게 되었던 것이다.

지구적 자본주의에서 중동 지방이 차지하는 역할은 차등화 축적의 시간적 확산 및 지리적 통합을 잘 보여주는 예이다.[4] 1940년대 후반까지 이 지역은 차등화 축적의 지구적 순환 주기와 "타이밍이 맞지 않았다." 이미 1920년대부터 그 지역의 석유 자원은 국제적 석유 회사들끼리 나누어 가

---

4) 중동 지역의 차등화 축적에 대한 자세한 논의로는 Nitzan and Bichler (1995), Bichler and Nitzan (1996), Nitzan and Bichler (2002: Ch. 5)를 보라.

진 상태였지만, 당시 세계의 석유 수요는 넘치도록 충족되고 있었기 때문에 그 회사들은 대부분 그냥 "자신들의 영토에 똬리를 틀고 앉은" 채 석유생산에는 별 열성이 없었다. 결과 중동 지역은 지구적 자본주의의 차등화축적의 물결에서 상대적으로 고립된 채로 남아 있었고, 유럽이 스태그플레이션과 분쟁으로 빠져든 1920년대와 1930년대에도 이 지역은 경제적으로번창한 바 있었다. 그런데 제2차 세계대전이 끝나고 난 뒤 상황이 역전된다. 그때까지 진정 '외곽 지역'이었던 중동 지방이 졸지에 지구적으로 펼

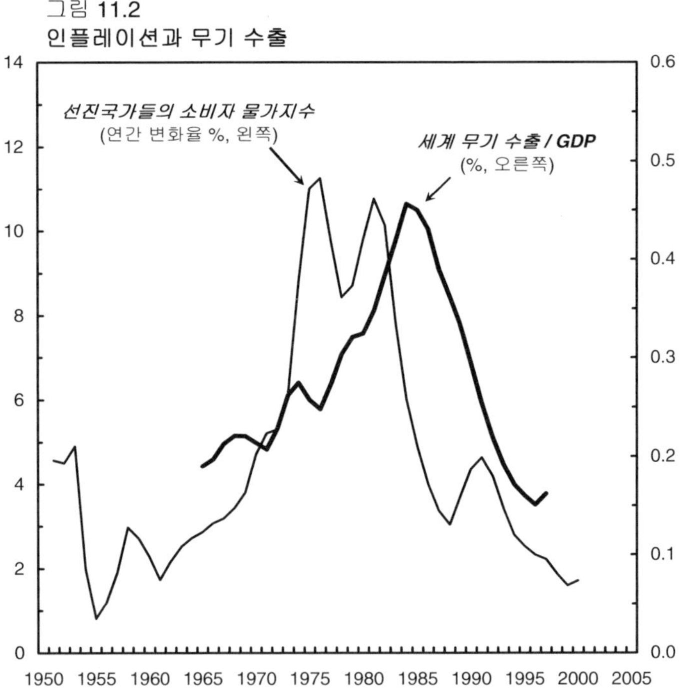

그림 **11.2**
인플레이션과 무기 수출

주의: 계열들은 3년 이동 평균으로 완만하게 그려졌다.
출처: IMF through McGraw-Hill (Online); U.S. Arms Control and Disarmament Agency.

쳐지는 차등화 축적 드라마의 중심 무대가 되어버린 것이다.

최초에는 그 연관의 성격이 아주 단순명쾌한 것으로, 지구적인 넓이 지향 축적을 위한 경제 성장을 일정하게 떠받쳐줄 석유의 공급을 이 지역이 떠맡는다는 것이었다. 그런데 차등화 축적이 깊이 지향으로 전환하는 1970년대 초가 되자 그 관계가 복잡해지게 되었다. 그러한 전환의 배경은 그림 11.2에 잘 나타나 있다. 이 그림은 선진국의 인플레이션과 지구적인 무기 거래량(세계 GDP에서 차지하는 몫으로 표현되어 있다) 사이에 장기적인 양(+)의 상관 관계가 있음을 보여준다. 주류 경제학의 통념에서 보면 이러한 상관 관계는 우연이거나 거의 무의미한 것으로 치부될 것이다. 하지만 차등화 축적 이론의 관점에서 보면 이는 아주 의미심장하고도 핵심적인 것이다.

앞에서 보았듯이 1970년대와 1980년대의 인플레이션적인 깊이 지향 축적 양식은 크게 보면 "넓이 지향 축적의 고갈에 직면한" 서구의 지배적 자본이 선택한 대응이었다. 그러한 넓이 지향 축적의 고갈은 다시 부분적으로 냉전 양극 체제의 지정학적 결과로서, 그로 인해 자본주의가 외곽 지역으로 팽창하는 데에 한계가 있었을 뿐만 아니라 서구의 여러 전략적 거점 지역들, 특히 중동 지방에 대한 통제력이 도전에 직면하게 되었던 것이다. 그러한 적대 상태의 핵심적인 귀결의 하나가 바로 격렬한 무기 경쟁이었다. 그러니 그림에서 나타난 것같이 무기 수출량의 증감이 대략 서구 경제의 인플레이션 주기에 일치한다는 사실에 너무 놀라지 않기를 바란다. 전자인 무기 수출은 깊이 지향 축적 양식에 나타나는 적대 상태와 폭력을 창궐하게 만들어주는 것이며, 후자인 인플레이션은 깊이 지향 축적 양식의 재분배 메커니즘이니, 이 둘이 긴밀히 연결되는 것은 필연적이다. 1980년대 중반이 될 때까지 인플레이션과 무기 수출 모두는 계속 증가하여 냉전

체제가 약화되기 시작할 무렵에 절정에 달하였다가, 공산주의 진영이 와해되고 지구적 넓이 지향 축적이 시작되면서 뚝 떨어지고 만다.[5] 더욱이 무기 수출과 인플레이션이라는 두 가지 모두는 원래 군사적 분쟁과 서로 원인이자 결과로 얽혀 있는 것들이어서, 특히 중동 지역에서는 군사적 분쟁이 다시 석유 가격을 올리게 되고 더 높은 인플레이션을 초래하게 되는 것이다.

1980년대 후반에 오면 새로운 넓이 지향 축적의 단계로 들어서는 징후가 두드러지는데, 이번에는 그 규모가 지구적 차원이다. 표면상 이 새로운 넓이 지향 축적 양식은 우리의 표준에서 좀 벗어나는 것처럼 보인다. 선진국의 인플레이션이 급격히 떨어지는 데도 불구하고 그 전과 달리 경제 성장률의 회생이 보이지 않으니까. 하지만 자세히 살펴보면 그 이유를 쉽게 알 수 있다. 첫째, 소련이 붕괴하고 국가주의 체제라는 이념이 완전히 파산하면서 전 세계 경제가 마침내 자본주의적 팽창과 차등화 축적에 개방되기에 이르렀다. 그 결과 선진국에서는 지배적 자본의 넓이 지향 축적이 시들어가고 있었지만, 그 외부, 특히 아시아 신흥 산업국에서는 넓이 지향 축적이 여전히 강력하게 진행되었다.[6] 게다가 선진국 경제는 스태그네이션 상태였지만 아시아로부터 값싼 수입품이 밀려들어오면서 인플레이션은 낮은 수준으로 유지되었다. 둘째, 공공 소유와 '혼합 경제'의 이데올로기가 쇠퇴하면서 국가 소유 자산과 각종 정부 서비스의 사유화로의 문이 열리게 되었는데, 이는 지배적 자본의 입장에서 보면 신규 설비 투자와 동일한 것

---

5) 여기서 무기 수출의 데이터는 실제로 교부된 거래량의 가치에 기초하고 있다. 만약 군수 계약의 거래량으로 그려본다면, 실제 교부보다 계약이 통상 3년 정도 먼저 이루어진다는 점을 생각해 볼 때 두 계열은 더욱 긴밀한 상관 관계를 보이게 될 것이다.

6) 1990년대 초 선진국의 경제 성장률이 3퍼센트가 채 되지 않았던 데에 반하여 동아시아의 경제 성장률은 평균 9퍼센트였다. 같은 기간 동안 미국에 기지를 둔 초국적 기업들이 이 '신흥 시장'에서 거둔 순 이윤이 전체 이윤에서 차지하는 비율은 1980년대의 10퍼센트에서 20퍼센트로 증가하였다.(Nitzan 1996b)

이었다.[7] 그리고 셋째, 국가주의적 이데올로기가 쇠퇴하면서 '국가적' 소유에 대한 지지도 사라지게 되었고, 이는 결국 국경을 초월한 인수 합병의 확산에 크게 기여하였다. 이러한 세 가지, 즉 개발도상국으로의 세계 시장 팽창, 사유화, 기업 융합이 결합되면서 서구의 대기업들이 그 '모국'의 경제 성장이 시들했음에도 강력한 넓이 지향적 축적을 추진하는 것이 가능했던 것이다.

기업간 연합

지금까지 우리는 전체로서의 지배적 자본에 초점을 맞추어왔다. 하지만 차등화 축적의 역사를 축적 양식 전환을 중심으로 잘 살펴보면 지배적 자본 내부에서 벌어지는 것들—지배적 자본의 핵심을 이루는 각종 기업-국가 '연합'과 '동맹'들, 그리고 그것들끼리 또 여타 사회 집단들과 벌이는 각축전, 또 그 과정에서 생겨나는 전체 사회의 정치적 역동 등—이 그 향배를 좌우한다는 것을 알 수 있다. 이러한 문제들을 분석하는 것은 이 책의 영역은 아니지만 어떤 의미가 있는지는 간단히 살펴볼 수 있을 것이다.[8]

1970년대와 1980년대의 깊이 지향 축적의 시기 동안 차등화 축적을 이끌었던 것은 '무기 달러-석유 달러 연합'(Weapondollar-Petrodollar Coalititon)이었으니, 이는 주로 석유 회사, 군사 장비 수주업자들과 산유국

---

7) 세계 GDP에 대한 각국 정부의 적자의 비율은 1980년대 초의 6퍼센트라는 기록을 이루다가 1990년대 후반에는 약 1퍼센트로 감소하기는 했지만 전체 정부 지출은 계속하여 증가하였다. 그 수치는 1960년대에는 세계 GDP의 13퍼센트였으나 1990년대가 되면 15퍼센트에 달하고 있다.(세계은행 데이터에서 계산) 정부 서비스—예를 들어 교통, 수도, 기간 시설, 교육, 치안 등—의 사유화는 보통 지배적 자본에게 양도 또는 매각하는 형태를 띠게 되는데, 이는 지배적 자본 입장에서 보면 신규 설비 투자와 비슷한 방식으로 차등화 축적에 기여하게 되는 것이다.
8) 차등화 축적의 정치학에 대한 연구는 Nitzan and Bichler (2002).

연합(OPEC)으로 이루어져 있었으며, 중동 지방에 무기를 공급하고 또 석유값을 올리도록 부추겼던 미국과 몇몇 유럽 정부를 뒷배경으로 삼고 있었다.[9] 이 연합체의 중심적인 축적 '메커니즘'은 중동 지역에서 계속 뒤따라 이어지던 '에너지 갈등'과 '석유 위기'의 순환이었다. 이러한 과정의 논리는 비교적 단순한 것이었다. 석유값이 오르면 석유 회사는 이윤을 듬뿍 올리게 된다. 이는 또한 산유국 연합국의 정부들에게도 엄청난 수입을 안겨주게 되는데, 이들은 그 돈으로 다음 번 전쟁을 대비하여 값비싼 무기를 구입하려고 혈안이 된다. 그 결과 중동 지역은 세계 최대의 무기 수입 지역이 되어 전체 거래량의 3분의 1 이상을 흡수한다. 당연하게도 대규모 군사 장비 수주업자들은 이렇게 짜여진 판이 아주 사랑스러울 수밖에 없고, 닉슨에서 부시에 이르는 다양한 미국 정권도 그에 못지않은 애정을 여기에 듬뿍 쏟는다. 사실 공산주의와 맞서 싸우는 데에 이보다 더 좋은 계책이 어디 있으랴. 중동 지역은 분열되어 미국의 지배 아래 놀아나고, 자본주의 체제 수호 전선의 동지들인 대자본은 두둑히 배를 불리고—더욱이 이 모든 목표를 동시에 달성되는데도 미국 정부는 돈 한푼 들일 필요가 없는 것이다!

이런 식의 축적이 벌어지는 것은 좋은데, 그 과정에서 세상은 완전히 아수라장이 되고 말았다. 석유 가격이 오르면서 세계의 대부분은 심각한 스태그플레이션 공황에 빠져들었고, 세계 도처에서 분쟁과 갈등이 들끓게 되어 걸핏하면 핵무기 거래 소문까지 나돌곤 했었다. 그래도 이 무기 달러-석유 달러 연합은 번창하였고, 지배적 자본의 다른 구성원들도 비록 경제 침체로 타격은 받았어도 그 결과 나타난 인플레이션을 통해 결국에는 크게 혜택을 보게 되었다.(앞에서 본 그림 10.1을 다시 한 번 참조하라.) 석유 회사

---

9) Cf. Nitzan and Bichler (1995) 그리고 Bichler and Nitzan (1996).

와 군사 장비 회사에게 어떠한 분배적 결과가 나타났는가는 전체 세계의 기업 이윤에서 그들 이윤이 차지한 몫을 측정한 그림 11.3이 생생히 보여준다. 그림에서 보는 바와 같이 그 기업들은 1970년대와 1980년대에 세계 최고의 이윤을 거두는 위치에 올라서게 되어, 그들의 수익은 1973년 아랍-이스라엘 전쟁 후에는 전 세계 기업 이윤의 19퍼센트를, 이란-이라크 전쟁이 시작된 1980년 이후에는 21퍼센트를 차지하게 되었다. '전쟁 이윤' 이야말로 이들의 나아갈 바라는 것이 분명하게 보인다.

하지만 1980년대 후반에 이르면 몇 군데 전선에서 상황 변화가 시작된다. 많은 개발도상국들이 수입 대체에서 수출 주도형 성장 전략으로 전환하면서 해외 투자를 적극적으로 받아들이는 '신흥 시장' 으로 다시 떠올랐다. 또 하이테크 산업의 등장으로 투자가들의 낙관적 기대와 주식 시장을 한껏 치솟게 만들어, 인수 합병의 물결은 계속해서 아드레날린 강심제 주사를 맞게 되었다. 그리고 신자유주의는 그 이전의 국가주의 이데올로기를 잠식하면서 대규모 사유화와 자본 탈규제로의 문을 활짝 열었다. 1990년대 초가 되면 냉전도 종식되어 세계가 '지구촌' 이라고 선언되면서 그 무기 달러-석유 달러 연합은 해체되기에 이르렀다. 그 쇠퇴의 징표는 광범위하게 나타났다. 국제적인 적대 행위가 본격적으로 감소하여 1989년에 36회에 달하던 주요 분쟁의 횟수가 1997년에는 25회로 떨어졌다. 1980년대에 절정에 달했던 전세계 군사 예산은 뭉텅이로 삭감되어 실물 가치로 보아 3분의 1로 줄어들었다. 석유 가격은 절대적으로도 상대적으로도 하락하여 1980년대 초에 배럴당 30달러가 넘던 것이 1999년에는 10달러로 떨어졌다. 1990년대 초에는 30퍼센트가 넘던 인플레이션도 1999년에는 5퍼센트 이하로 떨어진다.[10]

그러면서 이 무기 달러-석유 달러 연합에 맞서는 주요한 도전이 나타났

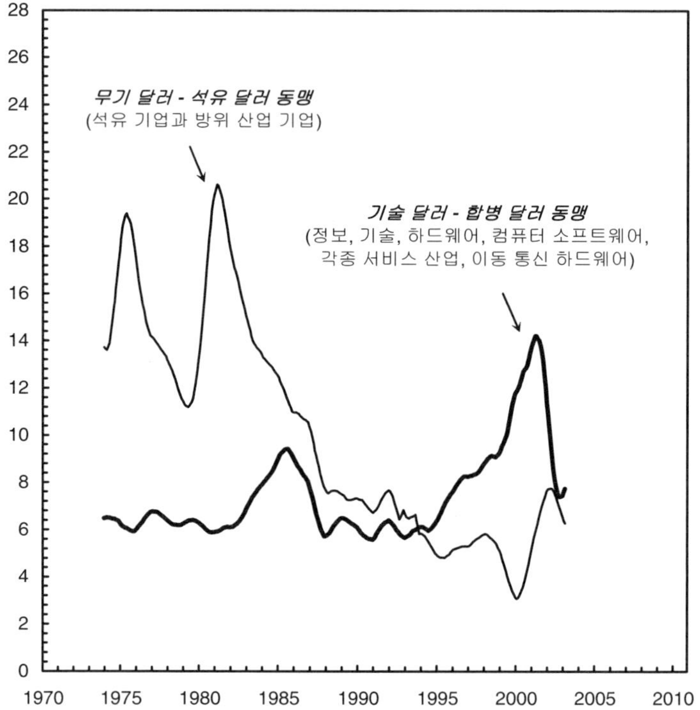

주의: 월간 데이터를 12개월 이동 평균으로 완만하게 한 것으로 계열들을
그려놓았다.
출처: *Thomson Financial Datastream.*

으니, 이는 새롭게 나타난 '기술 달러–합병 달러 동맹' 으로서, 민간의 하이테크와 기업 인수 합병을 기반으로 하며 빌 클린턴과 토니 블레어의 제3의 길을 표방하는 정부들을 배경으로 삼는 세력이었다. 이 새로운 동맹은

---

10) 국제통화기금(IMF)(연간), 스톡홀름 국제평화연구소(Stockholm International Peace Research Institute)(연간), 미국 군비 제한 및 축소 기관(the U.S. Arms Control and Disarmament Agency)(연간) 등에서 계산.

'전쟁 이윤', 민족주의, 분쟁 같은 것들 대신 '평화 배당금'(peace dividend), '열린 세계'에의 자유로운 투자 등과 같은 수사학으로 무장하였다. 자본 통제는 탈규제로, 보호주의는 사유화로, 유혈 전쟁은 평화 협상으로 각각 길을 내주었다. 게다가 2000년 말 경에는 정말로 이 기술 달러-합병 달러 동맹의 승리가 확실한 듯 보였다. 그림 11.3에 잘 나타나 있듯이 그 동맹의 이윤 몫은 전 세계 기업 이윤의 15퍼센트로 치솟아올랐고, 그 반면에 석유와 군사 장비 회사는 3퍼센트라는 형편없는 수준으로 주저앉고 말았던 것이다.

지구적 차원의 스태그플레이션이 오고 있는가

수많은 경제학자들이 이 새로운 넓이 지향 축적 양식이 가져온 황홀경에 홀린 나머지 하이테크 '지식', '정보', '커뮤니케이션'에 기반한 '신경제'(New Economy) 시대가 왔음을 선언하였다. 이 신경제는 지속적으로 성장하면서도 낮은 인플레를 유지할 것이라는 게 이들의 약속이다. 다시 말해서 스태그플레이션이란 이제 역사의 유물이 되었다는 것이다. 문화와 정치에 눈을 돌린 이들은 한술 더 떠서 자유주의적 자본주의는 이데올로기 전투의 최후 승자가 되었고, 역사가 마침내 종언을 고했다고 주장하였다. 하지만 이러한 예단은 상당히 섣부른 것이었음이 금방 드러나고 말았다.

1990년대의 생산성 데이터 — '생산성'이라는 게 측량될 수 있는 것인가는 의문이지만 논의상 가능하다고 치자—를 들여다보면 다른 시대와 비교하여 별로 특별한 점이 보이지 않는다. 예를 들어 미국 경제의 경우 1950년대와 1960년대의 데이터와 비교해 보면 1990년대의 생산성은 더욱 빛을 잃는다. 게다가 생산성 증대가 인플레이션에 밑도는 사례가 얼마든지 있었는데, 유독 이 신경제에서는 그런 일이 없을 것이라고 기대하는 근거가 도대체 무엇인가? 그런 기대 따위는 접어야 한다고 대답하고자 한다. 최소한 그 부분적인 이유는, '역사가 아직 끝나지 않았기' 때문이다.

넓이 지향 축적 양식의 팽창은 특히 아시아의 신흥 시장에서 엄청난 과잉 설비의 누적을 낳았다. 신규 설비 투자는 비약적으로 증가하여 세계 소비의 증가 속도를 훨씬 앞질러버렸고, 이것이 이윤 마진에 부정적 결과를 가져온다는 것도 명백하였다. 이것이 차등화 축적에 무엇을 뜻하는지를 부재 소유자들이 놓칠 리가 없었고, 이들은 주변부 나라들에 사놓은 자산 가운데서 세계적 평균보다 수익 종가가 뒤처지는 나라의 자산을 청산하는 데에 착수하였다.(Nitzan 1997, 1998) 그 첫 번째 희생자는 1994년 경의 멕시코 페소화였고, 1997년의 태국 바트화와 다른 아시아 나라 통화들이 그 뒤를 이었다. 여기에서 시작하여 넓이 지향 축적 양식에 내재하는 원심력이 나타나 개발도상국들 전반으로 외환 위기가 확산되었고, 러시아 · 브라질 · 남아프리카공화국을 거쳐 최근의 아르헨티나에 이르도록 거의 모든 나라들이 타격을 입었다.

이러한 신흥 시장의 공황은 북미와 유럽의 중심부 시장의 문제로 직결된다. 1990년대 내내 개발 도상국들은 이 중심부 시장의 '투기적' 거품의 일부를 흡수하면서 그 세계 금융 중심지들에 상장되어 있는 '우량주' (blue chip) 회사들 가치의 하방 저지선을 형성해 주었던 바 있다. 그런데 그 하방 저지선이 이제 사라진 것이다. 드디어 2000년이 되자 공포가 중심부 시장을 엄습하였다. 미국 시장을 필두로 대폭락이 시작되면서 20년간 기업 합병의 물결을 지속시켜 준 기반까지 허물어지기에 이른 것이다. 그 다음으로는 아마도 1920년대 대공황 이래 최초로 전 세계 경제의 동시적 침체가 시작되어 모든 주요국 경제들이 동반 하락하는 일이 벌어진 것이다. 그리고 마침내 쌍둥이 빌딩 무역센터와 펜타곤 습격이 벌어지면서 마침내 10년간의 '평화 배당금'은 끝이 나고, 아프가니스탄에 대한 보복과 이스라엘-팔레스타인 분쟁이 다시 격화되는 일이 동시에 나타나면서 폭력과 '전쟁 이윤'의 유령이 스멀거리며 되살아나게 되었다.

이제 세계에는 넓이 지향 축적을 할 여지가 바닥난 것일까? 최근의 사태 추이는 새로운 깊이 지향 축적의 시대의 시작을 뜻하는 것일까? 아니면 지구화와 기업 융합의 큰 물결 표면에 잠시 스쳐가는 파문에 불과한 것일까? 이 글을 쓰고 있는 시점에서는 아직 그 대답을 전혀 알 수 없다. 한편으로 보면 자본 축적의 지구적 규모의 통합은 아직 요원한 상태이고, 세계 인구의 절반이 아직도 프롤레타리아화되지 않은데다가 인수 합병의 대상 기업은 얼마든지 남아 있다. 다른 한편으로 보면 거의 20년 가까이 인수 합병이 진행되는 가운데 국내적으로나 국제적으로나 기업 집중화에 대한 장애물이 계속 설치되는 바람에 내부적 넓이 지향 축적 양식은 더 이상 지금까지의 속도로 계속해 나아가기가 어려워졌고, 지배적 자본 사이에서는 깊이 지향으로 판을 바꾸었으면 하는 기대가 높아지고 있다.

요컨대 지배적 자본은 또 하나의 갈림길에 다다른 것이다. 차등화 축적을 계속—그런데 거듭 말하지만 이것이 꼭 계속된다는 법칙 따위도 결코 없다—하려면 그 넓이 지향 축적을 계속 밀고 나가든지 깊이 지향 축적으로 전환하든지 해야 한다. 그리고 여전에 그랬듯이 이번에도 최소한 부분적으로는 지배적 자본 자체의 내부 투쟁에 따라 그 궁극적인 진로가 결정될 것이다.

현재까지는 깊이 지향으로의 전환을 지지하는 자들이 그 내부 투쟁에서 이기고 있는 것으로 보인다. 세계적인 경기 침체에도 불구하고 원유 가격은 1999년의 최저점에서 세 배 이상 상승하였다. 이와 나란히 조지 W. 부시의 미국 정권이 '테러와의 영구 전쟁'을 선포하고 군사비 지출을 확 끌어올리면서 이미 아프가니스탄을 침공하였고 이라크를 정복하였다. 이 깊이 지향 축적 양식의 명확한 증후―스태그플레이션과 사회적 갈등의 고조―는 선진국에서는 아직 눈에 띄지 않고 있지만, 아르헨티나·이스라엘·터키 등의 주변부 국가들에서는 심상치 않은 모습이 나타나고 있다. 가장 중요한 점은, 이러한 사태 발전의 추이가 축적에 끼치는 결과는 이미 그림 11.3에 나타나고 있다는 사실이다. 2000년 이후의 추세를 보면 무기 달러-석유 달러 연합이 세계 기업 이윤에서 차지하는 몫은 높은 석유 가격과 군비 확장의 덕택에 힘차게 치솟고 있는 반면, 기술 달러-합병 달러 동맹의 이윤 몫은 경제 성장과 상대적인 정치 안정에 좌우됨으로 해서 급전직하하고 있는 것이다.

하지만 이 후자의 동맹을 최소한 아직까지는 완전히 무시해서는 안 된다. 지난 한 세대 동안 이 동맹은 엄청나게 그 정치적 영향력을 공고하게 해놓는 데 성공하였다. 세계의 지도적인 부재 소유자들 중 점점 더 많은 숫자가 차입 합병(leveraged mergers), 민간 하이테크 산업, 여행업, 연예 산업, 신흥 시장과 여타의 '평화를 전제로 한' 투자 활동 등으로 자산을 다변화시켜 왔다. 자기 나라를 '경쟁력' 있게 만들려 드는 가운데에 그런 투자에 돈을 거는 정부들의 숫자도 늘어갔다. 게다가 그런 나라의 중간 계급들도 점점 더 자신들의 저축과 연금을 이 투자판에 판돈으로 걸어놓게 되었다. 이 집단들 모두는 넓이 지향 축적 양식에 대해 분명한 이해를 가지고 있다. 만약 기술 달러-합병 달러 동맹이 이러한 이해 관계들을 지렛대로 활용하여 일관된 전략으로 묶어내는 데 성공한다면 깊이 지향 축적 양식을 향한 현재의 하강 국면은 역전될 수도 있다.

부기: 인수 합병에 관한 데이터

미국의 인수 합병에 대한 체계적인 역사적 시계열은 구할 수가 없다.(다른 나라들의 경우는 자료가 더욱 드물다.) 이 책에서 구성하고 또 그림 9.2와 11.1에 그려놓은 시계열은 다종다기한 연구들에 기반하여 계산된 것이다. 이 연구들은 종종 상이한 정의들을 사용하며 또 미국 경제의 각각 다른 부분들을 다룬 것들이었음을 밝혀둔다.

1895~1919년의 기간 동안 인수 합병의 달러 가치는 넬슨(Nelson 1959, Table 14, p. 37)에서 취했으며, 1920~1929년의 기간은 아이스(Eis 1969)가 『미국 역사 통계』(*Historical Statistics of the United States*, U.S. Department of Commerce. Bureau of the Census 1975, Vol. 2, Table V38~40, p. 914)에서 보고한 것에서 취하였다. 두 자료 모두 제조업 및 광산업의 거래만을 포괄하는 것이라서 다른 부문에서도 나타났었던 기업 융합의 경향을 반영하지 못하고 있다.(Markham 1955)

1930~1966년의 기간은 『미국 역사 통계』(1975, Vol. 2, Table V38~40, p. 914)에 실린 미국 연방 무역 위원회(the US Federal Trade Commission)의 보고에 기반하고 있다. 이 데이터 또한 제조업 및 광산업

만을 다루고 있으며, 달러 가치가 아니라 거래 횟수를 나타내고 있다. 하지만 중요한 점은, 인수 합병의 횟수는 인수 합병과 신규 설비 투자의 가치 비율과 밀접한 상관 관계를 맺고 있다는 사실을, 그 양쪽 자료를 다 구할 수 있는 전과 후의 기간(1920년대와 1960~1980년대)에서 확인할 수 있다는 것이다. 우리의 계산에서도 유사한 상관 관계가 1930~1966년의 기간에 존재했었다고 가정하여 인수 합병 횟수의 시계열을(적절하게 다시 기준점을 설정한 뒤) 인수 합병과 신규 설비 투자 가치 비율의 대리 지표로 사용하였다.

1967년 이후로는 다시 달러 가치를 데이터로 쓰게 되는데, 이번에는 모든 산업 부문을 포괄하고 있다. 1967~1979년의 기간은 웨스턴(Weston 1987, Table 3.3, p. 44)에 실려 있는 그림(W.T. Grimm)의 연구에서 취하였다. 1980~1983년의 기간은 증권 자료사(Securities Data Corporation)에서 취하였는데, 이는 100만 달러 이상의 거래만을 포함하고 있다. 마지막으로 1984년에서 현재까지의 기간을 다루는 부분도 같은 곳에서 취하였는데, 500만 달러 이상의 거래로 구성되어 있다. 마지막 두 가지 데이터는 미국 상업성(the US Department of Commerce)의 『미국 통계 대강』(*Statistical Abstract of the United States*, 연간)에 정기적으로 보고되고 있다.

총 고정 투자에 대한 인수 합병의 비율을 나타내는 지표를 구성함에 있어서는, 매년 인수 합병의 달러 가치를 해당되는 총 고정 자본 형성의 달러 가치(『미국 역사 통계』, 1975와 『미국 통계 대강』의 여러 권에서 취하였다)로 나누었다. 1930~1966년의 기간에는 거래의 숫자를 연결하여 전과 후 기간의 달러 가치와의 비율과 연계시켰다.

참고문헌

Aglietta, Michel, 1979 [1987], *A Theory of Capitalist Regulation: The U.S. Experience*(London: Verso).

Anonymous, 1999, "Fear of the Unknown," *The Economist*, December 4, pp. 61~62.

Arrighi, Giovanni, 1993, "The Three Hegemonies of Historical Capitalism", In *Gramsci, Historical Materialism and International Relations*, edited by S. Gill(Cambridge: Cambridge University Press), pp. 148~185.

__________, 1994, The Long Twentieth Century. *Money, Power , and the Origins of Our Times*(London: Verso).

Arrighi, Giovanni, Kenneth Barr, and Shuji Hisaeda, 1999, "The Transformation of Business Enterprise". In *Chaos and Governance in the Modern World System*, edited by G. Arrighi and B. J. Silver(Minneapolis and London: University of Minnesota Press), pp. 97~150.

Arrighi, Giovanni, and Beverly J. Silver, eds., 1999, *Chaos and Governance in the Modern World System.* Vol. 10, *Contradictions of Modernity* (Minneapolis: University of Minnesota Press).

Baran, Paul. A., and Paul M. Sweezy, 1966, *Monopoly Capital. An Essay on the American Economic and Social Order*(New York: Modern Reader Paperbacks).

Barbon, Nicholas, 1690[1905], *A Discourse of Trade*, Edited by J. H. Hollander,

Reprints of Economic Tracts(Baltimore: The Johns Hopkins Press).

Barnet, Richard J., 1980, *The Lean Years. Politics in the Age of Scarcity*(New York: Simon and Schuster).

Baumol, W. J., A. S. Blinder, and W. M. Scarth, 1986, *Economics. Principles and Policies—Macroeconomics*, Canadian ed.(Toronto: Academic Press Canada).

Baumol, William J., 1974, "The Transformation of Values: What Marx 'Really' Meant(An Interpretation)", *Journal of Economic Literature* 12(1, March): 51~62.

Berle, Adolf Augustus, and Gardiner Coit Means, 1932[1967], *The Modern Corporation and Private Property*, Revised ed(New York: Harcourt, Brace & World).

Berndt, Ernst R., and Jack E. Triplett, eds., 1990, *Fifty Years of Economic Measurement: The Jubilee of the Conference on Research on Income and Wealth*(Chicago: University of Chicago Press).

Bhagat, Sanjai, Andrei Shleifer, and Robert W. Vishny, 1990, "Hostile Takeovers in the 1980s: The Return to Corporate Specialization", *Brookings Papers on Economic Activity: Microeconomics*, 1-85.

Bichler, Shimshon, and Jonathan Nitzan, 1996, "Putting the State In Its Place: US Foreign Policy and Differential Accumulation in Middle-East 'Energy Conflicts'", *Review of International Political Economy* 3 (4): 608-661.

Bickerman, E. J., 1972, "Mesopotamia", In *The Columbia History of the World*, edited by J. A. G. a. P. Gay(New York: Harper & Row, Publishers), pp. 49~66.

Blair, John M., 1972, *Economic Concentration: Structure, Behavior and Public Policy*(New York: Harcourt, Brace Jovanovich).

______, 1976, *The Control of Oil*(New York: Vintage Books).

Bliss, C. J., 1975, *Capital Theory and the Distribution of Income*(Amsterdam and Oxford: Basic Books, Inc.).

Boskin, Michael J., Ellen R. Dulberger, Zvi Griliches, Robert J. Gordon, and Dale Jorgensen, 1996, *Toward a More Accurate Measure of the Cost of Living: Final Report to the Senate Finance Committee from the*

Advisory Commission to Study the Consumer Price Index. S. Prt. 104-72, 104 Cong., 2 sess (Washington D.C.: U.S. GPO).

Bowles, Samuel, David M. Gordon, and Thomas E. Weisskopf, 1990, *After the Waste Land. A Democratic Economics for the Year 2000* (Armonk, New York: M.E. Sharpe Inc.).

Bowles, Samuel, David Gordon, and Thomas Weisskopf, 1986, "Power and Profits: The Social Structure of Accumulation and the Profitability of the Post-War US Economy", *Review of Radical Political Economics* 18 (1&2): 132-167.

Branson, William H., 1989, *Macroeconomic Theory and Policy*. 3rd ed. (New York: Harper & Row).

Braudel, Fernand, 1985, *Civilization & Capitalism, 15th-18th Century*, Trans. from the French and Revised by Sian Reynolds, 3 vols. (New York: Harper & Row, Publishers).

Braverman, Harry, 1975, *Labor and Monopoly Capital. The Degradation of Work in the Twentieth Century* (New York: Monthly Review Press).

Brown, D., 1924, "Pricing Policy in Relation to Financial Control", *Management and Administration*, February, pp. 195~198; March, pp. 283~286; April, pp. 417~422.

Burbach, Roger, and William I. Robinson, 1999, "The Fin De Siecle Debate: Globalization as Epochal Shift", *Science & Society* 63 (1, Spring): 10-39.

Burnham, James, 1941, *The Managerial Revolution* (Harmondsworth, Middlesex: Penguin Books).

Byrne, John A., 2000, "Visionary vs. Visionary", *Business Week*, August 28, pp. 210~212.

Camus, Albert, 1958, *Exile and the Kingdom*, Translated from the French by Justin O' Brien (New York: Alfred A. Knopf).

Castoriadis, Cornelius, 1988, *Political and Social Writings*. 3 vols. (Minneapolis: University of Minnesota Press).

Caves, Richard, 1989, "Mergers, Takeovers, and Economic Efficiency: Foresight vs. Hindsight", *International Journal of Industrial Organization* 7: 151-174.

Cerny, Philip G., ed., 1993, *Finance and World Politics* (Aldeshot, England:

Edward Elgar).

Champernowne, D., 1953-1954, "The Production Function and the Theory of Capital: A Comment", *Review of Economic Studies* 21 (2): 112-135.

Chandler, Alfred D. Jr., 1977, *The Visible Hand: The Managerial Revolution in American Business*(Cambridge: Harvard University Press).

Clark, John Bates, 1899[1965], *The Distribution of Wealth*(New York: Augustus M. Kelley).

Clarke, Simon, ed., 1991, *The State Debate*(London: Macmillan).

Coase, Ronald H., 1937[1996], "The Nature of the Firm", In *The Economic Nature of the Firm. A Reader,* edited by L. Putterman and R. S. Kroszner(Cambridge: Cambridge University Press), pp. 89~104.

Cochran, T. C., and W. Miller, 1961, *The Age of Enterprise. A Social History of Industrial America.* Rev. ed.(New York: Harper & Row).

Cohen, Benjamin J., 1993, "The Triad and the Unholy Trinity: Lessons for the Pacific Region", In *Pacific Economic Relations in the 1990s: Cooperation or Conflict,* edited by R. Higgott, R. Leaver and J. Ravenhill(Boulder, Colorado: Lynne Rienner Publishers), pp. 133~158.

______, 1996, "Review Article. Phoenix Risen: The Resurrection of Global Finance", *World Politics* 48 (2): 268-296.

Colby, Gerard, and Charlotte Dennett, 1995, *Thy Will Be Done. The Conquest of the Amazon: Nelson Rockefeller and Evangelism in the Age of Oil.* 1st ed.(New York, NY: HarperCollins).

Collier, Peter, and David Horowitz, 1976, *The Rockefellers. An American Dynasty,* 1st ed.(New York: Holt Rinehart and Winston).

Cournot, Augustin. 1838[1929], *Researches Into the Mathematical Principles of the Theory of Wealth,* Translated by N.T. Bacon(New York: Macmillan Co).

Court, A. T., 1939, "Hedonic Price Indexes with Automotive Examples", In *The Dynamics of Automobile Demand,* edited by General Motors Corporation, American Statistical Association and The Econometric Society(New York: General Motors Corporation).

Doremus, Paul N., William W. Keller, Louis W. Pauly, and Simon Reich, 1998, *The Myth of the Global Corporation*(Princeton, N.J.: Princeton

University Press).

Du Boff, Richard D., Edward S. Herman, William K. Tabb, and Ellen Meiksins Wood, 1997, "Debate on Globalization", *Monthly Review* 49 (6): 27-43.

Edgecliffe-Johnson, Andrew, 2000, "Feeding Frenzy", *Financial Times*, June 8, p. 14.

Edwards, Richard, 1979, *Contested Terrain. The Transformation of the Workplace in the Twentieth Century* (New York: Basic Books).

Eis, Carl, 1969, "The 1919-1930 Merger Movement in American Industry", *The Journal of Law and Economics* 12 (2): 267-296.

Elger, T., 1979, "Valorization and 'Deskilling', A Critique of Braverman". *Capital & Class* 7: 58-99.

Elon, Amos, 1996, *Founder. A Portrait of the First Rothschild and His Time* (New York and London: Penguin Books).

Ferguson, C. E., 1969, *The Neoclassical Theory of Production and Distribution* (Cambridge: Cambridge University Press).

Fine, Ben, and Laurence Harris, 1979, *Rereading Capital* (New York: Columbia University Press).

Fisher, Franklin M., Zvi Griliches, and Carl Kaysen, 1962, "The Costs of Automobile Model Changes Since 1949", *Journal of Political Economy* 70 (5, October): 433-451.

Fisher, Irvin, 1906, *The Nature of Capital and Income* (New York: Macmillan).

Fleming, Marcus J., 1962, "Domestic Financial Policies Under Fixed and Under Floating Exchange Rates", *IMF Staff Papers* 9 (November): 369-380.

Folkerts-Landau, David, Donald Mathieson, and Garry J. Schinasi, 1997, *International Capital Markets. Developments, Prospects, and Key Policy Issues* (Washington DC: International Monetary Fund.)

Foster, John Bellamy, 1986, *The Theory of Monopoly Capitalism. An Elaboration of Marxian Political Economy* (New York: Monthly Review).

Frankel, S. Herbert, 1980, *Money and Liberty* (Washington, D.C.: American Enterprise Institute for Public Policy Research).

Frieden, Jeffry A., 1988[1995], "Capital Politics: Creditors and the International Political Economy", In *International Political Economy. Perspectives on Global Power and Wealth*, edited by J. A. Frieden and D. A. Lake(New York: St. Martin's Press), pp. 282~298.

Fukuyama, Francis, 1999, "Death of the Hierarchy", *Financial Times*, June 13, p. 1.

Galbraith, John Kenneth, 1958, *The Affluent Society*(Boston: Houghton Mifflin).

———, 1967, *The New Industrial State*(Boston: Houghton Mifflin Company).

———, 1983, *The Anatomy of Power*(Aldershot Hants, England and Brookfield, Vermont, USA: Houghton Mifflin Company).

Georgescu-Roegen, Nicholas, 1979, "Methods in Economic Science", *Journal of Economic Issues* XIII (2, June): 317-328.

Gilpin, Robert, 1975, U.S. *Power and the Multinational Corporation: The Political Economy of Foreign Direct Investment*(New York: Basic Books).

———, 1987, *The Political Economy of International Relations*(Princeton, New Jersey: Princeton University Press).

Goodman, John B., and Louis W. Pauly, 1995, "The Obsolescence of Capital Controls? Economic Management in an Age of Global Markets", In *International Political Economy. Perspectives on Global Power and Wealth*, edited by J. A. Frieden and D. A. Lake(New York: St. Martin's Press), pp. 299~317.

Gordon, David, 1988, "The Global Economy: New Edifice or Crumbling Foundations?" *New Left Review* 168: 24-64.

Gough, Ian, 1972, "Marx's Theory of Productive and Unproductive Labour", *New Left Review* (76): XXX-XXX.

Griliches, Zvi, ed., 1971, *Price Indices and Quality Change. Studies in New Methods of Measurement*(Cambridge, Mass.: Harvard University Press).

Hall, R. L., and C. J. Hitch, 1939, "Price Theory and Business Behaviour", *Oxford Economic Papers* (2): 12-45.

Harcourt, Geoffrey C., 1969, "Some Cambridge Controversies in the Theory of Capital", *Journal of Economic Literature* 7 (2): 369-405.

_____ , 1972, *Some Cambridge Controversies in the Theory of Capital*(Cambridge: Cambridge University Press).

Harvey, David, 1982[1999], *The Limits to Capital*(London and New York: Verso).

Hasek, Jaroslav, 1937, *The Good Soldier: Schweik*, Translated by P. Selver (Garden City New York: The Sun Dial Press, Inc., Publishers).

Helleiner, Eric, 1994, *States and the Reemergence of Global Finance: From Bretton Woods to the 1990s*(Ithaca, N.Y.: Cornell University Press).

Hennings, K. H., 1987, "Capital as a Factor of Production", In *The New Palgrave. Capital Theory*, edited by J. Eatwell, M. Milgate and P. Newman(New York and London: W. W. Norton & Company), pp. 108~122.

Henwood, Doug, 1997, *Wall Street. How It Works and For Whom*(London and New York: Verso).

Hicks, John, 1973, *Capital and Time. A Neo-Austrian Theory*(Oxford: Clarendon Press).

Hirst, Paul, and Grahame Thompson, 1999, *Globalization in Question. The International Economy and the Possibilities of Governance*(Cambridge: Polity Press).

Hobsbawm, Eric J., 1975, *The Age of Capital, 1848-1875*(New York: Charles Scribner's Sons).

Hodgson, Jeoffrey, 1997, "The Fate of the Cambridge Capital Controversy", In *Capital Controversy, Post-Keynesian Economics and the History of Economic Thought. Essays in the Honour of Geoff Harcourt*, Vol. 1, edited by P. Arestis, G. Palma and M. Sawyer(London and New York: Routledge).

Howard, Michael Charles, and J. E. King, 1992, *A History of Marxian Economics. Volume II, 1929-1990*(Princeton, N.J.: Princeton University Press).

Hume, David, 1752, *Political Discourses*(Edinburgh: Printed by R. Fleming, for A Kincaid and A. Donaldson).

Hunt, E. K., 1992, *History of Economic Thought. A Critical Perspective.* 2nd ed.(New York: HarperCollins Publishers).

Hymer, Stephen H., 1960[1976], *The International Operations of National Firms: A Study of Direct Foreign Investment*(Cambridge, Mass and London, England: The MIT Press).

Innes, Duncan, 1984, *Anglo American and the Rise of Modern South Africa* (New York: Monthly Review Press).

International Monetary Fund, *Annual. International Financial Statistics.*

Itoh, M., 1987, "Skilled Labour in Value Theory", *Capital & Class* 31: 39-58.

______, 1988, *The Basic Theory of Capitalism*, Vol. 31 (London: Macmillan).

Jay, Martin, 1973, *The Dialectical Imagination. A History of the Frankfurt School and the Institute of Social Research, 1923-1950.* 1st ed. (Boston: Little Brown).

Jensen, Michael C., 1987, "The Free Cash Flow Theory of Takeovers: A Financial Perspective on Mergers and Acquisitions and the Economy", In *The Merger Boom*, edited by L. E. Browne and E. S. Rosengren(Boston: Federal Reserve Bank of Boston), pp. 102~143.

Jensen, Michael C., and Richard S. Ruback, 1983, "The Market for Corporate Control", *Journal of Financial Economics* 11: 5-50.

Jessop, Bob, 1990, *State Theory. Putting the Capitalist State in its Place* (Cambridge: Polity Press).

Jevons, W. Stanley., 1871[1970], *The Theory of Political Economy*, Edited with an introduction by R. D. Collison Black(Harmondsworth, Middlesex, England: Penguin Books Ltd.).

Josephson, Matthew, 1934, *The Robber Barons. The Great American Capitalists, 1861-1901*(New York: Harcourt, Brace and Company).

Kalecki, Michal, 1943[1971], "Costs and Prices". In *Selected Essays on the Dynamics of the Capitalist Economy, 1933-1970*(Cambridge: Cambridge University Press), pp. 43~61.

______, 1971. *Selected Essays on the Dynamics of the Capitalist Economy, 1933-1970*(Cambridge: Cambridge University Press).

Kaplan, A. D. H., J.B. Dirlam, and R. F. Lanzillotti, 1958, *Pricing In Big Business. A Case Approach*(Washington, D.C.: The Brookings Institution).

Keynes, John Maynard, 1936, *The General Theory of Employment Interest and Money* (New York: Harcourt, Brace and Company).

Knight, Frank H., 1921, *Risk, Uncertainty and Profit* (New York: Harper Torchbooks).

Knoedler, Janet T., 1995, "Transaction Cost Theories of Business Enterprise from Williamson and Veblen: Convergence, Divergence, and Some Evidence", *Journal of Economic Issues* 29 (2): 385-395.

Kotz, David M., 1994, "The Regulation Theory and the Social Structure of Accumulation Approach", In *Social Structures of Accumulation. The Political Economy of Growth and Crisis*, edited by D. M. Kotz, T. McDonough and M. Reich (Cambridge: Cambridge University Press), pp. 85~97.

Kotz, David M., Terrence McDonough, and Michael Reich, eds., 1994, *Social Structures of Accumulation. The Political Economy of Growth and Crisis* (Cambridge: Cambridge University Press).

Lancaster, Kelvin, 1971, *Consumer Demand. A New Approach* (New York and London: Columbia University Press).

Lauderdale, J. M. Earl of, 1804, *An Inquiry into the Nature and Origin of Public Wealth, and Into the Means and Causes of Its Increase* (Edinburgh and London: Printed for Arch. Constable & Co. and T. N. Longman & O. Rees).

Lebowitz, Michael A., 1985, "The Theoretical Status of Monopoly Capital", In *Rethinking Marxism. Struggles in Marxist Theory. Essays for Harry Magdoff & Paul Sweezy*, edited by S. Resnick and R. Wolff. Brooklyn (NY: Autonomedia, pp. 185~203).

Lewis, Michael, 2000, *The New New Thing. A Silicon Valley Story*, 1st ed. (New York: W. W. Norton).

Locke, John, 1963, *Two Treatises of Government* (Cambridge: Cambridge University Press).

Lukes, Steven, 1974, *Power: A Radical Analysis* (London and New York: Macmillan).

______, 1977, "Power and Structure", In *Essays in Social Theory* (New York: Columbia University Press).

________, 1978, "Power and Authority", In *A History of Sociological Analysis*, edited by T. Bottomore and R. Nisbet (New York: Basic Books).

Machlup, Fritz, 1946, "Marginal Analysis and Empirical Research", *American Economic Review 36* (4, September): 519-554.

Magdoff, Harry, 1969, *The Age of Imperialism. The Economics of U.S. Foreign Policy*, 1st Modern Reader ed. (New York: Monthly Review Press).

Malone, Thomas W., and Robert J. Laubacher, 1998, "The Dawn of the E-Lance Economy. Technology Allows Individuals and Companies to Operate in New Ways", *Harvard Business Review 76* (5, September-October): 144-152.

Manne, Henry G., 1965, "Mergers and the Market for Corporate Control", *The Journal of Political Economy 73* (2): 110-120.

Marcuse, Herbert, 1964, *One Dimensional Man. Studies in the Ideology of Advanced Industrial Society* (Boston: Beacon Press).

Markham, J. W., 1955, "Survey of the Evidence and Findings on Mergers", In *Business Concentration and Price Policy. A Conference of the Universities-National Committee for Economic Research* (Princeton: Princeton University Press), pp. 141~190.

Marshall, Alfred, 1920, *Principles of Economics. An Introductory Volume,* 8th ed. (London: Macmillan).

Marx, Karl, 1859 [1971], *A Contribution to the Critique of Political Economy*, With an Introduction by Maurice Dobb (London: Lawrence & Wishart).

________, 1909, *Capital. A Critique of Political Economy*, 3 vols. (Chicago: Charles H. Kerr & Company).

________, 1990, *Capital. A Critique of Political Economy*, Introduced by Ernest Mandel and translated by Ben Fowkes, 3 vols. (Harmondsworth, Eng.: Penguin in association with New Left Review).

Mattick, Paul, 1972, "Samuelson's 'Transformation' of Marxism into Bourgeois Economics", *Science & Society 36*: 258-173.

Means, Gardiner C., 1935, *Industrial Prices and Their Relative Inflexibility*, Senate Document 13, 74th Congress, 1st Session (Washington D.C.: GPO).

Miliband, Ralph, 1969, *The State in Capitalist Society. An Analysis of the Western System of Power* (London: Weidenfeld and Nicolson).

———, 1970, "The Capitalist State", *New Left Review* (59).

Mitchell, Mark L., and J. Harold Mulherin, 1996, "The Impact of Industry Shocks on Takeover and Restructuring Activity", *Journal of Financial Economics* 41 (2): 193-229.

Moore, Thomas Gale, ed., 1983, *Corporations and Private Property*, A Conference Sponsored by the Hoover Institution. Special issue of *The Journal of Law & Economics* XXVI (2, June).

Mumford, Lewis, 1934, *Technics and Civilization* (New York: Harcourt Brace and Company).

———, 1961, *The City in History. Its Origins, Its Transformations, and Its Prospects* [1st] ed. (New York: Harcourt Brace & World).

———, 1967, *The Myth of the Machine. Technics and Human Development* (New York: Harcourt, Brace & World, Inc.).

———, 1970, *The Myth of the Machine. The Pentagon of Power* (New York: Harcourt, Brace Jovanovich, Inc.).

Mundell, Robert A., 1963, "Capital Mobility and Stabilization Policy Under Fixed and Flexible Exchange Rates", *Canadian Journal of Economics and Political Science* 29 (4, November): 475-485.

Nelson, Ralph L., 1959, *Merger Movements in American Industry, 1895-1956* (Princeton: Princeton University Press).

Nitzan, Jonathan, 1992, "Inflation as Restructuring. A Theoretical and Empirical Account of the US Experience", Unpublished PhD Dissertation, Department of Economics, McGill University, Montreal.

———, 1995, "The EMA 'Phoenix': Soaring on Market Hype", The *BCA Emerging Markets Analyst* 4 (6, October): 10-17.

———, 1996a, "The EMA Phoenix: Shorting on Market 'Hype'". *The BCA Emerging Markets Analyst* 5 (6, October): 14-25.

———, 1996b, "US-Based Transnational Corporations and Emerging Markets", *Emerging Markets Analyst* 5 (3, July).

———, 1997, "The 'Asian Miracle': How Close to Maturity?" *The BCA Emerging Markets Strategist* (November): 5-10.

________, 1998, "Asian Equities: Not for the Fainthearted", Special Report, *The BCA Emerging Markets Strategist* (February): 10-19.

Nitzan, Jonathan, and Shimshon Bichler, 1995, "Bringing Capital Accumulation Back In: The Weapondollar-Petrodollar Coalition —Military Contractors, Oil Companies and Middle-East 'Energy Conflicts'", *Review of International Political Economy* 2 (3): 446-515.

________, 1996, "From War Profits to Peace Dividends: The New Political Economy of Israel", *Capital & Class* 60: 61-94.

________, 2000a, "Capital Accumulation: Breaking the Dualism of 'Economics' and 'Politics'", In *Global Political Economy: Contemporary Theories*, edited by R. Palan (New York and London: Routledge), pp. 67-88.

________, 2000b, "Inflation and Accumulation: The Case of Israel", *Science & Society* 64 (1): 274-309.

________, 2001, "Going Global: Differential Accumulation and the Great U-turn in South Africa and Israel", *Review of Radical Political Economics* 33 (1, Winter): 21-55.

________, 2002, *The Global Political Economy of Israel* (London: Pluto Press).

Ochoa, E., and M. Glick, 1992, "Competing Microeconomic Theories of Industrial Profits: An Empirical Approach", In *The Megacrop & Macrodynamics: Essays in Memory of Alfred Eichner*, edited by W. Milberg (New York: Sharpe), pp. 224-247.

Olson, Mancur, 1965, "The Logic of Collective Action. Public Goods and the Theory of Groups", *Harvard economic studies*, Vol. 124 (Cambridge, Mass.: Harvard University Press).

________, 1982, *The Rise and Decline of Nations: Economic Growth, Stagflation, and Social Rigidities* (New Haven: Yale University Press).

Ortega y Gasset, Jose, 1932, *The Revolt of the Masses*. Authorized Translation from the Spanish (New York: W. W. Norton & Company Inc.).

Orwell, George, 1948, *Nineteen Eighty-Four* (London and Toronto: Secker & Warburg and S. J. Reginald Saunders & Co. Ltd.).

Parkin, Frank, 1971, *Class Inequality and Political Order. Social Stratification in Capitalist and Cummunist Societies* (London: MacGibbon & Kee).

Parkin, M., and R. Bade, 1986, *Modern Macroeconomics* 2nd ed. (Scarborough, Ontario: Prentice-Hall Canada).

Pasinetti, L. L., and R. Scazzieri, 1987, "Capital Theory: Paradoxes", In *The New Palgrave. Capital Theory*, edited by J. Eatwell, M. Milgate and P. Newman(New York and London: W. W. Norton & Company), pp. 136~147.

Penrose, Edith Tilton, 1959, *The Theory of the Growth of the Firm*(Oxford: Blackwell).

Perelman, Michael, 1990, "The Phenomenon of Constant Capital and Fictitious Capital", *Review of Radical Political Economics* 22 (2-3): 66-91.

Pilling, David, 2000, "Drug Groups Wrestle with Seismic Shifts in Business Practices", *Financial Times Survey of Life Sciences & Pharmaceuticals*, April 6, p. I.

Plender, John, and Victor Mallet, 2000, "A Struggle to Escape", *Financial Times*, October 5, p. 16.

Polanyi, Karl, 1944[1985], *The Great Transformation*(Boston: Beacon Press).

Poulantzas, Nicos, 1967, "Marxist Political Theory in Great Britain", *New Left Review* (43).

______, 1969, "The Problem of the Capitalist State", *New Left Review* (58).

Radice, Hugo, 1999, "Taking Globalization Seriously", In *Socialist Register 1999. Global Capitalism Versus Democracy*, edited by L. Panitch and C. Leys(London: Merlin Press), pp. 1~28.

Rand, Ayn, 1966, *Capitalism. The Unknown Ideal*(New York: New American Library).

Ravenscraft, David J., 1987, "The 1980s Merger Wave: An Industrial Organization Perspective", In *The Merger Boom*, edited by L. E. Browne and E. S. Rosengren(Boston: Federal Reserve Bank of Boston), pp. 17~37.

Ravenscraft, David J., and F. M. Scherer, 1987, *Mergers, Sell-Offs, and Economic Efficiency*(Washington, D.C.: The Brookings Institution).

______, 1989, "The Profitability of Mergers", *International Journal of Industrial Organization* 7 (1): 101-116.

Ricardo, David, 1821[1951], *On the Principles of Political Economy and Taxation*. Series Edited by P. Sraffa, 11 vols. Vol. 1, *The Works and Correspondence of David Ricardo*(Cambridge: Cambridge University Press).

Risvi, S. A. T., 1994, "The Microfoundations Project in General Equilibrium Theory", *Cambridge Journal of Economics* 18 (4): 357-377.

Robinson, Joan, 1953-54, "The Production Function and the Theory of Capital", *Review of Economic Studies* 21 (2): 81-106.

______, 1966, *An Essay on Marxian Economics*, 2nd ed. (London: Macmillan).

______, 1967[1980], "Thinking About Thinking", In *What are the Questions? and Other Essays. Further Contributions to Modern Economics* (Armonk, N.Y.: M. E. Sharpe, Inc.), pp. 54~63.

______, 1970, "Capital Theory up to Date", *Canadian Journal of Economics* 3 (2).

______, 1971, "The Relevance of Economic Theory", In *The Subtle Anatomy of Capitalism*, edited by J. Schwartz (Santa Monica, California: Goodyear Publishing Company, Inc.), pp. 16~21.

______, 1975[1980], "Survey: 1960s", In *What are the Questions? and Other Essays. Further Contributions to Modern Economics* (Armonk, N.Y.: M. E. Sharpe, Inc.), pp. 54~63.

Samuelson, Paul, 1957, "Wages and Interest: A Modern Dissection of Marxian Economic Models", *American Economic Review* 47 (6): 884-912.

______, 1962, "Parable and Realism in Capital Theory: The Surrogate Production Function", *Review of Economic Studies* 29 (3): 193-206.

Samuelson, Paul A., 1974[1977], "World Wide Stagflation", In *Collected Scientific Papers of Paul A. Samuelson*, edited by H. Nagatani and K. Crowley (Cambridge, Mass.: The MIT Press), pp. 801~807.

Samuelson, Paul A., William D. Nordhaus, and John McCallum, 1988, *Economics*, 6th Canadian ed. (Toronto: McGraw-Hill Ryerson).

Savran, Sungur, and Ahmet E. Tonak, 1999, "Productive and Unproductive Labour: An Attempt at Clarification and Classification", *Capital & Class* (68, Summer): 113-152.

Scherer, F. M., 1975, "The Economics of Multi-Plant Operation", *An International Comparisons Study* (Cambridge, Mass.: Harvard University Press).

Scherer, F. M., and David Ross, 1990, *Industrial Market Structure and Economic Performance*, 3rd ed. (Boston: Houghton Mifflin).

Schulberg, Budd, 1941[1990], *What Makes Sammy Run?*(New York: Vintage Books).

Schumpeter, Joseph A., 1954, *History of Economic Analysis*, ed. from manuscript by E. B. Schumpeter(New York: Oxford University Press).

Scott, J., 1997, *Corporate Business and Capitalist Classes*(Oxford: Oxford University Press).

Screpanti, E., 1999, "Capitalist Forms and the Essence of Capitalism", *Review of International Political Economy* 6 (1): 1-26.

Senior, Nassau, 1872[1938], *An Outline of the Science of Political Economy* (London: Allen & Unwin).

Shaikh, Anwar, 1990, "Capital as a Social Relation", In *The New Palgrave. Marxian Economics*, edited by J. Eatwell, M. Milgate and P. Newman (New York and London: W.W. Norton & Company).

Shaikh, Anwar M., and E. Ahmet Tonak, 1994, *Measuring the Wealth of Nations. The Political Economy of National Accounts*(Cambridge and New York: Cambridge University Press).

Sivanandan, A., and Ellen Meiksins Wood, 1997, "Capitalism, Globalization, and Epochal Shifts: An Exchange", *Monthly Review* 48 (9, February): 19-32.

Smith, Adam, 1776[1937], *An Inquiry into the Nature and Causes of the Wealth of Nations*, Edited, with an introduction, notes, marginal summary and an enlarged index by Edwin Cannan, with an introduction by Max Lerner(New York: Modern Library).

Sobel, Andrew C., 1994, *Domestic Choices, International Markets: Dismantling National Barriers and Liberalizing Securities Markets*(Ann Arbor: University of Michigan Press).

Spencer, Herbert, 1904, *An Autobiography*(New York: D. Appleton).

Sraffa, Pierro, 1960, *Production of Commodities by Means of Commodities. Prelude to a Critique of Economic Theory*(Cambridge: Cambridge University Press).

Steedman, Ian, 1975, Positive Profits With Negative Surplus Value", *Economic Journal* 85 (337, March): 114-123.

_______, 1977, *Marx After Sraffa*(London: New Left Books).

Steindl, Josef, 1952 [1976], *Maturity and Stagnation in American Capitalism* (New York: Monthly Review Press).

Stockholm International Peace Research Institute, Annual, *SIPRI Year Book. Armament, Disarmament and International Security* (Oxford: Oxford University Press).

Stone, Richard, 1956, *Quality and Price Indexes in National Accounts* (Paris: Organization for European Economic Co-operation).

Sumner, William Graham, 1920, *What Social Classes Owe to Each Other*, With an introduction by Albert Galloway Keller (New York: Harper & Brothers).

________, 1963, *Social Darwinism. Selected Essays*, With an Introduction by Stow Persons (Englewood Cliffs, N.J.: Prentice-Hall).

Sutcliffe, Bob, and Andrew Glyn, 1999, "Still Underwhelmed: Indicators of Globalization and Their Misinterpretations", *Review of Radical Political Economics* 31 (1): 111-131.

Sweezy, Paul M., 1942, *The Theory of Capitalist Development. Principles of Marxian Political Economy* (New York and London: Modern Reader Paperbacks).

Taylor, Alan M., 1996, "International Capital Mobility in History: The Saving-Investment Relationship", NBER Working Paper No. 5943, National Bureau of Economic Research, Cambridge Mass.

Thompson, E. P., 1964, *The Making of the English Working Class* (New York: Pantheon Books).

Tobin, James, and William C. Brainard, 1968, "Pitfalls in Financial Model Building", *American Economic Review*, Papers and Proceedings 58 (2, May): 99-122.

________, 1977, "Asset Markets and the Cost of Capital", In *Economic Progress, Private Values, and Public Policy: Essays in the Honor of William Fellner*, edited by B. Balassa and R. Nelson (Amsterdam and New York: North-Holland Publishing Co.), pp. 235~262.

Traven, B., 1979, *The White Rose*, Translated from the German by Donald J. Davidson (Westport, Conn.: L. Hill).

Tsuru, Shigeto, 1993, *Institutional Economics Revisited. Raffaele Mattioli lectures(Cambridge and New York: Cambridge University Press).

U.S. Arms Control and Disarmament Agency, Annual, *World Military Expenditures and Arms Transfers*(Washington, D.C.: U.S. G.P.O.).

U.S. Congress, Office of Technology Assessment, 1991, *Global Arms Trade.* OTA-ISC-460, June(Washington D.C.: GPO).

U.S. Department of Commerce, Bureau of the Census, 1975, *Historical Statistics of the United States. Colonial Times to 1970,* 2 vols.(Washington D.C.: Government Printing Office).

Ulmer, M. J., 1949, *The Economic Theory of Cost of Living Index Numbers* (New York: Columbia University Press).

United Nations Conference on Trade and Development, 2000, *World Investment Report. Cross-Border Mergers and Acquisitions and Development*(New York and Geneva: United Nations).

United States, Bureau of Economic Analysis, 1986, *National Income and Product Accounts of the United States, 1929-82, Statistical Tables* (Washington, DC: GPO).

Veblen, Thorestein, 1898[1934], "The Beginning of Ownership", In *Essays in Our Changing Order,* edited by L. Ardzrooni(New York: The Viking Press), pp. 32~49.

________, 1899[1934], "The Barbarian Status of Women", In *Essays in Our Changing Order,* edited by L. Ardzrooni(New York: The Viking Press), pp. 50~64.

________, 1919[1934], *The Vested Interest and the State of Industrial Arts* (New York: B. W. Huebsch).

Veblen, Thorstein, 1904[1975], *The Theory of Business Enterprise*(Clifton, New Jersey: Augustus M. Kelley, Reprints of Economics Classics).

________, 1908[1961], "On the Nature of Capital. I: The Productivity of Capital Goods", In *The Place of Science in Modern Civilisation and Other Essays*(New York: Russell & Russell), pp. 324~351.

________, 1923[1967], *Absentee Ownership and Business Enterprise in Recent Times. The Case of America,* With an introduction by Robert Leckachman(Boston: Beacon Press).

Wallich, Henry C., 1984, "Why is Net International Investment So Small?" In

International Capital Movements, Debt and Monetary System, edited by W. Engles, A. Gutowski and H. C. Wallich (Mainz: v. Hase & Koehler), pp. 417~437.

Weston, J. Fred, 1987, "The Payoff in Mergers and Acquisitions", In *The Mergers and Acquisition Handbook*, edited by M. L. Rock (New York: McGraw Hill), pp. 31~47.

Weston, J. Fred, Kwang S. Chung, and Juan A. Siu, 1998, *Takeovers, Restructuring and Corporate Governance* (Upper Saddle River, N.J.: Prentice Hall).

Wicksell, Knut, 1935, *Lectures On Political Economy*, Translated from the Swedish by E. Classen and Edited with an Introduction by L. Robbins, 2nd ed. 2 vols. (London: George Routledge & Sons, ltd.).

Williamson, Oliver E., 1985, *The Economic Institutions of Capitalism: Firms, Markets, Relational Contracting* (New York and London: Free Press and Collier Macmillan).

______, 1986, "Transforming Merger Policy: The Pound of New Perspectives", *American Economic Review*, Papers and Proceedings 76 (2, May): 114-119.

Winston, Clifford. 1998. "U.S. Industry Adjustment to Economic Deregulation", *Journal of Economic Perspectives* 12 (3, Summer): 89-110.

Wright, E. O., 1977, "Alternative Perspectives in Marxist Theory of Accumulation and Crisis", In *The Subtle Anatomy of Capitalism*, edited by J. Schwartz (Santa Monica, California: Goodyear), pp. 195~231.

Yergin, Daniel, 1991, *The Prize. The Epic Quest for Oil, Money, and Power* (New York: Simon and Schuster).

Zeitlin, Maurice, 1974, "Corporate Ownership and Control: The Large Corporation and the Capitalist Class", *American Journal of Sociology* 79 (5): 1073-1119.